Ernst Klett Verlag
Stuttgart · Leipzig

1. Auflage   1 5 4 3 2 1 | 12 11 10 09 08

Alle Drucke dieser Auflage sind unverändert und können im Unterricht nebeneinander verwendet werden.
Die letzte Zahl bezeichnet das Jahr dieses Druckes.

Das Werk und seine Teile sind urheberrechtlich geschützt. Jede Nutzung in anderen als den gesetzlich zugelassenen Fällen bedarf
der vorherigen schriftlichen Einwilligung des Verlages.
Hinweis § 52 a UrhG: Weder das Werk noch seine Teile dürfen ohne eine solche Einwilligung eingescannt und in ein Netzwerk
eingestellt werden. Dies gilt auch für Intranets von Schulen und sonstigen Bildungseinrichtungen. Fotomechanische oder andere
Wiedergabeverfahren nur mit Genehmigung des Verlages.

Auf verschiedenen Seiten dieses Buches befinden sich Verweise (Links) auf Internet-Adressen. Haftungshinweis: Trotz sorgfältiger
inhaltlicher Kontrolle wird die Haftung für die Inhalte der externen Seiten ausgeschlossen. Für den Inhalt dieser externen Seiten
sind ausschließlich die Betreiber verantwortlich. Sollten Sie daher auf kostenpflichtige, illegale oder anstößige Inhalte treffen, so
bedauern wir dies ausdrücklich und bitten Sie, uns umgehend per E-Mail davon in Kenntnis zu setzen, damit beim Nachdruck der
Verweis gelöscht wird.

© Ernst Klett Verlag GmbH, Stuttgart 2008.
Alle Rechte vorbehalten.
Internetadresse: www.klett.de

Redaktion: Martha Grizel Delgado Rodríguez, Doris Wieser

Gestaltung: Ulrike Eisenbraun, Metzingen
Umschlaggestaltung: Anne Bäßler
Umschlagfotos: Corbis GmbH; iStockphoto, Abimelec Olan
Druck: Druckhaus Götz GmbH, Ludwigsburg

Printed in Germany
ISBN 978-3-12-535732-2

Inhaltsverzeichnis

Vorwort

1	**Grundlagen der Konzeption von *Línea Verde 3***	4
1.1	Adressaten und Ziele	4
1.2	Bildungsstandards, Kompetenzorientierung	4
1.3	Schüler- bzw. Subjektorientierung	5
1.4	Handlungsorientierung	5
1.5	Kommunikative Fertigkeiten	5
1.6	Methodenkompetenz und Lernerautonomie	5
1.7	Interkulturelle Kompetenz / Landeskunde	6
1.8	Mehrsprachigkeit	6
2	**Aufbau des Schülerbuches**	7
2.1	Primer paso	7
2.2	Recursos	7
2.3	Panorama	7
2.4	Taller	7
2.5	Weitere Elemente des Schülerbuchs	7
2.6	Übersicht über die Themen der einzelnen Lektionen	8
3	**Zum Lehrwerk gehörige Materialien**	8
3.1	Cuaderno de actividades (mit Audio-CD)	8
3.2	Grammatisches Beiheft	9
3.3	Lehrerbuch	9
3.4	Audio-CD für Lehrer	9
3.5	Bildfolien	9
3.6	Vokabellernheft	9
4	**Nützliche Tipps zur Durchnahme**	9

Lektionsbezogener Teil

Unidad 1	11
Unidad 2	20
Repaso 1	32
Unidad 3	32
Unidad 4	41
Repaso 2	51
Unidad 5	52
Unidad 6	61
Repaso 3	72
Unidad 7	73
Unidad 8	81
Repaso 4	90

Kopiervorlagen ... 91

Lösungen der Kopiervorlagen ... 124

Abkürzungen und Zeichenerklärungen

*	kennzeichnet unbekanntes Vokabular in Zusatztexten oder Lösungen, das ggf. zusätzlich eingeführt werden kann
< >	fakultativ eingeführtes Vokabular
CDA	*Cuaderno de actividades*
CDA + *Zahl*	Übung mit dieser Nummer im *Cuaderno de actividades* der jeweiligen Lektion
GBH	Grammatisches Beiheft
EA	Einzelarbeit
GA	Gruppenarbeit
KV	Kopiervorlage
L	der Lehrer / die Lehrerin
L-CD	Lehrer-CD mit den Hörtexten und Liedern
PA	Partnerarbeit
PP + *Zahl*	Übung mit dieser Nummer im *Primer paso* der jeweiligen Lektion des Schülerbuchs
PP	Primer paso
S	die Schülerinnen und Schüler; der Schüler / die Schülerin
SB	Schülerbuch
SB + *Zahl*	Übung mit dieser Nummer im Übungsteil (*Ejercicios*) der jeweiligen Lektion des SB
S-CD	Schüler-CD mit den Lektionstexten
UG	Unterrichtsgespräch / Plenum
W	Wiederholung

...Anregungen und
...nten mit dem vorliegenden
...de - Paso a nivel dabei unterstützen,
...gsreichen, aktuellen, motivierenden und
...panischunterricht zu gestalten. Zunächst stellen
... die Konzeption und den Aufbau des Schülerbuches näher
vor, erläutern dann die einzelnen Lektionsteile, öffnen den
Blick auf zusätzliche, zum Lehrwerk gehörige Materialien und
bieten Ihnen dann zu jeder Lektion schrittweise Erläuterungen
zur möglichen Durchnahme bzw. zu passenden Zusatzmaterialien an. „Anbieten" ist hier durchaus wörtlich zu verstehen.
Begreifen Sie unsere Vorschläge zur didaktisch-methodischen
Herangehensweise als Angebot. Es gibt nicht den einzig „richtigen" Weg und nur Sie kennen ihre Lerngruppe ausreichend
gut, um z.B. über Möglichkeiten der Binnendifferenzierung
oder über die Durchnahmegeschwindigkeit zu entscheiden.

1 Grundlagen der Konzeption von Línea Verde 3

1.1 Adressaten und Ziele

Línea verde 3 - Paso a nivel ist der dritte und letzte Band der
Lehrwerksreihe *Línea verde* für Spanisch als 3. Fremdsprache
und für die Klasse 10 konzipiert. Der sprachliche Grundlehrgang wird mit diesem Band zum Abschluss gebracht.
Mit *Línea verde 3 - Paso a nivel* erwerben die Schülerinnen
und Schüler die kommunikativen Fertigkeiten und sprachlichen Mittel zur weitgehend selbstständigen Sprachverwendung entsprechend den Stufen B1 bzw. im Bereich Leseverstehen B1+ des Gemeinsamen europäischen Referenzrahmens
(GeR).
Da dem dritten Band von *Línea verde 3 – Paso a nivel* aufgrund
seiner propädeutischen Funktion eine besondere Rolle als
Scharnier zur Oberstufe/Qualifikationsphase zukommt, stellt
er gegenüber den ersten beiden Bänden des Lehrwerks eine
Weiterentwicklung dar. Diese Weiterentwicklung von *Línea
verde* war notwendig, weil der 10. Jahrgangsstufe an den Gymnasien eine Doppelfunktion zukommt: Nach der Verkürzung
auf das achtjährige Gymnasium ist die 10. Jahrgangsstufe das
letzte Schuljahr der Sekundarstufe I und gleichzeitig stellt sie
die Einführungsphase der gymnasialen Oberstufe dar. Die
11. und 12. Jahrgangsstufen bilden dann die Qualifikationsphase. Diese Doppelfunktion stellt neben der Erhöhung der
Unterrichtszeit in den Jahrgängen 5–10, der Überarbeitung
der Rahmen- und Bildungspläne und der Einführung der
Bildungsstandards zweifelsohne eine Herausforderung an
die Lehrkräfte dar. *Línea verde 3 – Paso a nivel* unterstützt die
Lehrkräfte dabei folgendermaßen:
Während in den Bänden 1 und 2 noch die Vermittlung sprachlicher Mittel im Vordergrund steht, rückt im dritten Band
der Ausbau der Methodenkompetenz und die Vertiefung der
kommunikativen Fertigkeiten in den Fokus. Außerdem ist der
Lektionsteil *Panorama* neu (siehe 2.3). In diesem Lektionsteil
wird anhand der Arbeit mit authentischen Texten, Bildern usw.
und durch offenere, weniger gelenkte Aufgabenstellungen auf
die Arbeitsweisen in der Sekundarstufe II vorbereitet. *Línea
verde 3 – Paso a nivel* bereitet auf einen aufgabenorientierten
Spanischunterricht in der Sekundarstufe II vor. Unter Aufgabenorientierung versteht man in diesem Zusammenhang,
den Spanischunterricht nicht von isolierten Fähigkeiten her
anzulegen, sondern komplexe Lernaufgaben zu erstellen,
welche die Lernenden inhaltlich und sprachlich fordern und
zu deren Bearbeitung sie sprachliche Kompetenzen anwenden
und erweitern müssen (vgl. Beispiele in *Panorama*, z.B. S. 43
Übung 3 oder *Taller*, S. 75).
Der weitergeführte Spanischunterricht in der Sekundarstufe II
baut auf dem bisher Erlernten auf. Die vorhandenen Kenntnisse und Fertigkeiten der Schülerinnen und Schüler werden
aktiviert, gefestigt und erweitert. Der Spanischunterricht in
der Sekundarstufe II ist dann thematisch angeordnet. Alle
Inhalte (Textsorten und Sprachmittel) des Unterrichts sind
auf ein Thema ausgerichtet. Unter einer Themenstellung
werden unterschiedlich gestaltete literarische Texte, Sachtexte
und Autoren zusammengefasst (so genannte Dossiers). In diesem Sinne sind die gesamten Lektionen 7 und 8 angelegt. Sie
haben schon Dossiercharakter und stehen daher für eine gute
Vorbereitung auf Arbeitsweisen in der Oberstufe.
In der 7. Lektion steht die Auseinandersetzung mit Medien
im Vordergrund. Anhand des chilenischen Films *Machuca*
wird einerseits das Thema Kino und Film, andererseits die
politische Situation Chiles gegen Ende der Allende-Regierung
behandelt. Darüber hinaus wird das Hör-/Sehverstehen
trainiert, in die SMS- und Chatsprache eingeführt usw. Die
Rezeption des Filmes *Machuca* wiederum bietet eine sehr
gute Gelegenheit der Eröffnung einer lehrwerksunabhängigen
Phase im Spanischunterricht.
Lektion 8 vertieft dann die politische und soziale Situation in
Chile einst und heute. Außerdem werden kurze und längere
literarische Auszüge (etwa Antonio Skármeta's *Ardiente
paciencia*) ebenso wie Lyrik behandelt. Lektion 8 enthält
eine größere Anzahl von Sachtexten und literarischen Texten.
Sprachliche Strukturen werden dort nicht mehr eingeführt.
Beide Lektionen bereiten die weiterführenden Kurse in
der Oberstufe vor, indem die Lesetexte länger werden, die
Aufgaben weniger kleinschrittig sind und eine Öffnung des
lehrwerkszentrierten Spanischunterrichtes für diejenigen
ermöglicht wird, die beispielsweise die Filmrezeption oder
die Auseinandersetzung mit der zielsprachigen Literatur in
den Fokus des Schuljahresende rücken möchten.
Auch im weitergeführten Spanischunterricht in der Sekundarstufe II werden Texte und audiovisuelle Materialien wie
Filme oder Ausschnitte aus Fernseh- und Radioprogrammen
in authentischer Sprache eingesetzt. Der Spanischunterricht
setzt vielfältige Medien ein (vgl. Lektion 7, S. 92 ff), um unmittelbaren Zugang zu Texten in authentischen Anwendungsbereichen zu ermöglichen. Die traditionellen Medien (z. B.
Film, TV) werden dabei ebenso genutzt wie die neuen Technologien (DVD, CD-ROM). Die Schülerinnen und Schüler kommunizieren in authentischen Anwendungsbereichen, wie z. B.
Recherche im Internet, E-Mail-Kontakte, Schreiben von Leserbriefen und Buchrezensionen (vgl. Hamburger Rahmenplan,
Gymnasiale Oberstufe). Diese Aspekte werden in *Línea verde
3 – Paso a nivel* berücksichtigt. Entsprechende „authentische"
Kommunikationssituationen werden antizipiert (z. B. Chat,
S. 102; Blog, S. 94f.; Erstellung Curriculum Vitae, S. 31;
Internetrecherche, S. 75 usw.). Aspekte der Mediennutzung
spanischer und deutscher Jugendlicher werden kontrastiv
behandelt (S. 100ff), literarisch-ästhetische Gestaltungsmittel
werden an Gedichten und Prosa erarbeitet (S. 110 ff).

1.2 Bildungsstandards, Kompetenzorientierung

Auch wenn die Kultusministerkonferenz bisher keine einheitlichen und verbindlichen Bildungsstandards für das Fach
Spanisch beschlossen hat, liegen in einigen Bundesländern
(z.B. Baden-Württemberg) bereits Bildungsstandards für das

Vorwort

Funktionale kommunikative Kompetenzen

Kommunikative Fertigkeiten	Verfügung über die sprachlichen Mittel

• Hör- und Hör-/Sehverstehen
• Leseverstehen
• Sprechen
  – an Gesprächen teilnehmen
  – zusammenhängendes Sprechen
• Schreiben
• Sprachmittlung
	• Wortschatz
	• Grammatik
	• Aussprache und Intonation
	• Orthographie

Interkulturelle Kompetenzen

- soziokulturelles Orientierungswissen
- verständnisvoller Umgang mit kultureller Differenz
- praktische Bewältigung interkultureller Begegnungssituaionen

Methodische Kompetenzen

- Textrezeption
- Interaktion
- Textproduktion (Sprechen und Schreiben)
- Lernstrategien
- Präsentation und Mediennutzung
- Lernbewusstheit und Lernorganisation

Quelle: Bildungsstandards für die 1. Fremdsprache (KMK, 2003)

Unterrichtsfach Spanisch als 3. Fremdsprache an Gymnasien vor. Auch im Unterrichtsfach Spanisch vollzieht sich also der Paradigmenwechsel von der Inhalts- zur Kompetenzorientierung bzw. von der Input- zur Outputsteuerung. Unter der Kompetenzorientierung versteht man eine Entwicklung, die auf politischer Ebene ihren Ursprung hat. Im Rahmen der europäischen Integration gerät durch private und geschäftliche Mobilität oder Migration zunehmend die kommunikative Kompetenz zur Verwirklichung von Redeabsichten in den Mittelpunkt. Im Rahmen dieser Diskussion wurde die Komplexität der sprachlichen Kommunikation geschärft und führte in der Folge zu einer Aufflatung des komplexen Konzeptes von Sprachkompetenz in Teilkompetenzen. Die in der obigen Abbildung aufgeführten Kompetenzbereiche und Teilkompetenzen hatten für die Konzeption des Schülerbuches eine Leitfunktion.

Bereits der erste Blick in das Schülerbuch (S. 3–6) verdeutlicht die Kompetenzorientierung des dritten Bandes. Hier werden für jeden Lektionsteil die kommunikativen Fertigkeiten, die sprachlichen Mittel und die Erweiterung der Methodenkompetenz ausgewiesen. Der Ausbau der Interkulturellen Kompetenz wird an dieser Stelle deshalb nicht gesondert benannt, weil dieser Kompetenzbereich schwierig isoliert zu betrachten ist und daher im Schülerbuch in vielen Lektionsteilen (Texte, Hörtexte, Bilder usw.) gefördert wird (siehe 1.5).
Neben den Bildungsstandards wurden weitere aktuelle bildungspolitische Gegebenheiten und fachdidaktische Erkenntnisse berücksichtigt (Gemeinsamer europäischer Referenzrahmen, Europäisches Portfolio der Sprachen, DELE usw.). Dazu zählen vor allen Dingen:

- Lerngruppenadäquatheit und Altersangemessenheit
- Berücksichtigung externer Sprachenzertifikate wie z.B. DELE
- Integration der Arbeit mit dem europäischen Sprachenportfolio
- Lerner- / Subjektorientierung
- Kompetenzorientierung
- Vermittlung von Lernstrategien und Arbeitstechniken
- ausreichende Differenzierungsmöglichkeiten
- Zusatzmedien, Integration von neuen Medien

1.3 Schüler- bzw. Subjektorientierung

Handlungsrahmen, Personen, Texte und Übungsformen bieten einen altersgemäßen Zugang zur spanischen Sprache. Die Schülerinnen und Schüler können an vielen Stellen zu inhaltlichen Fragen aus ihrer eigenen Erfahrungswelt heraus Stellung beziehen und sich über Lösungsvorschläge austauschen (z.B. S. 8, Übung 1c); Möglichkeiten zur individuellen Bearbeitung von Texten und Übungen werden angeboten.

1.4 Handlungsorientierung

Sprachliche Mittel werden situativ eingeführt und in Redemittelkästchen an Ort und Stelle zur Verfügung gestellt (z.B. S. 18, S. 19). Zahlreiche Aktivitäten sind ganzheitlich angelegt, das heißt, sie sprechen sowohl den logisch-rationalen als auch den affektiv-kreativen Bereich an. Für sprachliches Probehandeln wird hinreichend Freiraum zur Verfügung gestellt (z.B. in Partner- und Gruppenaufgaben).
In den *Talleres* wird die Anlage eines Dossiers im Sinne des *Europäischen Sprachenportfolios* angeregt (Kennzeichnung durch eine kleine EU-Flagge (vgl. 2.4). In diesem Bereich wird eine umfangreichere Schüleraktivität verlangt, so dass dort produkt- und projektorientiertes Arbeiten angebahnt wird.

1.5 Kommunikative Fertigkeiten

Die Vermittlung von kommunikativen Fertigkeiten (Hör-, Hör-/Seh- und Leseverstehen, mündliche und schriftliche Ausdrucksfähigkeit, Sprachmittlung) nehmen einen zentralen Stellenwert ein. Daneben steht die Vermittlung der sprachlichen Mittel (Wortschatz, Grammatik, Aussprache, Orthographie).
Die kommunikativen Fertigkeiten werden in allen Lektionen gleichwertig entwickelt und ausgebaut. Spezielle Auszeichnungen im Schülerbuch (vgl. Zeichenerklärungen im Vorwort) verweisen auf Schwerpunkte bei der Fertigkeitsschulung: Das Hörverstehen wird durch mindestens zwei, zum Teil authentische Hörmaterialien pro Lektion und mehrere Lieder gefördert. Gelegenheit zum Sprechen bekommen die Lernenden in zahlreichen Übungen zur Partner- und Gruppenarbeit sowie bei Präsentationen vor der Klasse. Mit Lektionstexten und authentischen Texten erweitern die Schülerinnen und Schüler ihre Lesefertigkeit. Zahlreiche Übungen zur schriftlichen Bearbeitung im Schülerbuch und Arbeitsheft fördern die Schreibfertigkeit. Dem Hör-/Sehverstehen sind in Band 3 mehrere Übungen der Unidad 7 gewidmet. Sehr innovativ ist insbesondere die Formulierung einer Hör-/Sehstrategie mit angeschlossener Übung (S. 99). Auch die Sprachmittlung wird an einigen Stellen in unterschiedlichen Varianten geübt (z.B. S. 13, Übung 6).

1.6 Methodenkompetenz und Lernerautonomie

Línea verde 3 - Paso a nivel befähigt die Schülerinnen und Schüler zu einem eigenverantwortlichen Sprachhandeln bei gleichzeitigem Aufbau von metakognitivem Lernwissen. Die Schüler werden systematisch dazu angeregt, über Prozesse der Sprachverarbeitung nachzudenken und sich Techniken des erfolgreichen Sprachenlernens bewusst zu machen. Diese Ziele werden im Lehrwerk wie folgt umgesetzt:

Lern- und Arbeitstechniken:
Die Lern- und Arbeitstechniken aus *Línea verde 1 und 2* werden in *Línea verde 3 – Paso a nivel* ergänzt und vertieft. In jede Lektion wurde eine *Estrategia* integriert und kann dort

anhand einer Aufgabe gefestigt werden. Lerntipps in grünen Kästchen verweisen auf die *Estrategias* aus den Bänden 1–2, die per Internet abrufbar sind. Das Lehrbuch gibt Hilfen zur Ausbildung bzw. Bewusstmachung vielfältiger Lernstrategien und Methoden des selbstständigen Arbeitens (z. B. Text- und Worterschließungsstrategien bei Originaltexten, S. 14, oder Benutzung eines einsprachigen Wörterbuches, S. 73). Es werden Anregungen für projekt- und produktorientiertes (vgl. *Taller* 2.4, z.B. S. 75 Projekt zur Gründung einer politischen Partei), selbstständiges und fächerübergreifendes Arbeiten vermittelt. Der fächerübergreifende Aspekt wird nicht explizit ausgewiesen, Anknüpfungspunkte zum Englischunterricht bestehen beispielsweise im Bereich Immigration USA / Spanglish (Lektion 6) oder zum Kunst- bzw. Deutschunterricht im Bereich der Filmanalyse (Lektion 7) oder zum Geschichtsunterricht (Lektion 8). Computer und Internet sind an unterschiedlichen Stellen gewinnbringend als Ergänzung eingesetzt (z.B. S. 75, *Congreso de los Diputados*, S. 97, *un blog español*). Die *Estrategias* der Bände 1–3 behandeln folgende Bereiche: siehe Tabelle rechts.

Selbstkontrolle und Selbstevaluation:
Sowohl das Schülerbuch als auch das Arbeitsheft und das Grammatische Beiheft bieten die Möglichkeit zur Selbstkontrolle und Selbstevaluation.
Schülerbuch: Partnerarbeitsbögen zur Selbstkontrolle und gegenseitigen Hilfestellung
Arbeitsheft: *Autocontrol* mit Lösungen zu jeder Lektion sowie Übungen zur Wiederholung in den *Repasos* (Wiederholungsphasen)
Grammatisches Beiheft: Selbstkontrollaufgaben mit Lösungen zu den einzelnen grammatischen Strukturen

1.7 Interkulturelle Kompetenz / Landeskunde

Das Lehrwerk bietet wichtige und interessante Informationen zur gesamten Breite des hispanophonen Sprach- und Kulturraums. Es möchte den vorurteilsfreien Umgang mit Menschen unterschiedlicher sozialer und sprachlich-kultureller Herkunft fördern (z.B. durch die Auswahl von Bildern, Themen und Protagonisten), und bietet Jugendlichen darüber hinaus die Möglichkeit, ausgehend von ihrer eigenen kulturellen Verwurzelung unterschiedliche kulturelle Identitäten kennen zu lernen und sich mit diesen kritisch auseinander zu setzen.
Línea verde 3 - Paso a nivel bietet zahlreiche Anknüpfungspunkte für die Beschäftigung mit der spanischen und lateinamerikanischen Kultur unter Rückbezug auf die eigene Kultur (z.B. Landeskundekästchen zur *cortesía española*, S. 18). Die Betonung interkultureller Sachverhalte dient dem wichtigen Ziel des Lehrgangs, die interkulturelle Kommunikations- und Handlungsfähigkeit der Schülerinnen und Schüler zu entwickeln.
Thematische Schwerpunkte: Bezüglich Spanien wird die Comunidad Autónoma Galicien eingehender behandelt; bezüglich Lateinamerika stehen Mexiko und Chile im Zentrum. Aber auch andere Regionen und Länder werden angeschnitten.
Glossar zur Landeskunde: Zusätzlich bietet der Landeskundeindex *(Glosario cultural)* die Möglichkeit, sich über die in den Lektionen dargebotene Landeskunde hinausgehend zu informieren (vgl. 2.5).

1.8 Mehrsprachigkeit

Die Tatsache, dass Spanisch als dritte Fremdsprache gelernt wird, kommt in allen Lernbereichen zum Tragen. Transferwissen wird sowohl bei der Erschließung von Texten herangezogen als auch im lektionsbegleitenden Vokabular *(Vocabulario)* genutzt und ausgebaut. Verweise auf das Deutsche, Lateinische, Englische und Französische ermöglichen einen raschen Zugriff auf die spanische Sprache. Die migrationsbedingte Mehrsprachigkeit sollte je nach Ausgangslage in der Lerngruppe berücksichtigt werden.

Estrategia	Torno	Página
Methoden der Selbstkorrektur		
Fehler vermeiden	I	129
Selbstkontrolle und Selbstkorrektur	II	107
Eigenverantwortliches Lernen / eigene Ziele setzen	II	108
Wortschatz erschließen		
Wörter lernen und behalten	I	124
Wort- und Texterschließung		
Wortschatz erschließen	I II	123 111
Texte verstehen	I	127
Lesestrategien	II	112
Wichtige Informationen aus einem Text herauslesen und zusammenfassen	II	115
Text- und Worterschließung bei Originaltexten	III	14
Hör-/Sehverstehen	III	99
Umgang mit Wörterbüchern		
Nachschlagen	I	130
Umgang mit dem Wörterbuch	II	110
Benutzung eines einsprachigen Wörterbuchs	III	73
Informationsbeschaffung		
Relevante Informationsquellen	II	109
Texterstellung		
Texte schreiben	I	132
Ein Resumen schreiben	III	55
Ergebnisse präsentieren		
Arbeitsergebnisse vortragen	II	116
Eine Präsentation vorbereiten	II	117
Einen Redebeitrag strukturieren	III	43
Techniken der Umschreibung	III	83
Sprachmittlung		
Sprachmittlung	III	29

Vorwort

2 Aufbau des Schülerbuches

Das Schülerbuch ist klar strukturiert, es ist transparent aufgebaut und eignet sich daher auch für das selbstständige Lernen. Die Illustrationen stehen in einem sinnvollen Verhältnis zu den Inhalten, sie sind authentisch und altersangemessen. An zahlreichen Gelegenheit werden Möglichkeiten eröffnet, den Unterricht über das Lehrwerk hinaus zu öffnen (z. B. S. 82, 92).

Línea verde 3 – Paso a nivel besteht aus 8 Lektionen. Der Aufbau der Lektionen wurde gegenüber den Bänden 1 und 2 verändert, um für authentische Materialien einen großen Bereich *(Panorama)* zu reservieren. Somit ergibt sich folgender Lektionsaufbau:
- Primer paso
- Recursos
- Panorama
- Taller

2.1 Primer paso

Wie in *Línea verde 1 und 2* beginnt in *Línea verde 3 – Paso a nivel* jede Lektion mit einer Einstiegsphase *(Primer paso)*, die jetzt jedoch eine Doppelseite einnimmt. Im Mittelpunkt steht hier die inhaltliche Hinführung zum neuen Thema. Diese erfolgt durch die Einstimmung durch Bild- und Tondokumente und häufig auch durch das Anknüpfen an das Lebensumfeld der Lernenden. Die nötigen neuen Sprachmittel werden den Schülerinnen und Schülern ggf. durch Übersichten zur Verfügung gestellt. Wortschatz und Grammatik werden so vom ersten Schritt an als notwendige Ausdrucksmittel und nicht als Selbstzweck erfahren.

2.2 Recursos

Die Texte des Schülerbuchs (aus der Sektion *Recursos*) sind der progressionstragende Teil jeder Lektion. Dort werden die grammatischen Pensen und Redemittel in authentischen Kommunikationssituationen eingeführt. Im Grammatischen Beiheft werden diese Pensen lektionsbegleitend erläutert. Auf den *Primer paso* folgt eine vierseitige Sektion mit der Bezeichnung *Recursos*. Diese Sektion enthält einen oder zwei kürzere, vom Autorenteam verfasste Lektionstexte, mit denen Wortschatz und sprachliche Strukturen eingeführt werden. Die Texte bieten für jede neue Struktur genügend Beispiele, damit an ihnen die Regeln erarbeitet werden können. Auf den Text folgt ein Übungsteil, in dem die im Text neu eingeführten sprachlichen Mittel eingeübt und umgewälzt werden.
In Lektion 8 wurde auf diese Sektion zugunsten eines größeren *Panoramas* (vgl. 2.3) verzichtet. Die Lektion ist somit wie ein Dossier für die Oberstufe gestaltet und enthält eine größere Anzahl von Sachtexten und literarischen Texten. Sprachliche Strukturen werden dort nicht mehr eingeführt.

2.3 Panorama

Die Sektion *Panorama* umfasst fünf Seiten (in Lektion 8 neun Seiten) und enthält eine Reihe von authentischen Texten und Materialien sowie ein reichhaltiges Übungsangebot, das auf die Arbeitsweisen der Oberstufe vorbereitet (siehe 1.1). Hier setzen sich die Schülerinnen und Schüler mit zunehmend komplexen Texten auseinander. Auf Textsortenvielfalt wurde besonderer Wert gelegt.
Bei der Auswahl der Materialien wurde stets darauf geachtet, dass sie auf dem jeweiligen Sprachniveau zu bewältigen sind. Neues Vokabular wird mit den bekannten Strategien erschlossen; nicht erschließbare Wörter, die für das Verständnis unerlässlich sind, werden direkt auf der Seite annotiert und für die folgenden Lektionen nicht vorausgesetzt.
Die Sektion enthält außerdem eine Lerntechnik *(Estrategia)* mit einer sich anschließenden Anwendungsaufgabe. Die letzte Seite des *Panorama* enthält fakultative Zusatzmaterialien.

2.4 Taller

Das Ende jeder Lektion bildet eine umfassendere Aufgabe, die thematisch und sprachlich-lexikalisch auf die vorausgegangene Unterrichtseinheit abgestimmt ist. Dabei entsteht in der Regel ein Produkt (z.B. Poster, Zeichnungen oder Fotos kombiniert mit Text, Tonaufnahmen etc.), in dem die Schülerinnen und Schüler die Inhalte der Lektion in einen neuen Zusammenhang stellen und mit individuellen Elementen ausgestalten. Aus der individuellen Ausgestaltung ergibt sich die Möglichkeit zur Binnendifferenzierung bezüglich Umfang, Leistung und Interessen.
In den so entstehenden Arbeiten dokumentieren die Schülerinnen und Schüler ihren Lernfortschritt. Sie können für eine begleitende Portfolio-Arbeit genutzt werden.

2.5 Weitere Elemente des Schülerbuchs

Übungen und Lernaufgaben

Das Angebot von Übungen und Lernaufgaben ist abwechslungsreich, motivierend und vielfältig. Häufig berücksichtigt die Kontextualisierung der Übungen die außerschulische Lebensrealität der Schülerinnen und Schüler. Die Übungen und Lernaufgaben regen zum Wechsel der Sozialform an und beziehen sich auf die Förderung aller oben genannten Kompetenzbereiche. Außerdem bieten sie die Möglichkeiten zur Binnendifferenzierung und Individualisierung (unterschiedliche Lernertypen und -stile).

Repaso

Auf die Lektionen 2, 4, 6 und 8 folgt jeweils eine Wiederholungsphase mit Aufgaben zu den wichtigsten, in den vorausgegangenen Lektionen erworbenen Sprachmittel sowie zu ausgewählten Pensen aus Band 2. Damit wird der Erkenntnis Rechnung getragen, dass sprachliche Mittel nicht isoliert gelernt werden können, sondern dass sie in immer wieder anderen Kontexten geübt und wiederholt werden müssen. Die Repasos eignen sich sowohl für den Unterricht als auch für zu Hause. Da die Lösungen im Anhang des Schülerbuchs stehen, können die Schülerinnen und Schüler die *Repasos* zur selbstständigen Wiederholung und Selbstkontrolle nutzen. Daher befinden sich auch die dazugehörigen Hörtexte auf der Schüler-CD, die dem Arbeitsheft beiliegt.
In *Repaso 4* wird ein verkürzter Modelltest einer DELE-Prüfung angeboten. So können sich die Lernenden an den dort verlangten Aufgabentypen erproben und ihren Lernstand einschätzen.

Glosario cultural

Das Glossar zur Landeskunde führt die in den Lektionen angesprochenen landeskundlichen Aspekte in Form eines kleinen Lexikons nochmals auf und liefert weiterführende Erklärungen. Im Index enthalten sind Orte, Sehenswürdigkeiten, geschichtliche und kulturelle Begriffe sowie Personen. Fotos illustrieren zusätzlich diejenigen Einträge, bei denen in den Lektionen kein Bildmaterial vorhanden ist. Der Landeskundeindex kann sowohl für das individuelle Lesen als auch im Unterricht zur gezielten Informationssuche verwendet werden.

Vorwort

Vocabulario
Das lektionsbegleitende Vokabular verzeichnet in chronologischer Reihenfolge den gesamten Lernwortschatz von *Línea verde 3 - Paso a nivel*. Die Vokabeln werden dabei nicht nur isoliert aufgelistet, sondern sind in sinnvolle Kontexte (Syntagmen oder Beispielsätze) eingebettet. Um die Bedeutung des Wortschatzlernens in Sinneinheiten (*chunks*) zu unterstreichen, sind sie farbig gedruckt und übersetzt. Sie können so von den Schülerinnen und Schülern leicht mitgelernt werden, zeigen die kommunikative Bedeutsamkeit der Elemente und bieten wertvolle Bausteine für die eigene Texterstellung.
Das lektionsbegleitende Vokabular verzeichnet darüber hinaus sprachimmanente Bezüge (Hinweise auf bekanntes Vokabular der gleichen Wortfamilie sowie Synonyme und Antonyme) und Verweise auf verwandtes Vokabular in den bereits gelernten Fremdsprachen (Englisch, Französisch und Latein).
In das Vokabular integriert sind darüber hinaus Beispiele für alle grammatischen Pensen der Lektion, die den Lernenden überblicksartig Material für die Sprachreflexion zur Verfügung stellen (gelbe Kästchen).

Diccionario
Das *Diccionario* listet den gesamten Lernwortschatz von *Línea verde 1–3* in alphabetischer Reihenfolge auf (Spanisch-Deutsch, Deutsch-Spanisch). Darüber hinaus sind die fakultativen Redemittel sowie die Vokabeln des *Glosario cultural* aufgeführt und mit <…> als fakultativ gekennzeichnet, sodass die Schülerinnen und Schüler ggf. bestehende Unsicherheiten klären können. Das deutsch-spanische Verzeichnis bietet den Lernenden eine Nachschlagemöglichkeit bei der Erstellung eigener Texte.

Soluciones
In dieser Sektion sind die Lösungen zu den *Repasos* enthalten. Sie bieten die Möglichkeit zur Selbstkontrolle und Selbstevaluation.

2.6 Übersicht über die Themen der einzelnen Lektionen

1. Jóvenes en camino
- Freizeitbeschäftigung Jugendlicher
- soziales Engagement
- Jugendliche auf dem Jakobsweg
- mit dem Fahrrad auf dem Jakobsweg

2. Ser joven: ¡qué difícil es!
- Genussmittel
- Schulsystem
- Umgang mit schulischen Misserfolgen
- Botellones
- Lebensläufe

3. Los muros de la gran ciudad
- das Symbol der Mauer
- Leben in Mexiko-Stadt
- Umweltschutz / Umweltverschmutzung
- Bedrohung der Lebensräume
- Graffitis und *murales* interpretieren

4. Culturas antiguas y sus herederos
- präkolumbianische Kulturen in Mittelamerika
- Eroberung Tenochtitlans
- Emiliano Zapata und die Mexikanische Revolution
- die Rechte der Indios
- Frida Kahlo

5. Identidades
- wichtige Etappen der spanischen Geschichte
- Spanien im 20. Jahrhundert
- Sprachenvielfalt in Spanien
- Spanische Parteien

6. Nuevas sociedades
- Migration
- Immigration in Spanien
- Grenze USA / Mexiko
- Spanglish
- Kulinarische Migration

7. Medios
- der Spielfilm *Machuca*
- Filmkritiken, Raubkopien, Filmplakate
- Fernsehen und Internet
- Der Kurzfilm *Diez minutos*
- SMS und Chat

8. Chile: Literatura y política
- von der Demokratie zur Diktatur
- Antonio Skármetas *Ardiente paciencia*
- lateinamerikanische Lyrik

3 Zum Lehrwerk gehörige Materialien

Lehrwerk *Línea verde 3 – Paso a nivel*

Materialien für Lehrerinnen und Lehrer

- Lehrerbuch
- Bildfolien
- Lehrer-Audio-CD
- zusätzlicher Service im Internet
- Línea verde-Online

Materialien für Schülerinnen und Schüler

- Schülerbuch
- Cuaderno de actividades mit Audio-CD
- Vokabellernheft
- Grammatisches Beiheft

3.1 Cuaderno de actividades (mit Audio-CD)

Das Arbeitsheft zu *Línea verde 3 - Paso a nivel* führt die Konzeption des ersten und zweiten Bandes fort. Es enthält zusätzliche Übungen zu allen Inhalten des Schülerbuchs sowie zahlreiche Hörtexte. Auch im *Cuaderno de actividades* werden alle Fertigkeiten berücksichtigt. Den Schwerpunkt bilden Aufgaben zur individuellen schriftlichen Bearbeitung. Es finden sich aber auch Übungen zur Partner- und Gruppenarbeit. Passend zu jeder Lektion wird ein Arbeitsblatt zum Entdeckenden Lernen angeboten, mit dem sprachliche Gesetzmäßigkeiten und die Regeln wichtiger grammatischer Strukturen von den Schülern selbst erarbeitet werden können (*Explora la gramática*). Ebenso enthält jede Lektion eine Seite *Autocontrol*-Übungen (mit Lösungen), mittels derer die Schülerinnen und Schüler das Beherrschen wichtiger Sprachmittel überprüfen und Defizite erkennen können.
Nach den Lektionen 2, 4, 6 und 8, das heißt, parallel zu den Wiederholungsphasen des Schülerbuchs, haben die Lernenden anhand von Wiederholungsübungen die Möglichkeit, sich einen Überblick über ihren Kenntnisstand zu verschaffen. Die Lösungen dazu finden sich im Anhang.
Nach den Lektionen 2, 4, 6 und 8, das heißt, parallel zu den Wiederholungsphasen (*Repaso*) des Schülerbuchs, haben die

Lernenden auch im *Cuaderno de actividades* die Möglichkeit, die in den vorausgegangenen Lektionen erworbenen Sprachmittel sowie ausgewählte Pensen aus *Línea verde 1* und *2* zu wiederholen. Im Lösungsteil des Anhangs können die Schülerinnen und Schüler die Lösung nachschlagen.
Jede Plateauphase enthält einen Fragebogen zur Selbstevaluation (*¿Qué sabes?*). In Anlehnung an den *Gemeinsamen europäischen Referenzrahmen* werden die Lernenden aufgefordert, ihre Kenntnisse zu den bisher gelernten Strukturen einzuschätzen.

3.2 Grammatisches Beiheft

Auch das Grammatische Beiheft zu *Línea verde 3 - Paso a nivel* ist in bekannter Weise aufgebaut. Das Grammatische Beiheft bietet zusätzliche, verdeutlichende Beispielsätze und erläutert Formen und Verwendung der grammatischen Strukturen. Einprägsame Zeichnungen unterstützen die Behaltenswirksamkeit. Der Vergleich von einzelnen Strukturen mit dem Englischen, Französischen und Lateinischen befähigt die Schülerinnen und Schüler zu einer zunehmend tieferen Sprachreflexion. In stark gelenkten Anwendungsübungen am Ende jedes Paragraphen können die Schülerinnen und Schüler jeweils überprüfen, ob sie den Stoff verstanden haben. Es ist in unmittelbarem Zusammenhang mit der Konzeption des Schülerbuchs zu sehen. Denn im *Cuaderno de actividades* werden die Inhalte aus den Sektionen *Recursos* und *Panorama* durch zahlreiche Übungen vertieft und wiederholt. Zum Teil gehen sie aber auch bewusst über die im Schülerbuch präsentierten Inhalte hinaus und ergänzen und erweitern sie in sinnvoller Weise (vgl. etwa *Comida basura*, S. 14; *La ley del muro*, S. 27/28; *Los aztecas y educación en el Calmecac*, S. 39/40; *Un poco de historia*, S. 41: *Hacia Europa*).

3.3 Lehrerbuch

Das Lehrerbuch bietet Hinweise zu den Übungen sowie die Transkription der Hörtexte und die Lösungen zu den Übungen des Schülerbuchs und des *Cuaderno de actividades*. Es enthält außerdem Kopiervorlagen.

3.4 Audio-CD für Lehrer

Auf der Lehrer-Audio-CD befinden sich die Hörtexte und Lieder aus dem Schülerbuch, sowie zwei kleinere Videodateien für die Übungen zum Hör-/Sehverstehen.

3.5 Bildfolien

In den Folien finden sich sowohl lektionsbegleitende Illustrationen als auch weiterführendes Bildmaterial.

3.6 Vokabellernheft

Das Vokabellernheft im Taschenformat enthält das lektionsbegleitende Vokabular (*Vocabulario*) des Schülerbuchs sowie Wortschatzübungen.

4 Nützliche Tipps zur Durchnahme

Da dem dritten Band von *Línea verde* aufgrund seiner propädeutischen Funktion eine besondere Rolle als Scharnier zur Oberstufe / Qualifikationsphase zukommt, schließt er nicht nur die Spracherwerbsphase in der 3. Fremdsprache vollständig ab, sondern führt auch in die Arbeitsweisen der Oberstufe ein. Dazu gehört auch ein adäquater Umgang mit spanischsprachigen Texten. In *Línea verde 3 - Paso a nivel* finden sich daher vermehrt authentische Texte unterschiedlicher Länge, die von den Schülern zunehmend selbstständig bearbeitet werden sollen. Im Folgenden haben wir einige Tipps zur Förderung der Lesekompetenz bereitgestellt, die den Schülern den Zugang zu dieser anderen als die ihnen bekannten Leseart erleichtern sollen.

Förderung der Lesekompetenz

1. Aufgabe bisheriger Leseroutinen

Die Lektüre spanischsprachiger Texte bezieht sich zunächst auf Lehrwerkstexte. Diese sind in der Regel „konstruiert" und der grammatischen Progression unterworfen. Die meisten Schüler sind es gewohnt, möglichst jedes Detail verstehen und erklären zu können. Dies ist für die Lektüre literarischer Texte nicht zielführend. Durch das Anwenden von Lesetechniken auf kurze Ausschnitte authentischer literarischer Texte können bisherige Leseroutinen aufgebrochen und verändert werden. Die Schüler müssen die Erfahrung machen, dass sie in der Lage sind, Hauptaussagen eines Textes zu verstehen und wiederzugeben, auch wenn ihnen das Detailverständnis fehlt. Hierzu eignet sich z. B. der Auszug aus Antonio Skármeta's *Ardiente paciencia* (Schülerbuch, S. 110f).

2. Bewusstmachung von Text- und Worterschließungsstrategien

Die Schüler wenden beim Lesen in der Muttersprache ganz automatisch Lesetechniken wie *scanning* (Überfliegen eines Textes auf der Suche nach einer bestimmten Information) und *skimming* (einen ersten Eindruck über die Thematik und Aufmachung eines Textes gewinnen) an. Diese Tatsache muss ihnen bewusst gemacht werden, damit sie diese Techniken auch bei der Lektüre fremdsprachlicher Texte anwenden. Darüber hinaus ist beispielsweise die Lesetechnik „SQ3R-Methode" sehr verbreitet und sofern sie den Schülern aus dem Deutschunterricht noch nicht bekannt sind, lohnt deren Einführung.

> **SQ3R-Methode**
> **Survey:** einen Überblick verschaffen, indem man den Titel, Untertitel, Einleitung und Schluss überfliegt
> **Question:** vor dem Lesenüberlegen, welche Informationen man sich vom Text erhofft
> **Read:** auf das Lesen konzentrieren. Lesegeschwindigkeit an Schwierigkeitsgrad des Textes anpassen
> **Recite:** an das Gelesene erinnern
> **Review:** das Gelesene nochmals wiederholen

3. Textstrukturierung nachvollziehen

Für Schüler besteht eine Schwierigkeit darin, in einem spanischsprachigen Text Nebensächliches von den Hauptgedanken zu unterscheiden. Das Suchen und Markieren von Schlüsselbegriffen, das Herausschreiben von Kernaussagen, die Strukturierung eines Textes in Abschnitte mögen sehr traditionelle, aber nach wie vor wirksame Techniken sein.

4. Schnelllesen

Das schnelle Lesen in spanischsprachigen Texten muss geübt werden, nur so wird die Anwendung der Lesetechniken automatisiert. Vorgegebene Zeitlimits können dabei hilfreich sein. Die Textlänge kann kontinuierlich gesteigert werden. Zu Beginn eignen sich kurze Textabschnitte.

Bei der Erstellung des Lehrwerks *Línea verde 3 - Paso a nivel* wurde auf eine Textsortenvielfalt besonderer Wert gelegt. Es finden sich zahlreiche Sachtexte, aber auch literarische Texte,

Vorwort

die jeweils unterschiedliche Möglichkeiten einer Bearbeitung bieten.

Auch bei Sachtexten bietet es sich an, bestimmte Inhalte oder Fachvokabular vor der Textpräsentation zu aktivieren oder einzuführen. Neben der notwendigen Sprachkompetenz benötigen Schüler auch ein Minimum an Sachkompetenz zum Verständnis des jeweiligen Textes. Schon bei der Auswahl des Sachtextes ist es sinnvoll, auf die Sachthemen, auf das notwendige thematische Vokabular, auf das erforderliche interkulturelle Wissen und auf mögliche Bezüge zur Lebenswelt der Schüler zu achten. Die Textpräsentation wird je nach Unterrichtsziel unterschiedlich ausfallen. Steht etwa die Informationsentnahme im Vordergrund, können unterschiedliche Lesestrategien zum Einsatz kommen (*scannning und skimming*). Der Text kann in stiller Lektüre mit einem Frageraster gelesen werden, um ihm beispielsweise spezifische Informationen zu entnehmen. Die Hauptthemen des Textes könnten auch im Anschluss an eine gemeinsame Lektüre fragend-entwickelnd zum Unterrichtsgegenstand gemacht werden.

Literarische Texte eröffnen durch ihren poetischen Gehalt andere Möglichkeiten, aber auch andere Schwierigkeiten für die Bearbeitung. Ein wichtiges Kriterium für die Auswahl literarischer Texte ist der Lernerbezug mit Faktoren wie Alter, Herkunftskultur, Interessen, Sprachkenntnisse und Erfahrung in der Arbeit mit literarischen Texten. Ein weiteres Kriterium ist die sprachliche und inhaltliche Eignung des Textes. Außerdem sind textimmanente Faktoren (Erzählstruktur, Spannung, Thema) zu berücksichtigen.

Einige Fragen können bei der Auswahl von literarischen Texten hilfreich sein.

- Ist der Text dem Alter und Lernniveau angemessen lang?
- Ist der Schwierigkeitsgrad angemessen?
- Bietet der literarische Text den Schülern Identifikationsmöglichkeiten?
- Werden Situationen aufgezeigt, die zu einer kognitiv-affektiven Auseinandersetzung auffordern?
- Ist eine angemessene Zahl von „Leerstellen" vorhanden?
- Ist der Text abwechslungsreich (formal und thematisch)?
- Werden vielfältige Bezüge zu hispanophonen Kulturen hergestellt?
- Hat der Text einen Bezug zur Lebenswelt der Schüler?

Wie können nun literarische Texte in den Unterricht einbezogen werden? Hierzu ein paar Tipps:

Umgang mit literarischen Texten:
Beispiele für produktionsorientierte Verfahren (z.B. S.115, Übung 2)

- fragmentierte Textteile rekonstruieren (Textpuzzle)
- eine Fortsetzung oder einen neuen Schluss eines Textes schreiben
- Leerstellen füllen
- einen Text perspektivisch umschreiben
- eine Vorgeschichte zu einem Text schreiben oder einen Paralleltext verfassen
- den Text in eine andere Textsorte / Textgattung umschreiben

Bei der Lektüre einer literarischen Ganzschrift im Spanischunterricht stellt sich bei den Schülern jedoch nicht immer Begeisterung am Lesen ein. Die „unantastbaren Rechte des Lesers" (Pennac, 2003) sollen abschließend helfen, Lesefrust zu vermeiden.

„Die unantastbaren Rechte des Lesers" (Pennac, 2003)
1) Das Recht, nicht zu lesen
2) Das Recht, Seiten zu überspringen
3) Das Recht, ein Buch nicht zu Ende zu lesen
4) Das Recht, noch einmal zu lesen
5) Das Recht, irgendwas zu lesen
6) Das Recht auf Bovarysmus, d.h. den Roman als Leben zu sehen
7) Das Recht, überall zu lesen
8) Das Recht, herumzuschmökern
9) Das Recht, laut zu lesen
10) Das Recht, zu schweigen

Diese „unantastbaren Rechte des Lesers" können auch für einen Unterricht genutzt werden. Das Recht, nicht zu lesen oder irgendwas zu lesen, könnte ansatzweise so umgesetzt werden, dass die Schüler bei der Auswahl einer Lektüre ein Mitspracherecht haben. Das Recht, überall zu lesen, könnte durch eine Art „Wochenplanarbeit" berücksichtigt werden. Hierbei wird ein Romanausschnitt nicht gemeinsam laut im Klassenplenum gelesen, sondern es wird die Aufgabe gestellt, bis zur folgenden Woche ein bestimmtes Kapitel gelesen zu haben und eventuelle Aufgaben dazu zu bearbeiten. Wo die Schüler lesen ist dabei nicht wichtig. Auf diese Weise lassen sich alle oben genannten unantastbaren Rechte des Lesers auch auf den schulischen Kontext beziehen.

Unidad 1

1 Jóvenes en camino

Übersicht

Themen	Kommunikative Fertigkeiten	Sprachliche Mittel	Methodenkompetenz
Primer paso • Freizeitbeschäftigungen Jugendlicher	• Über eine Statistik sprechen	• Prozentzahlen und Bruchzahlen	
Recursos • Soziales Engagement in den Ferien	• Komplexere Zusammenhänge ausdrücken	• Adverbiale Nebensätze mit Indikativ und *subjuntivo* • Unregelmäßige Steigerungsformen von Adjektiven und Adverbien • fakultativ: *Perfecto de subjuntivo*	
Panorama • Jugendliche auf dem Jakobsweg	• Ein Interview führen • Jemanden beruhigen oder aufmuntern • Über ein Gedicht sprechen • Eine Werbekampagne entwerfen		• Texterschließungs-strategien
Taller • Mit dem Fahrrad auf dem Jakobsweg	• Eine Reise planen • Ein Hotel reservieren		

Primer paso und Recursos	
1. Einstieg und Hinführung zum Thema: a) Einführung des Themas Freizeitaktivitäten anhand von Fotos, einem Hörtext und Statistiken: SB Primer paso 1, Folie 1 und 2 b) Einführung von Redemitteln zum Sprechen über Statistiken (Bruchzahlen u.a.): SB Primer paso 2	SB L-CD (Track 1–3) Folien
2. Textpräsentation und -erarbeitung in Abschnitten	SB, S-CD (Track 1–2)
3. Inhaltssicherung: SB 1, 2, CDA 1 Erweiterung mit Mafalda-Comic CDA 2	SB, CDA
4. Sicherung von Wortschatz und Redemitteln: Wortschatz zum Thema Computer: CDA 3	CDA
5. Übungen zur Erarbeitung und Festigung der Grammatik: Entdeckendes Lernen: El subjuntivo tras conjunciones: CDA S. 75 *Subjuntivo* in adverbialen Nebensätzen: SB 3, 4, CDA 5, 6 Unregelmäßige Steigerungsformen: SB 5 Bruch- und Prozentzahlen: SB 6 [*¿Indicativo, subjuntivo o infinitivo?*: KV S. 95]	SB CDA Kopien
6. Hörverstehen: CDA 4	CDA S-CD (Track 3)
7. Sprachmittlung: SB 7, KV S. 94	SB, Kopien
8. Landeskunde / interkulturelles Lernen: Estadísticas SB S. 9, S. 13	SB
9. Übungen zur Zusammenfassung und Wiederholung: Wiederholung *subjuntivo*: CDA 4, 5, KV S. 91 (Würfelspiel)	CDA Kopien
10. Übungen zur Selbstkontrolle: CDA S. 76	CDA
Panorama und Taller	
1. Aufgaben zu den authentischen Materialien • Reportagen: Mochileros hacia Santiago de Compostela / El IES Séneca en su segunda etapa SB 1 Thematische Vorentlastung (1), Leseverstehen (2), Detailverstehen (3), Wiederholung von *aunque* (4) • Tourismusplakat: SB 5 Analyse (a); Plakat erstellen (b); Arbeitsergebnisse präsentieren (c) • Gedicht von Antonio Machado SB 6 Gedichtsinterpretation (a, b); Diskussion (c)	SB
2. Sicherung von Wortschatz und Redemitteln Redemittel „tranquilizar y animar a alguien" SB 7 Redemittel „hacer una reserva" SB Taller 2	SB

1 Unidad

3. Methodenkompetenz Lerntechnik: Text- und Worterschließung bei Originaltexten: SB S. 14, CDA 7	SB CDA
4. Hörverstehen: SB 1 [SB 7]	SB L-CD (Track 4–6 und 7–11)
5. Kommunikation [Interesse und Erstaunen bekunden SB 7]	
7. Landeskunde / interkulturelles Lernen: Texte zum Camino de Santiago: SB S. 15 Sehenswürdigkeiten in Santiago de Compostela, spanische Höflichkeit: SB S. 18	SB
8. Projekte fürs Sprachenportfolio: Taller 1: El Camino en bici (Reiseprogramm ausarbeiten)	SB

Hinweise zu den Bildfolien

Folie 1 – Jóvenes en camino
Einige Fotos der Einstiegsseiten werden gezeigt. Dazu kann L die Übung 1, Teil a) beim geschlossenen Buch durchführen.

Folie 2 - Deportes extremos
Die Folie zeigt folgende Extremsportarten:
Free Running (Parkour)
Bungee-Springen
Eisbaden
Klettern
Motorradakrobatik

Leitfragen zur Folie:
¿Te gustaría hacer algunos de estos deportes en tu tiempo libre? ¿Por qué?
¿Conoces más de estos deportes extremos?

z.B.: Apnoe Tauchen, Mountain Bike

Lösungen Schülerbuch

Primer paso

1 Tiempo libre, tiempo de aventuras

Schwerpunkt: Thematische Einführung in die Lektion, Hörverstehen
Sozialform: PA / UG (a); EA (b); GA (c)
Übungsform: Vermutungen über Fotos zum Thema Freizeitaktivitäten anstellen (a), Informationen aus einem Hörtext entnehmen (b), von seinen eigenen Erfahrungen erzählen (c)

a Hinweis: Es empfiehlt sich folgende Wörter vor dem Sprechen über die Fotos einzuführen.
A: una silla de ruedas, B / H: un voluntario, una voluntaria, D: un peregrino, una peregrina, F: un violín, G: un escenario, H: plantar algo

Lösungsvorschlag:
A: Los chicos están en una sala de clase. Están hablando de las vacaciones / de su próximo viaje de fin de curso.
B: Los chicos están en un camping de verano / en el campo. Están limpiando un camino.
C: Los chicos están en una sala de ordenadores / en un cíber. Están jugando con el ordenador / chateando con los amigos.
D: La chica y el señor están de vacaciones en Santiago de Compostela. Están hablando de su viaje a Galicia.
E: Los chicos están en un bosque / cerca de un río / en la costa. Están haciendo un paseo en canoa.
F: Los chicos están en una sala de música. Están tocando música clásica. Los chicos toman clases de música en el instituto.
G: Los chicos son actores de teatro. Están preparando una obra de teatro.
H: Los chicos están en el campo. Los chicos ponen pequeños árboles y así ayudan a cuidar el bosque.
I: Los chicos están en una manifestación por la paz en el mundo.

b Hörtext (Track 1–3):

Foto B
Hola. Somos Jorge y Tito, somos de Ciudad de México. Participamos en el Grupo «S.O.S. Bosques verdes» en San Rafael. Nosotros no sabíamos qué hacer en el verano, no nos gusta quedarnos en la Ciudad. Tampoco queríamos salir a la playa como todos los años. Entonces Jorge me contó de un proyecto para limpiar los bosques cerca del volcán Iztaccihuatl, a dos horas de Ciudad de México, en un pueblo llamado San Rafael. Al principio pensábamos que iba a ser muy aburrido. Pero no. Hemos conocido a muchos jóvenes de todo el país. La gente aquí está muy motivada. En San Rafael tenemos que levantar la basura que tiran en el bosque para conservar el agua limpia, pero también lo hacemos para cuidar de los animales que solo viven en esta región, como el teporingo, un animal muy chiquito, que parece un conejillo de indias. La verdad que hemos aprendido mucho de México y ahora pensamos que no basta con quejarse de algo, uno debe pensar y ser parte de la solución.

Foto A
Hola soy María José. Yo empecé a trabajar como voluntaria a los 14 años. Mi mamá es de Valencia y mi papá de Teherán. Por mi apellido y por mi color todos pensaban que yo era extranjera y eso me molestaba. Tenía pocos amigos. Después conocí a Raúl, un chico de la misma clase que anda en silla de ruedas. Él es voluntario de un grupo de integración social. Cuando fui la primera vez allí, me di cuenta de verdad de los problemas que tienen los extranjeros, casi todos son jóvenes de mi edad; también me di cuenta que yo podía ayudarles a entender la cultura y la lengua españolas y eso hice. Llevo casi tres años aquí y estoy muy contenta con lo que he hecho en el grupo. Yo también aprendo cosas de mí misma cuando hablo con gente de todo el mundo. En la escuela ya no me siento diferente, me siento igual a todos.

Foto C
Soy Roberto, de Argentina. Yo participo desde el verano pasado en un programa muy interesante para ayudar a los jóvenes de Buenos Aires a aprovechar su tiempo libre. Este proyecto es sobre todo para los que usan mucho la computadora y sin ella no pueden hacer nada más, no tienen amigos, no tienen otros pasatiempos. No se trata de prohibirles la computadora. Claro que pueden usarla para divertirse, para chatear… para jugar. Pero aquí les queremos enseñar que con la computadora también pueden aprender muchas cosas más, como por ejemplo, hacer páginas de Internet y programar. Además queremos recordarles que pasar mucho tiempo

frente a la computadora puede ser malo para los ojos y la espalda. Siempre que podemos, organizamos partidos de fútbol o voleiplaya. Este año, como a casi todos les gusta leer cómics, haremos algo especial: habrá un concurso de mangas.

Lösungsvorschlag:
Informe 1: Foto B
Nombres: Jorge y Tito
Procedencia: Ciudad de México
Actividad: limpiar bosques para proteger a animales como el teporingo.

Informe 2: Foto A
Nombre: María José
Procedencia: española-iraní (madre de Valencia, padre de Teherán)
Actividad: Chica que trabaja en un grupo de integración social para ayudar a los extranjeros de su edad a entender la cultura y la lengua españolas.

Informe 3: Foto C
Nombre: Roberto
Procedencia: Argentina
Actividad: proyecto para ayudar a los jóvenes de Buenos Aires a aprovechar bien su tiempo libre (ahí los chicos aprenden a usar mejor el ordenador, p. ej. para hacer páginas de Internet, y también se divierten y organizan juegos de fútbol o voleiplaya, y este año van a dibujar mangas y elegir las mejores).

c Individuelle Lösungen

2 Jóvenes en cifras

Schwerpunkt: Prozentzahlen und Brüche
Sozialform: EA (a, b); GA ganze Klasse (c)
Übungsform: Freie Textproduktion (a, b); eine Klassenstatistik erstellen

a + b Lösungsvorschlag:

¡Hola, compañer@s de México!
Aquí tenéis información sobre el tiempo que tienen a la semana para el ocio y las actividades que les gusta hacer a los jóvenes españoles entre 15 y 19 años, todo está en horas: los chicos tienen menos de treinta horas a la semana de tiempo libre, mientras que las chicas tienen 32 horas. Casi todos los jóvenes (95%) escuchan música o salen con amigos (90%). Tres cuartas partes van al cine en su tiempo libre y el 70% usa el ordenador. Casi dos tercios de los jóvenes hacen deporte. La mayoría, exactamente, un 55%, va(n) de excursión o lee(n) libros. La mitad de los jóvenes viaja en su tiempo libre y un quinto va al teatro. ¿Es así en México? ¿Podéis preguntar qué hacen los chicos allá? ¿Qué os parece si hacemos una comparación con los compañer@s de clase?

¡Saludos desde España!

c Posible modelo para realizar la estadística en la clase: Siehe Tabelle 1.

Recursos

1 Proyectos

Schwerpunkt: Texterschließung
Sozialform: EA (a); GA (b)
Übungsform: Einen Text in wenigen Sätzen zusammenfassen (a), ein Projekt für freiwillige Helfer vorstellen und zum Mitmachen aufrufen (b)

a Unos veinte chavales entre 15 y 20 años están trabajando en un proyecto de tres semanas en un pueblo de Asturias. Los chicos restauran cabañas abandonadas de pastores y las preparan como refugios, así ayudan al desarrollo turístico de la región.

b Hinweis:
Vor dieser Aufgabe können Redemittel dazu gesammelt werden, wie man jemanden motivieren kann, an einem Ferienprojekt teilzunehmen. Hier ein paar Beispiele:

motivar a alguien
Va a ser una experiencia fantástica.
Os va a encantar / fascinar.
Os lo vais a pasar muy bien.
Van a ser unas vacaciones geniales.
Aprenderéis un montón.
Vais a convivir con gente guay.
Conoceréis lugares muy bonitos.

Individuelle Lösungen

2 Jóvenes de vacaciones

Schwerpunkt: Texterschließung
Sozialform: PA / UG (a); EA (b); PA (c)
Übungsform: Fragen zum Text beantworten (a), einen Vergleich zu sich selbst ziehen (b), ein Telefongespräch simulieren (c)

a En las Líneas 19–20 Irene habla de su hermano pequeño.
Irene no está contenta con sus vacaciones porque tiene que ocuparse de su hermano pequeño ella sola: tiene que llevarlo al parque, darle la comida… Además su hermano mayor pone la música muy alta y todas las tardes monopoliza el televisor.
Carla puede dormir todo lo que quiere, va a la piscina con las amigas y sale por ahí con ellas.

b Individuelle Lösungen

c Individuelle Lösungen

3 El próximo puente

Schwerpunkt: Indikativ oder *subjuntivo* (bei *aunque* und *quizás*)
Sozialform: PA (a); EA (b)
Übungsform: Partnerbogen mit Lückentext (a), Vermutungen anstellen mit *aunque* und *quizás* (b)

a Lösung wie im Partnerbogen angegeben

b Lösungsvorschlag:
Irene **quizás** prefiera ir al cine con las amigas, **aunque** ya haya quedado con el chico más guapo de la clase.
Aunque no le guste nada, Nacho **quizás** se ocupe un poco de su hermano pequeño.

Irene, **aunque** quiera salir con las amigas, **quizás** tenga que quedarse en casa para ayudar.

Chicas	0–15 h	15–30 h	30–… h	Actividad(es) de tiempo libre
1				
2				
3				
…				

Tabelle 1

Chicos	0–15 h	15–30 h	30–… h	Actividad(es) de tiempo libre
1				
2				
3				
…				

1 Unidad

4 Campos de trabajo, voluntariados y ONG

Schwerpunkt: Konjunktionen mit *subjuntivo*
Sozialform: EA / UG
Übungsform: Lückentext

1. así que / de modo que
2. aunque / a pesar de que
3. para que / a fin de que
4. aunque / a pesar de que
5. aunque / a pesar de que

5 Con tu ayuda el mundo será mejor

Schwerpunkt: Unregelmäßige Steigerungsformen
Sozialform: EA / UG (a); PA (b)
Übungsform: Sätze fortführen (a), über Plakate sprechen (b)

a
1. Muchas personas en el tercer mundo tienen un nivel educativo **inferior** a las del primer mundo.
2. El año pasado algunas ONG tuvieron resultados **óptimos**.
3. Un número **menor** de voluntarios se queda más de seis meses en el campo de trabajo.
4. La situación económica de otras familias es **pésima**.
5. En Suecia el nivel de vida es **superior**.
6. Otros hacen (incluso) un esfuerzo **mayor**.

b Lösungsvorschlag:
Animar a la gente a hacerse voluntario o voluntaria para ayudar con el medio ambiente, y para ayudar a otras personas como niños, jóvenes o familias.

6 Cooperación para el desarrollo

Schwerpunkt: Prozentzahlen und Brüche
Sozialform: EA (a); GA (b)
Übungsform: eine Statistik versprachlichen (a), einen Bezug zu sich selbst herstellen (b)

a Lösungsvorschlag:
Aproximadamente dos tercios de los jóvenes españoles ayudan a la gente pobre con dinero o con otros bienes (61,8%). Algo menos de un quinto compra productos de comercio justo (18,2%), es socio o socia de alguna organización de ayuda a la gente pobre (17%) o ha apadrinado a alguien (15,9%). Menos de una décima parte de los jóvenes españoles es voluntario (8%) o ayuda en su tiempo libre (5,7%).

b Individuelle Lösungen

7 Un accidente

Schwerpunkt: Sprachmittlung
Sozialform: EA / UG
Übungsform: Dolmetschen

Lösungsvorschlag:
– Hallo Herr Schwarz. Ich übersetze für Sie, was Sergio sagt, einer der Betreuer des Workcamps, in dem ihr Sohn Till ist. (Ich bin auch ein Teilnehmer des Workcamps.)
+ *El señor Schwarz pregunta si le ha pasado algo a su hijo.*
– Till ist OK. Er hatte einen kleinen Umfall, aber es ist nichts Ernstes.
+ *Pregunta qué ha pasado.*
– Wir waren beim Aufstieg zu einer der Hütten. Einer der Jungs ist versehentlich vom Weg abgekommen. Till wollte ihm helfen und ist dabei gestürzt.
+ *Quiere saber si se ha roto algo.*
– Es scheint, dass er sich einen Fuß gebrochen hat.
+ *Pregunta si lo han llevado al médico.*
– Ja, er wurde ins nächste Krankenhaus gebracht.
+ *Pregunta qué ha dicho el médico.*
– Der Arzt hat gesagt, dass er ins Camp zurück kann, aber dass er einige Tage warten muss, bis der Fuß wieder in Ordnung ist.
+ *Quiere saber si el campo de trabajo termina mañana.*
– Er sagt ja, deshalb wurden sie so schnell gerufen.
+ *Dice que lo mejor es que él venga por su hijo. Pero no sabe cuándo puede estar aquí.*
– Er sagt, Sie sollen sich keine Sorgen machen, Till kann bei den Betreuern bleiben, bis Sie ihn abholen.
+ *El señor Schwarz te da las gracias. Te va a llamar para informarte tan pronto tenga organizado el viaje.*
– Sergio ist einverstanden. Sie können beruhigt sein, sie werden sich um Ihren Sohn kümmern.

Panorama

1 Peregrinos jóvenes de todo el mundo

Schwerpunkte: Camino de Santiago, Hörverstehen
Sozialform: UG
Übungsform: Auswertung von Kartenmaterial (a); Hörverstehen (c)

a Lösungsvorschlag:
El Camino recorre las regiones de Navarra, País Vasco, La Rioja, Castilla y León así como Galicia. El paisaje cambia muchas veces: montañas, grandes ciudades, ríos, campos. El Camino (ruta francesa) recorre unos 760 kilómetros en España (de Roncesvalles a Santiago de Compostela). Los peregrinos recorren más o menos de 20 a 40 kilómetros al día, según el paisaje. Eso corresponde a 30 días de viaje aproximadamente (sin pausas) para llegar a Santiago de Compostela.

b Posibles motivos: interés turístico, deportivo y cultural, motivos religiosos, búsqueda de uno mismo.

c Hörtext (Track 4 – 6):
1.
Mona (americana): Me gusta viajar, ver otros países, diferentes paisajes. Soy fotógrafa. No, no me importa viajar sola o levantarme temprano. Bueno, a veces me cansan los días largos. Caminas, llegas a un sitio, al día siguiente sigues caminando y todo vuelve a empezar. Pero, bueno, si ya no puedo más, cojo el tren o el autobús. ¿Por qué lo hago? Porque sí, pues, un poco por religión, pero sobre todo me parece un viaje precioso con mucho tiempo para pensar en algunas cosas, tenerlas más claras, dejar otras atrás, mmmmhhh… es el encuentro con uno mismo.

2.
Anja (alemana): Mis padres ya han estado en Roma y Jerusalén, yo hago el Camino, porque es diferente: tanta gente joven, yo no me podía creer que había gente tan abierta y simpática. Lo hago con algunos chicos de mi parroquia, a pie, por supuesto. Jajaja… Hemos entrenado mucho este invierno,… para estar en forma. ¿Por qué? Bueno, para mí es un viaje religioso, una forma de encontrarme con Dios. Además, en la vida hay momentos en los que tienes que tomar decisiones: a lo mejor terminas el colegio y no sabes qué hacer después o te separas de tu pareja. Lo bonito es que en el Camino encuentras siempre las respuestas a tus preguntas.

3.
Nico y Dani (dos españoles)
Nico: De verdad, ha sido una idea que tenía desde hacía algún tiempo. Sin saber precisamente cuándo y con quién. Bueno, y este verano de repente se dio la oportunidad.
Dani: Jajajajaja… Los peregrinos aquí dicen que el Camino te llama cuando te ha llegado la hora.
Nico: Viajamos con otros jóvenes, dentro de un proyecto deportivo de nuestra ciudad.

Unidad 1

Dani: En bici.
Nico: Lo pasamos genial. Un poco de cultura, la arquitectura es preciosa, de verdad. Bueno, a veces no hay mucho sitio en los albergues, pero nos da igual.
Dani: Jajaja… Unos 70 kilómetros en bici y duermes bien en cualquier sitio.
Nico: ¿Por qué? Pues la verdad, nada de religión, es una aventura, del mismo modo que yo, por ejemplo, haré el año que viene un viaje a Inglaterra con Interrail.
Dani: Y además está la experiencia con la gente. Conocemos a un montón de gente, amigos que nunca olvidaremos.

Hinweis: Die Aufgabenstruktur lässt sich leicht eine Tabelle umwandeln, die leistungsschwächeren Klassen zum Ausfüllen vorgegeben werden kann.

Siehe Tabelle 1.

■ Estrategia

Schwerpunkt: Text- und Wortschatzerschließung bei authentischen Texten
Sozialform: PA
Übungsform: Wortschatzerschließung mithilfe des Kontextes sowie des Vorwissens aus Fremd- und Muttersprache

Andere Sprachen und Fremdwörter:
representante: Vertreter (dt.: Repräsentant, frz.: représentant)
básico: basis-, grundlegendes (dt.: Basis, engl.: basic, frz.: de base)
espíritu: Geist (engl.: spirit, frz.: esprit)
satisfecho: zufrieden (engl.: satisfied, frz.: satisfait, lat.: satisfacere –> satisfactum)
emoción: Gefühl (engl.: emotion, frz.: émotion)
iglesia: Kirche (frz.: église)
saco: Sack (frz.: sac, dt.: Sack)

Spanische Wortbildung und Wortfamilien:
convivencia: Zusammenleben (< vivir; con)
cansancio: Müdigkeit (< cansado)
compañerismo: Kameradschaft (< compañero)
refrescar (< re; frío)
escolar: schulisch (< escuela)
artístico: künstlerisch (< arte)
cansarse: müde werden (< cansado)
caminata: Wanderung (< camino)

2 El reportero «volante»

Schwerpunkt: Leseverstehen
Sozialform: EA; GA
Übungsform: Resümierende Fragen zu einem Text formulieren (a); Interviews führen, Bewegungsspiel (b)

a Lösungsvorschlag:
¿Cuántos alumnos participan en el viaje? (pregunta al director)
¿Quién acompaña a los alumnos? (pregunta al director)
¿Por qué hacen el Camino? (pregunta al director, a los alumnos)
¿Qué piensan Nieves y Cristina sobre este viaje y cómo se sienten? (pregunta a las chicas) ¿Qué piensa el profesor sobre el comportamiento de los alumnos? (pregunta a José Aumente)

b Lösungsvorschläge:
400 alumnos participan en el viaje. 28 profesores, personal del centro, 4 funcionarios de la Policía Nacional y tres representantes del Instituto Municipal de Deportes acompañan a los alumnos. Es un viaje que ha organizado el IES Séneca para que los alumnos aprendan valores como p.ej. la solidaridad, la convivencia, el amor a la naturaleza y al patrimonio histórico y artístico. Nieves nunca ha andado tanto antes y Cristina ya tiene muchas ampollas, pero las dos no van a parar, porque les gusta mucho el ambiente del viaje y el paisaje.
El comportamiento de los alumnos es muy bueno, por la noche no hay travesuras porque los alumnos están cansados.

3 Una experiencia inolvidable

Schwerpunkt: Detailverstehen eines authentischen Zeitungstextes
Sozialform: UG
Übungsform: Textaufgabe, auch schriftliche Textproduktion möglich

Lösungsvorschlag:
Sí, lo han conseguido: se han mostrado muy solidarios con sus compañeros, no se han peleado («solidaridad», «convivencia»), lo han dejado todo muy limpio, han disfrutado de la naturaleza («amor a la naturaleza») y de los monumentos que ven en el camino, como p.ej. las iglesias románicas y los hórreos («amor al patrimonio histórico y artístico»). Otras situaciones posibles: los alumnos se ayudan en el Camino, por ejemplo si alguien está cansado; se escuchan, si hay problemas.

4 Un padre preocupado

Schwerpunkte: *aunque* mit *subjuntivo* und *indicativo*; Ermunterung und Beruhigung ausdrücken
Sozialform: UG, PA
Übungsform: Grammatikerklärung in der Fremdsprache (a); Anwendung in der Dialogsituation gestützt durch Bildimpulse (b)

a Aunque lleva el subjuntivo porque lo que Cristina y Nieves dicen, puede pasar en el futuro y no es seguro.

b Lösungsvorschlag:
A: Padre: Y con ese tiempo, hija. Vas a tener frío, seguro.
   Cristina: Tú tranquilo, papá. Tenemos abrigos. Voy a continuar aunque tenga frío.
B: Padre: Va a llover mucho, seguro.
   Cristina: No te preocupes, papá. Hace sol. Pero voy a continuar aunque llueva.
C: Padre: Seguro que te pondrás enferma, Cristina.
   Cristina: Papá, estoy bien, no te

Tabelle 1

nombre	Mona	Anja	Nico y Dani
país	Inglaterra	Alemania	España
motivos	religión viaje precioso encuentro con uno mismo	es un viaje diferente religión encontrar respuestas	deporte turismo cultural aventura la experiencia con la gente
preparativos		ha entrenado este invierno	sin preparativos, de repente se dio la oportunidad
ambiente		mucha gente joven y abierta	ambiente genial conocen a mucha gente
dificultades	los días largos en el Camino		falta sitio en los albergues

1 Unidad

pongas nervioso. Resistiré aunque me ponga enferma.
D: Padre: Las caminatas no son interesantes. Vas a aburrirte.
Cristina: Anda, papá. El Camino y el paisaje son muy interesantes. Esto sólo ocurre una vez en la vida. Voy a continuar aunque me aburra.

c Julián continúa el Camino aunque las etapas son muy largas, aunque hace mucho calor, aunque le duelen los pies, aunque echa de menos a su familia.

5 ¡Sólo faltas tú!

Schwerpunkte: Der Jakobsweg als Reiseziel, kreative Umsetzung bekannter Inhalte
Sozialform: UG; GA
Übungsform: Analyse eines Werbeplakats (a); ein Plakat erstellen (b); Arbeitsergebnisse präsentieren (c)

a Lösungsvorschlag
El cartel es para personas que quieran hacer el Camino de Santiago, que tengan interés en la naturaleza. El cartel está vacío, sólo se ve un campo y un par de botas, yo creo que su mensaje es: «para ser libre, sólo faltas tú». / El mensaje creo que se dirige a los jóvenes o a las personas que quieran hacer algo diferente. El lema lo entiendo así: ya está el Camino, el mapa, ya están los zapatos para hacer un camino difícil y largo; también Galicia quiere que su camino siga vivo, así que sólo falta que la persona, el posible peregrino, se decida y se ponga los zapatos para hacer el Camino de Santiago y darle vida.

b Individuelle Lösungen

c Individuelle Lösungen

Hinweis: Statt eines Plakates könnte die Umsetzung auch auf Folie bzw. als Radiowerbung erfolgen. Anstelle der bildlichen Umsetzung würde die Botschaft dann mittels Textaussage und entsprechenden Hintergrundgeräuschen transportiert werden.

6 El caminante

Schwerpunkte: Gedichtinterpretation, Metaphern erkennen und interpretieren
Sozialform: UG; GA; PA möglich
Übungsform: Gedichtsinterpretation (a, b); Diskussion (c)

a Lösungsvorschlag:
El poema provoca en el lector los sentimientos de monotonía y tranquilidad porque el autor utiliza varias veces las mismas palabras (camino, caminante). Provoca también el sentimiento de solemnidad porque se dirige al lector directamente.

b Lösungsvorschlag:
El texto habla del camino de la vida. El «caminante» es el hombre. «Andar» y «pisar» significan «vivir» y «aprender algo en la vida», «las huellas» son las actividades del hombre; «la senda» es lo que el hombre ha hecho en su vida, sus actividades; «la mar» representa el universo*, la eternidad* (*Wortschatz aus anderen Fremdsprachen ableitbar).

c Lösungsvorschlag:
«Se hace camino al andar»: Hay que vivir la vida, cada uno escribe y decide su vida.
Creo que el destino (no) existe porque …

d Individuelle Lösungen, Kreativaufgabe

7 Un paseo por Santiago de Compostela

Schwerpunkte: Sehenswürdigkeiten von Santiago de Compostela, Interesse und Überraschung ausdrücken
Sozialform: UG, GA
Übungsform: Bildbeschreibung (a), Hörverstehen (b), als Fremdenführer andere über etwas informieren (c)

a Lösungsvorschlag:
La foto A muestra una calle con bares o restaurantes y monumentos antiguos.
En la foto B se puede ver un monumento antiguo, delante del monumento hay un grupo de turistas, miran el monumento y las banderas internacionales.
En la foto C se puede ver un monumento antiguo. En el patio del monumento hay flores, a lo mejor es un jardín.
La foto D muestra una gran catedral.
En la foto E se puede ver un monumento moderno, a lo mejor un museo.

b Hörtext (Track 7–11)
Foto D
La Catedral de Santiago de Compostela es destino del peregrinaje y uno de los monumentos más importantes del cristianismo. Su construcción empezó en el siglo XI. Hoy la catedral reúne varios estilos arquitectónicos. Su entrada principal, el Pórtico de la Gloria muestra al apóstol Santiago. Visitar este pórtico es una tradición que los peregrinos realizan después del viaje, además visitan la tumba del apóstol Santiago y abrazan a su imagen.
Foto B
Fundado en 1499 para recibir a los peregrinos, el Hospital Real actualmente es un hotel de lujo. En su famosa fachada de estilo «plateresco» se pueden ver motivos religiosos e imágenes de sus fundadores, los Reyes Católicos.
Foto E
La Universidad de Santiago de Compostela es una de las más antiguas de España. Lope Gómez creó una Escuela de Gramática allí en 1495. Algunos años más tarde se transformó oficialmente en Universidad. Tiene dos campus: Compostela y Lugo. Uno de sus edificios más bonitos es el de la Biblioteca Universitaria, que tiene dos patios con arcadas y flores.
Foto C
El arquitecto portugués Álvaro Siza diseñó a finales del siglo XX el Centro Gallego de Arte Contemporáneo que está entre el centro histórico de Santiago de Compostela y la zona nueva. En este museo se puede ver arte moderno de artistas regionales, nacionales e internacionales.
Foto A
El centro histórico de Santiago de Compostela ya existía en la Edad Media y fue declarado Patrimonio de la Humanidad por la UNESCO. En sus calles se encuentran muchos monumentos históricos, museos, casas, tiendas y también restaurantes, por ejemplo en la Rúa do Franco o la Rúa do Vilar, donde uno puede sentarse en los cafés de la calle y disfrutar del ambiente.

c Individuelle Lösungen

Taller

1 El Camino en bici – una aventura virtual

Schwerpunkte: Jakobsweg, Sehenswürdigkeiten, Wortschatzübung, Superlative
Sozialform: GA
Übungsform: Web Quest (a, b); persönlicher Wortschatz (c); freie Textproduktion (d)

1. Lösungsvorschlag für 7 Tage:
Etapa 1: de León a Astorga (45 km aprox.).
Etapa 2: de Astorga a Ponferrada (50 km aprox.).
Etapa 3: de Ponferrada a O Cebreiro (50 km aprox.).
Un día de pausa.
Etapa 4 de O Cebreiro a Portomarín (60 km aprox.).
Etapa 5: de Portomarín a Melide (40 km aprox).
Etapa 6: de Melide a Santiago de Compostela (50 km aprox.).

Unidad 1

> **Albergues y refugios en el Camino de Santiago**
>
> Seit dem Mittelalter sind entlang des Pilgerweges *albergues / refugios* entstanden, in denen die Pilger bei Vorlage des Pilgerpasses eine Übernachtungsmöglichkeit und teilweise auch ein einfaches Mahl kostenlos oder für einen geringen Geldbetrag erhalten. Wanderer haben dabei in der Regel Vorrang vor den Radfahrern. Besonders im Sommer sind diese Übernachtsmöglichkeiten stark frequentiert und es empfiehlt sich, zeitig anzukommen, denn Reservierungen sind meist nicht möglich.

2. Lösungsvorschlag:
algunas atracciones del Camino:
Astorga: el palacio de Gaudí/Palacio Episcopal de Astorga
La Cruz de Hierro
Ponferrada: el Castillo del Temple
O Cebreiro: las pallozas (casas de origen celta); Iglesia Santa María la Real
Samos: el monasterio de Samos
Portomarín: el embalse de Belesar, San Nicolás de Portomarín

3. + 4. Individuelle Lösungen

5. Lösungsvorschlag:
un premio a la presentación más divertida, un premio al último grupo (por haber entendido el sentido del Camino: disfrutar del Camino, no correr a todo precio)

2 Un hotel bonito en Santiago de Compostela

Schwerpunkt: Alltagssituation Hotelreservierung
Sozialform: PA
Übungsform: Kommunikationsübung, Telefongespräch

Lösungsvorschlag:
A: Buenos días, Hostal Via Láctea, ¡dígame!
B: Buenos días, me llamo Bernd Schneider, de Múnich en Alemania. Quisiera reservar una habitación doble con ducha para el 12 de mayo.
A: Espere un momento, por favor. Sí, todavía hay una habitación libre el 12 de mayo.
B: ¿Cuál es el precio por noche?
A: Son 59 Euros, el precio incluye el desayuno.
B: ¿Hay Internet en la habitación?
A: Seguro que sí. En la habitación hay Internet, calefacción y minibar.
B: Vale, entonces quisiera reservar la habitación.
A: Muchas gracias, ¡indique por favor sus datos!
B: Bernd Schneider, Tulpenweg 3, Múnich, quisiera pagar con tarjeta de crédito.
A: Muchas gracias. ¿Quiere que le confirmemos su reserva por fax o email?
B: Sí, estupendo, mi email es bernd@schneider.de.
A: Muchas gracias, le esperamos el día 12 de mayo, hasta luego.
B: Hasta luego.

Lösungen CDA

1 ¡Qué vacaciones!

Schwerpunkt: Wortschatzarbeit
Sozialform: EA
Übungsform: zu bekannten Wörtern Synonyme angeben

1. No me lo dice porque <u>no quiere</u> pero sí sabe quién ha cogido mi libro.
   no le da la gana
2. No me importa <u>nada de nada</u> que no quieras venir conmigo a la fiesta de Carlos.
   lo más mínimo
3. Cuando mis padres no le compran lo que quiere, mi hermano <u>se pone insoportable</u>: grita, llora, …
   se pone muy pesadito
4. Mi ordenador me <u>da muchos problemas</u>, no funciona bien.
   da mucha guerra
5. Mi vecina no oye bien y pone la televisión <u>muy alta</u>.
   a todo volumen

2 Mafalda y sus amigos

Schwerpunkt: Comic zum bekannten Thema interpretieren
Sozialform: EA
Übungsform: Comic beschreiben und interpretieren (a); sich in eine dargestellte Person hineinfühlen (b)

a
1. ¿Cuál es el tema del cómic?
el tema del cómic: el verano / las vacaciones / actividades durante las vacaciones del verano
2. ¿Dónde están y qué hacen Mafalda y sus amigos?
Felipe, Miguelito, Mafalda y Guille y Manolito están de vacaciones, en verano. Unos están en la playa y otros en el bosque. Todos están pasándosela muy guay, sólo Manolito no.
3. ¿Cómo se siente Manolito en el último dibujo?
Manolito se siente triste porque no puede ir de vacaciones como todos. Tiene que imaginarse que está en el mar, pero en realidad se encuentra en casa.

b
Lösungsvorschlag: segundo dibujo.
Miguelito:
Por fin, las vacaciones. Este año, y las pasamos en Europa, en Suiza, porque a mis padres les gustan mucho las montañas … y en Suiza hay bastantes. Antes de irnos me habían prometido muchas cosas: que el paisaje sería muy bonito y que haría sol y no tanto calor, que la naturaleza sería muy bonita y que veríamos muchos animales… y tenían razón. Cada día nos despertábamos muy temprano e íbamos de excursión. Caminábamos y caminábamos todo el día, así que, por la tarde, estábamos muy cansados pero muy contentos. Cuando hacíamos una pausa, nos bañábamos en el río. Pero el agua estaba muy fría … uuuiii. Toda la familia estuvo reunida y nos lo pasamos muy bien. Suiza es un país muy bonito. Espero que el año que viene vayamos de vacaciones también a la montaña.

> **Con estas expresiones puedo…**
>
> **… expresar alegría o tristeza**
>
> estoy alegre / (plenamente) satisfecho,-a / contento,-a
> siento una gran alegría
>
> me gusta mucho…
> no me gusta de nada…
>
> estoy triste
> estoy desesperado,-a
> he perdido la esperanza

3 ¡Conéctate!

Schwerpunkt: Wortschatzerweiterung (Freizeitaktivitäten: Computer)
Sozialform: EA
Übungsform: Online-Gebrauchsanleitung auf Deutsch wiedergeben (a), Wörter zum Thema „Computer" heraussuchen (b), eigenen Text zum Thema schreiben (c)

a
Folgender Text ist eine Online-Gebrauchsanweisung und beschreibt, was das Programm „Charlator" ist und wie man diesen Messenger verwendet. Das Programm „Charlator" ist das beste, gratis verfügbare Programm dieser Art. Das Programm bietet vielerlei Dienste an. Das Beste ist, dass man auch SMS auf ein Handy schicken kann.
Das Programm „Charlator" lässt sich sehr leicht bedienen und ist völlig gratis. Du brauchst Windows 2000 oder Vista XP und ein Mikrofon.

1 Unidad

b

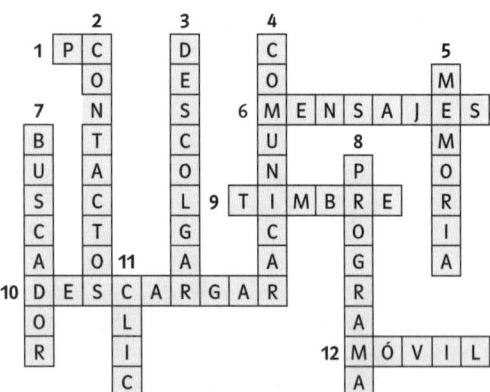

HORIZONTAL
1. PC
6. Mensajes
9. Timbre
10. Descargar
12. Móvil

VERTICAL
2. Contactos
3. Descolgar
4. Comunicar
5. Memoria
7. Buscador
8. Programa
11. Clic

c Individuelle Lösungen

Para hablar de ordenadores…

el ordenador	der Computer, PC
el ordenador portátil	das Notebook
el programa de texto	ein Textverarbeitungsprogramm
la pantalla	der Bildschirm
el ratón	die Maus
el teclado	die Tastatur
el módem	das Modem
la impresora	der Drucker
el escáner	der Scanner
el fichero	die Datei
el Internet	das Internet
navegar	surfen
el correo electrónico	die E-Mail, elektronische Post
la red	das Netz
programar	programmieren
el buscador	die Suchmaschine
la página web	die Webseite
bajar	herunterladen
el chat	der Chat
chatear	chatten

4 Una conversación por Internet

Schwerpunkt: Hörverstehen, Konjunktionen mit subjuntivo
Sozialform: PA, EA
Übungsform: Hypothesen zur dargestellten Bildergeschichte bilden (a), Hörtext verstehen (b), Sätze mit subjuntivo bilden (c)

a *Suposiciones:*
Seguro que hablan sobre la familia, porque en los dibujos veo a la abuela y a su familia. / Yo pienso que hablan de la abuela porque está en todos los dibujos. En el último dibujo la abuela hace la maleta, ¿va a ir de vacaciones o va a ir a vivir a otra parte? / Yo creo que va a ir de vacaciones. Parece muy contenta. Yo no lo creo. Según lo que veo, se va a mudar de casa. En el último dibujo la abuela piensa sobre una residencia que se llama "El Otoño", tal vez la abuela va ir ahí.

Con estas expresiones puedo…

… hacer suposiciones

Probablemente… / a lo mejor…
Quizás… + *subj.*
Parece que…

Creo que… + *ind.*
No creo que… + *subj.*

Según mi opinión…
Supongo que…
No sé si…

b Hörtext (Track 3):
Dani: ¡Hola, Sonja! ¡Qué bien que te hayas descargado el Charlator! Así podremos estar en contacto más veces.
Sonja: Sí, gracias por mandarme el link. Así podemos hablar sin pagar nada. Las llamadas internacionales son muy caras… Bueno, ¿Cómo estás? ¿Qué me cuentas?
Dani: ¡Pues que mi abuela se va a vivir a una residencia!
Sonja: ¿Vivía sola antes? Entonces mejor, ¿no?
Dani: No, no. Vivía en casa, con nosotros. En España es normal. Muchos abuelos viven con sus hijos y nietos.
Sonja: Entonces, será un gran cambio para ella… ¿Está triste?
Dani: ¡Qué va! Si la idea ha sido suya. Dice que no nos quiere dar guerra. Que cada vez es más mayor y pone la tele a todo volumen… Está muy contenta. Una amiga suya también va ¡y parecen dos chicas de quince años que se van de excursión!
Sonja: ¿Y tus padres, qué dicen?
Dani: Pues, que si ella quiere y está contenta, ¿por qué no? Pero yo la voy a echar mucho de menos porque hablaba mucho con ella, íbamos a pasear, me preparaba la comida…
Sonja: Bueno, pero podrás ir a verla cuando quieras.
Dani: Sí… Bueno, te dejo que tengo que ayudarle a terminar de hacer las maletas. ¡Muchos besos!
Sonja: Para ti también. ¡Hasta la próxima!

c F, V, F, V, F, V, V.

d
1. Tus padres la llevan a una residencia **para que esté mejor cuidada**.
2. **Cuando llegue a la residencia** hará nuevos amigos.
3. **Aunque no lo creas**, va a estar muy contenta.
4. Iréis a verla a menudo **para que no se sienta sola**.
5. **Cuando vayas a verla** llévale flores.
6. **Cuando tu abuela no esté en casa** vas a tener que hacerte tú la comida.
7. ¿Vais a hacer una fiesta de despedida **antes de que se vaya tu abuela**?
8. Te llamaré todas las semanas **para que me cuentes cómo está tu abuela**.

5 ¿Qué tiene que hacer Dani?

Schwerpunkt: Grammatik (Unterscheidung indicativo - subjuntivo)
Sozialform: EA
Übungsform: Lückentext ausfüllen

1. Cuando **tienes** estado «ocupado», no puedes recibir llamadas.
2. Cuando **tengas** problemas para conectarte, espera algunos minutos.
3. Hasta que no **borras** la vieja versión completamente funciona la nueva.
4. Hasta que no **borres** la versión vieja de Charlator, podrás utilizar la nueva.
5. Siempre que **abres** Charlator tu estado es «disponible».
6. Siempre que **abras** una versión oficial de Charlator tu ordenador estará seguro.
7. Mientras **utilizas** Charlator, no necesitas cerrar los otros programas.
8. Mientras **utilices** Charlator tus llamadas van a ser gratis.

6 Proyectos diferentes y experiencias nuevas

Schwerpunkt: Grammatik vermischt (Wiederholungsübung)
Sozialform: EA, PA
Übungsform: Bilder beschreiben (a), Lückentext (b), Vergleich des Dargestellten (c), Interpretation des Dargestellten (d)

a En las fotos vemos a algunos jóvenes

Unidad 1

Tabelle 1

nombre	proyecto	su trabajo es…	lo que tiene en común
José María	da clases de informática	importante, ya que enseña a gente cosas útiles en su vida cotidiana, ayuda a la gente	Los jóvenes a pesar de que trabajan en proyectos diferentes tienen un punto en común: dedican una parte de su vida a un trabajo muy útil que ayuda a la gente o a la naturaleza. A todos les gusta su trabajo.
Eva y Nuria	trabajan como enfermeras en Nicaragua, en un programa de educación	importante, porque enseñan a niños cómo se deben comportar para no ponerse enfermos	
Mario	trabaja en un proyecto de protección de medio ambiente en Perú	importante, participa en la protección del medio ambiente, hace algo en contra de la contaminación del agua	

trabajando. En la primer foto, dos chicos están fuera, a lo mejor se encuentran en un bosque o en una selva. Observan animales, a lo mejor pájaros. En la siguiente foto dos chicas están en un hospital cuidando a niños recién nacidos. En la tercer foto, un profesor explica cosas a una alumna. Parece que están en una escuela o en un instituto. Para resumir, cada uno de los jóvenes está haciendo un trabajo en el que puede ayudar a alguien. Mario ayuda a proteger animales, Eva y Nuria ayudan a cuidar a los recién nacidos y José María ayuda a jóvenes y les da clases.

b Soy de Estella, Navarra y miembro de un club que **protege** el medio ambiente en Iquitos, Perú. Uno de los problemas más graves aquí es la contaminación del agua. Nosotros **limpiamos** ríos y lagos cercanos para que la gente **tenga** agua limpia. A pesar de que **es** una meta difícil, lo hacemos con gusto, porque nos fascina la selva. Trabajamos con los alumnos de los centros educativos, a fin de que **aprendan** a **cuidar** el ambiente.
Mario, Navarra (España)

Somos dos enfermeras y trabajamos en Nicaragua. **Ayudamos** en un programa de educación para que los niños **conozcan** los hábitos de higiene fundamentales y así no **aparezcan** enfermedades. Aquí **hay** pocos caminos para ir a pueblos cercanos, de modo que **caminamos** mucho tiempo para **llegar** a una escuela. Aunque **teníamos** miedo de no soportar la vida del campo, nos **encanta** vivir aquí.
Eva y Nuria, Barcelona (España)

Los martes por la tarde enseño informática básica a extranjeros. Este trabajo me gusta mucho, ya que **conozco** a personas con las que normalmente no **tengo** contacto. Elijo cuidadosamente tres días antes los temas, a fin de que mis alumnos **aprendan** cosas útiles para el trabajo o la vida cotidiana. Me encanta sentirme útil. Por eso, siempre les recomiendo a mis amigos que cuando **puedan**, **ayuden** a la gente.
José María, Valencia (España)

c Siehe Tabelle 1.

d Lösungsvorschlag:
Me parece más valiente el trabajo de Mario, porque está en la selva de Perú muy lejos de Navarra. En la selva hay varios animales, por ejemplo mariposas, tortugas, mosquitos, arañas o caimanes. Algunos de ellos son muy peligrosos. Seguro que ese trabajo es muy interesante ya que Mario no sólo limpia ríos y lagos, sino también da clases a alumnos en centros educativos de cómo cuidar el medio ambiente. Me parece un trabajo muy importante cuidar el agua y el medio ambiente.

7 El Camino de Santiago

Schwerpunkt: Textverständnis
Sozialform: PA; GA
Übungsform: sich mit unbekanntem Text auseinandersetzen (a, b), über den Text hinaus Überlegungen anstellen (c), Sätze zum Thema vervollständigen (d)

a Se trata de un fragmento de un artículo de una enciclopedia.
El texto cuenta la historia del Camino de Santiago, cuando un campesino encontró los restos de Santiago. Desde entonces, muchas personas caminan por ahí.

b Siehe Tabelle 2.

> Im Schülerbuch zu Línea verde 1 finden sich auf den Seiten 123 und 124 ausführliche Tipps zum Erschließen des Wortschatzes.

c
Los peregrinos llevaban un bastón para poder caminar mejor, sobre todo, cuando estaban cansados o cuando el camino era difícil de caminar. En el bastón había una calabaza (*Trinkschlauch*) de la cual bebían agua o vino. Llevaban además un sombrero para protegerse del sol ya que caminaban al aire libre todo el día.

Tabelle 2

palabra desconocida	traducción al alemán	palabra española conocida	palabra de otra lengua
humano,-a	menschlich	—	human (engl.), humain,-e (frz.)
comunicar	sprechen, kommunizieren	comunicativo,-a (*gesprächig*)	communicate (engl.), kommunizieren (dt.)
el obispo	der Bischof	—	
un apóstol	—	—	Apostel (dt.)
decapitar	köpfen	—	capus,-itis (lat.)
los seguidores	die Verfolger	seguir (*folgen*)	—
la fuerza	die Kraft, Stärke	fuerte (*stark*)	la force (frz.)
los musulmanes	die Moslems	—	le/la musulman,-a (frz.)
convertirse	sich verwandeln	—	konvertieren (dt.), convert (engl.)
el símbolo	das Symbol	—	das Symbol (dt.), le simbole (frz.), symbol (engl.)
la fe	der Glaube	—	la foi (frz.)
los peregrinos	die Pilger	—	le pélérinage, les pélégrins (frz.)
el hospedaje	die Gastfreundschaft	—	la hospitalité (frz.), hospitality (engl.)

1 Unidad

d
1. Una de las peregrinaciones más grandes en Europa nació cuando un campesino **encontró restos humanos y lo comunicó al obispo Teodomiro.**
2. Nadie sabía de quién eran los restos humanos hasta que **el obispo descubrió que eran los restos de Santiago, un apóstol de Jesucristo.**
3. Los peregrinos visten prendas útiles a fin de que el camino **sea más fácil y (a fin de que) puedan encontrar hospedaje.**
4. Aunque ahora hay bicicletas, la mayoría de **los peregrinos de hoy hace el camino a pie.**

2 Ser joven: ¡qué difícil es!

Übersicht

Themen	Kommunikative Fertigkeiten	Sprachliche Mittel	Methodenkompetenz
Primer paso • Genussmittel	• Aufklärungsplakate interpretieren • Über Aufklärungskampagnen sprechen		
Recursos • Ernährung • Schulalltag • Schulsystem	• Hypothetische Sachverhalte ausdrücken • Den Inhalt eines Lieds rekonstruieren	• *Condicional simple* • *Condicional compuesto* • Relativsätze mit und ohne Präposition	
Panorama • Umgang mit schulischen Misserfolgen • *Botellones*	• Die Schulsysteme verschiedener Länder vergleichen • Lösungsvorschläge für Probleme formulieren • Ratschläge erteilen		• Sprachmittlung
Taller • Lebensläufe	• Einen Lebenslauf verfassen		

Primer paso und Recursos	
1. Einstieg und Hinführung zum Thema: a) Einführung des Themas Jugendliche und der Umgang mit Drogen anhand von Aufklärungsplakaten und einem Hörtext: SB Primer paso 1, Folie 1 b) Einführung von Redemitteln um die Aufklärungsplakate zu analysieren	SB L-CD (Track 12–14) Folien
2. Textpräsentation und -erarbeitung in Abschnitten	SB, S-CD (Track 4–6)
3. Inhaltssicherung: SB 1, CDA 3, 4, 5	SB, CDA
4. Sicherung von Wortschatz und Redemitteln: SB 2, CDA 1, 2, Folie 2	SB, CDA, Folien
5. Übungen zur Erarbeitung und Festigung der Grammatik: Entdeckendes Lernen: El condicional: CDA S. 77 *Formación del condicional simple*: SB 2, 3, CDA 3, 4 *Formación del Condicional compuesto*: SB 4, CDA 5, 6 *Pronombres del de relativo*: SB 5, CDA 7, 8	SB, CDA
6. Hörverstehen: SB 6 CDA 5a	SB; L-CD (Track 16) CDA, S-CD (Track 7)
7. Landeskunde / interkulturelles Lernen: Ciudad de México SB 5	SB
8. Kommunikation: Sich verabreden, Füllwörter verwenden (Rollenspiel): KV S. 96 und 97 Telefonieren, Gesprächsnotizen anfertigen: KV S. 98	CDA Kopien
9. Übungen zur Selbstkontrolle: CDA S.78	CDA

Unidad 2

Panorama und Taller	

1. Aufgaben zu den authentischen Materialien
• Reportage: Verano en suspenso SB 1
  Vorentlastung, Leseverstehen, Diskussion (1), Detailverstehen, Wortschatz (2, 3a)
• Karikaturen und Comic SB 3
  Vorentlastung (a), Inhaltssicherung (b)
• Zeitungsbericht: El botellón SB 5
  Leseverstehen (5), freie Textproduktion (6)
[• Cuento: La paradoja de la vida SB 8
  Leseverstehen, Meinung äußern (a), Wortschatzarbeit (b), kreatives Schreiben (c)]
	SB

2. Sicherung von Wortschatz und Redemitteln Jugendsprache SB 2	SB
3. Methodenkompetenz: Lerntechnik: Sprachmittlung SB S. 29 Wiederholung: Leseverstehen SB S. 28	SB Download
4. Kommunikation Ratschläge erteilen SB 4 Diskussion, Meinung äußern SB 7	SB
5. Landeskunde / interkulturelles Lernen: Texte: Verano en suspenso SB S. 26, El botellón SB S. 28	SB
6. Projekte fürs Sprachenportfolio: [Escribid la paradoja de la vida: Freies Schreiben und anfertigen einer Collage: Panorama 2] Taller: Buscar trabajo (Lebenslauf erstellen), Folie 3	SB Folien

Hinweise zu den Bildfolien

Folie 1 – Ser joven: ¡qué difícil es!
Die Folie zeigt die ersten zwei Plakate des Einstiegs. Man kann sie schrittweise zeigen. In diesem Fall wird vorangekündigt, dass es sich um *carteles* handelt. Welche Botschaft sie vermitteln, sollen die S entdecken.
Zuerst wird das erste Plakat ohne die unteren Slogans gezeigt (also nur das Bild und der Titel „¡Eso no se hace!"). Interpretationen werden angeregt:

¿Qué veis?
¿Qué mensaje transmite el cartel?

Dann wird nur der Kopf des zweiten Plakats gezeigt und nach einem möglichen Zusammenhang mit dem ersten Plakat gefragt:

¿Qué veis aquí?
¿Qué relación creéis que hay entre los carteles?

Das zweite Plakat wird ebenso schrittweise aufgedeckt, um Vermutungen anzuregen. Zum Schluss werden die Plakate komplett gezeigt und die unteren Slogans gelesen. Dann können die anderen Plakate im SB, S. 20–21 kommentiert werden.

Folie 2 – Pirámide alimenticia
Die Folie kann nach dem Recursos-Text und vor CDA, U2, Ü5 eingesetzt werden. Ziel der Folie ist es, bekannten Wortschatz zu aktivieren. Eine leere Folie wird auf die Ernährungspyramide gelegt und die Bilder werden beschriftet. Evtl. kann eine Wortschatzvorentlastung bei schwächeren S gemacht werden, indem die Pyramide zunächst verdeckt bleibt und nur die Bilder versprachlicht werden - es handelt sich hier um bekannten Wortschatz. Erst dann wird die Pyramide aufgedeckt und ergänzt. Die Begriffe, die in der Pyramide schon eingetragen sind, stellen den unbekannten Wortschatz dar.

Hinweis: Grundlage der Abbildung ist die neuere Version der Lebensmittelpyramide, die dem Verzehr von Gemüse, Obst und Getränken mehr Wichtigkeit einräumt, während der Getreidekonsum eingegrenzt wird (Stand 2008).

Lösung (in eckigen Klammern stehen zusätzlich mögliche Vorschläge, die aus bekanntem Wortschatz entstehen können):

Azúcares: azúcar, miel, postres, [tartas,] helados	
Grasas: [patatas fritas,] aceite, mantequilla, margarina	
Lácteos: leche, [queso,] yogur	*Huevos.* *Legumbres*: frijoles secos. *Carne*: jamón *Pescado*: boquerones
Cereales: pasta, pan, arroz, maíz, patatas	
Verduras: ensalada, tomates	*Frutas*: [manzana,] plátano, [sandía]
Bebidas: agua, [agua mineral,] zumo (¡sin azúcar!)	

Folie 3 – Se busca
Die Folie kann vor oder im Zusammenhang mit dem Taller verwendet werden. Sie zeigt zwei Auszüge aus Bewerbungsschreiben von Bewerberinnen um eine Stelle als Einzelhandelskauffrau in einem Musikgeschäft. L liest die Beschreibungen vor und die S sollen sagen, welche eher Erfolg haben wird und warum.

Lösungen Schülerbuch

Primer paso

1 Y tú, ¿qué piensas?

Schwerpunkt: Hörverstehen, Einführung ins Thema Drogen und Alkohol, Wortschatz
Sozialform: variabel (a); EA (b, c); PA (d); variabel (e)
Übungsform: Plakate zur Aufklärung über Drogen und Alkohol beschreiben (a); Hörtexte den Plakaten zuordnen (b); Aussagen den Hörtexten zuordnen (c); Wörter zum Thema sammeln (d); Hörtexte kommentieren und beurteilen (e)

a Son anuncios sobre las drogas y el consumo de alcohol.
Cartel A: el mensaje es que los padres deben ayudar a sus hijos y no sólo decirles: no hagas esto, no hagas aquello. Creo que el mensaje es: los padres tienen que ayudar a sus hijos desde pequeños.
Cartel B: un chico está en un sofá, él duerme. Tomó alcohol y ahora él no

2 Unidad

sabe nada, no sabe dónde está. El alcohol hace que los otros te vean como un tonto.

Cartel C: en el cartel hay una bola. Parece que no es mala. Hay preguntas que van dirigidas al que toma drogas. Las drogas pueden parecer guays, pero un día vas a tomar muchas y vas a cambiar tu vida para siempre, porque esa droga te va a matar.

Cartel D: en el cartel hay una niña muy normal y bonita, abajo del cartel hay dos manos y cocaína. La idea es: uno crece y la vida se pone difícil, y tal vez por eso uno decida tomar drogas. Yo creo que una vida bonita se puede poner fea, así que cuando uno es pequeño es importante que los padres, los maestros y nuestros amigos nos ayuden y nos digan porqué no debemos tomar drogas. También creo que el cartel es un mensaje para los padres: ¡cuida a tus hijos!

b Hörtext (Track 12):
1. Fuente: http://www.fad.es/Campanas?id_nodo=3&accion=1&campana=41

Coordinadora de curso: (cantando)
El conejo picaflor sentadito se quedó.
Hoy vamos a hacer un juego muy divertido y nos vamos a dividir en tres grupos:
Los alcohólicos allí, lo cocainómanos allí y los pastilleros a mi lado.
Ya vosotros para acá y vosotros de pie, vengan...

Locutora de radio: Nadie nace alcohólico, ni pastillero, ni cocainómano ...pero puede llegar a serlo.
La educación lo es todo...
Fundación de Ayuda contra la Drogadicción

Hörtext (Track 13):
2. Fuente: http://www.fad.es/Campanas?id_nodo=3&accion=1&campana=41

Dependienta: Buenas noches, ¿qué desea?
Cliente: Buenas noches, quisiera tres gramos de coca.
Dependienta: Tres gramos de coca. ¿Cómo la quiere?
Cliente: Pues, que no dilate las pupilas y con mucha energía.
Dependienta: Mucha energía.
Cliente: Con bastante autoconfianza.
Dependienta: Mhmm... autoconfianza.
Cliente: Ah... y sin nada de paranoia, ni depresión, ni secuelas mentales.
Locutor de radio: A pesar de lo que te puedas creer, es imposible saber qué raya o pastilla será la que te cause daños irreparables. ¿Será esta? Fundación de Ayuda contra la Drogadicción - ¡Piensa! 900 16 15 15

Hörtext (Track 14):
3. Fuente: http://www.msc.es/campannas/campanas07/videos/MS_Alcohol_25_chico.mp3

Locutor de radio: Cuando bebes te crees:
El doble de fuerte,
El doble de guapo,
El doble de ligón,
El doble de gracioso,
Pero en realidad eres el doble de ridículo,
El alcohol daña tu cuerpo y tu cerebro.
El alcohol te destroza por partida doble.
Ministerio de Sanidad y Consumo

Lösung:
El primer anuncio tiene que ver con el cartel D, porque trata de cocainómano. El segundo anuncio tiene que ver con el cartel C, porque escuché la pregunta «¿será ésta?». El tercer anuncio tiene que ver con el cartel B, porque en el anuncio se explica el lema: «doble de ridículo».

c
1. Hörtext 3
2. Hörtext 1
3. Hörtext 1
4. Hörtext 2
5. Hörtext 2
6. Hörtext 1

d Lösungsvorschlag:
1. un alcohólico
2. un pastillero
3. las pupilas
4. la autoconfianza
5. irreparable
6. el alcohol
7. la energía
8. una depresión

e Lösungsvorschlag:
El primer anuncio dice que las drogas y el alcohol no son un juego de niños. El segundo dice que todas las drogas pueden causar daños. El tercero dice que beber nos hace sentir dos veces más felices y divertidos pero también dos veces más ridículos.
A mí los carteles A y D no me gustaron nada. Me parecen muy feos. El cartel C no lo entiendo bien. Creo que no me convence. El cartel B me parece muy bueno, me convence porque yo he visto muchos amigos así. Beben mucho y hacen cosas muy tontas. Después no se acuerdan de nada. Muchos ya no tienen amigos.

2 Una llamada telefónica
Schwerpunkt: Hörverstehen, Wortschatz, Subjektbezug
Sozialform: variabel (a-c); PA/GA (d)
Übungsform: Globales Hörverstehen (a), Wortschatzarbeit mit Lückentext (b), eigene Erfahrungen zum Thema berichten (c), einen Slogan entwerfen (d)

Hörtext (Track 15):
Carlos García de la FAD: Fundación de Ayuda contra la Drogadicción, buenas tardes.
Chico: Hola... mmm... Mira... ¿quién me puede ayudar?
FAD: Yo mismo... Soy Carlos García, ¿en qué te podría ayudar?
Chico: Pues... colega... esto es flipante, no sé por dónde empezar...
FAD: Mira, no te preocupes, ésta es una llamada confidencial y anónima. Nosotros somos voluntarios, gente común y corriente, como tú. Yo sólo quiero ayudarte en lo que pueda.
Chico: Una amiga me ha aconsejado que llame, dice que si lo dejo para después sería peor... Es que... este fin de semana..., no sé, me pasé de la raya... la marcha fue muy fuerte.
FAD: ¿Qué te ha pasado?
Chico: Es por el alcohol, los colegas dicen que ya me estoy pasando... en la movida del fin de semana pasado, me puse agresivo, no sabía quién era y terminé en el hospital. No había bebido mucho. Un trago, un porro, otro trago, un cigarro... y ya me sentía fatal y un poco rarillo, el médico dice que ya he pasado la fase... estoy en tolerancia negativa.
FAD: ¿Bebes hace mucho tiempo?
Chico: Pues, en el último año un poco más, casi todos los días.
FAD: ¿Y cómo va la escuela?
Chico: Estoy repitiendo cuarto de ESO... a mí no me va estudiar, he suspendido cinco asignaturas.
FAD: ¿Y tus padres?
Chico: Mi madre. Mi padre se largó hace la tira de tiempo. Mi vieja se preocupa, pero está todo el día trabajando... Es que tengo dos hermanos pequeños.
FAD: ¿Y de dónde sacas el dinero para beber?
Chico: A veces ayudo a mi primo que trabaja como dependiente en una tienda de informática, trabajo un par de horas y me dan algunos euros.
FAD: ¿Por qué te decidiste a llamar?

Chico: ¡Porque tuve miedo! Y me gustaría cambiar las cosas.
FAD: Eso es un buen comienzo. ¿Tu madre sabe qué está pasando?
Chico: Sí, ella ya se ha dado cuenta de todo. Y también me quiere ayudar.
FAD: Eso es un punto a favor… ¿Te importaría que yo hablara con ella? Porque los dos juntos podéis salir más rápido del problema, ¿qué opinas?
Chico: No sé, no sé… ¿Qué debería hacer? ¡Vale! ¡Vale! Pero nadie más, ¿eh?
FAD: Escucha: Nosotros somos una fundación privada y no te obliga a nada. Sólo te aconsejaríamos un lugar al que podrías ir en compañía de tu madre. Allí analizarían tu caso y te brindarían la ayuda profesional que necesitas. No es tan difícil. Tú solo ya has dado el primer paso. Ahora, ¿qué piensas?
Chico: ¡Vale! ¡Vale! Si es así por qué no…

a
Es un chico que llama a la FAD (Fundación de Ayuda contra la Drogadicción) porque después del fin de semana se dio cuenta que había tomado demasiado alcohol y drogas. Sus amigos le dicen que debe buscar ayuda y por eso llama a la FAD.

b
1. Pues, colega, esto **es flipante**, no sé por dónde empezar.
2. Mi padre **se largó hace la tira de tiempo**.
3. **A mí no me va estudiar.** He suspendido 5 asignaturas.
4. Es que este fin de semana …, no sé, **me pasé de la raya.** La marcha fue muy fuerte.

c Lösungsvorschlag:
En Alemania hay algunos teléfonos de ayuda como el de Sucht & Drogen Hotline: 01805–313031
Link: http://www.sucht-und-drogen-hotline.de/infomaterial/index.html
A estos teléfonos normalmente llaman los padres y familiares que buscan ayudar a los otros y a veces también llaman chicos y chicas.

d Individuelle Lösungen
Hinweis:
En este ejercicio los chicos deberán elegir un tema y decidirán un lema para una campaña publicitaria. Se les sugiere a los alumnos elaborar un anuncio con dibujos o recortes para lograr un cartel interesante que cumpla con el objetivo de la elección del tema.

Unidad 2

Recursos

1 Preguntas

Schwerpunkt: Detailverstehen
Sozialform: PA
Übungsform: Selbst Fragen zum Text formulieren und einem Partner stellen

Mögliche Fragen zum Text:
1. ¿A dónde va Belén?
2. ¿Qué va a estudiar Belén y porqué?
3. ¿Qué le propone Andrés a Belén?
4. ¿Qué le gustaría comer a Andrés?
5. ¿Qué va a comer Belén?
6. ¿A dónde se fue Jaime y qué curso hace?
7. ¿Por qué se fue la madre de Jaime a México?
8. ¿Qué pasó con Jaime después de la fiesta de fin de curso?
9. ¿Qué comentario hace Julián a Belén del Maxi-Burger?
10. ¿Sobre que tema estaba leyendo Julián en la revista?

2 Ayer en el Maxi-Burger

Schwerpunkt: Gebrauch des *condicional* in Vermutungen
Sozialform: EA / UG
Übungsform: Lückentext

Rubén: Alguien sabe… ¿Por qué ayer no vino Andrés?
Belén: Pues no sé, **estaría** enfermo…
Julián: … o no **sabría** la dirección del Maxi Burger…
Belén: …o **tendría** que hacer otras cosas…
Julián: …o **estaría** enfadado con nosotros…
Belén: …o se **iría** a casa de Juan…

3 Si yo fuera Jaime…

Schwerpunkt: Gebrauch des *condicional*
Sozialform: Variabel (EA / UG)
Übungsform: Sätze nach Bildimpulsen formen

Lösungsvorschlag:
A: Si yo fuera Jaime no iría a comer hamburguesas.
B: Si yo fuera Jaime comería arroz con frijoles.
C: Si yo fuera Jaime no estaría tanto tiempo en el ordenador.
D: Si yo fuera Jaime llamaría por teléfono a mis amigos.
E: Si yo fuera Jaime iría de compras con mi madre.
F: Si yo fuera Jaime me divertiría con mis amigos.
G: Si yo fuera Jaime no vería tanta televisión.
H: Si yo fuera Jaime saldría con mis amigos a bailar.

4 ¡Nunca lo habría hecho!

Schwerpunkt: Gebrauch des *condicional compuesto*
Sozialform: EA
Übungsform: Sprachmittlung schriftlich (deutsch - spanisch)

Lösungsvorschlag:
¡Hola Julián! Nunca lo habría pensado: ¡Jaime en México! Y él que siempre decía que nunca se iría de Madrid. Yo no me habría ido. Habría preguntado a mis familiares, si yo podría vivir con ellos, o me habría buscado un trabajo y después me habría buscado un piso. Nunca habría podido dejar a mis amigos. Y nunca habría dejado a mi equipo. Oye, ¿puedes entender a Jaime? Hasta pronto, Marcel.

5 Ciudad de México

Schwerpunkt: Relativsätze
Sozialform: EA / UG
Übungsform: Transformationsübung (a); Textproduktion (b)

a
1. Ciudad de México es la capital de México **cuyo** nombre oficial es «Estados Unidos Mexicanos».
2. El español es el idioma oficial en México, pero hay diversidad lingüística, **que** viene de las lenguas indígenas.
3. En la Zona Metropolitana del Valle de México hay varias ciudades, por **las que** pasan el metro y muchos buses.
4. En la ciudad de México está la Universidad Autónoma de México (UNAM), **cuyo** mayor campus es Ciudad Universitaria.

b Ilustración A: La clase, cuyos alumnos están siempre aburridos, está llena siempre.
B: El chico, cuya chaqueta es roja, está hablando con la profesora.
C: El chico, cuya chaqueta es roja, piensa en la play.
D: El chico, cuyo cabello es castaño, tiene una pregunta.
E: El chico, cuyas gafas están rotas, llora.
F: El chico, cuyos zapatos son feos, no tiene amigos.
G: El padre, cuyo hijo necesita zapatos, no tiene dinero.
H: El chico, cuya novia está embarazada, tiene miedo.
I: El padre, cuyo hijo tiene un gran problema, va al banco.

2 Unidad

6 Elige tu camino

Schwerpunkt: Textverständnis: Originalsong des andalusischen Rappers Haze
Sozialform: EA/PA, dann UG (a–b); PA (c); GA (d)
Übungsform: Leseverstehen, Verarbeitung visueller Informationen, mündliche Textproduktion (a); Hörverstehen, Diskussion (b); kreatives Schreiben (c); Projektarbeit, kreatives Schreiben (d); Zusatzinformationen suchen (e)

a

A: Al buen alumno le gusta estudiar, al vago (en el fondo de la imagen) le cuesta estudiar.
B: El vago no hace los deberes, se justifica: «Me dolía la cabeza.»
C: El vago recuerda la verdadera razón: prefería jugar a la play.
D: El empollón trabaja porque quiere sacar buenas notas.
E: El empollón se queja de sus compañeros: «Me han pegado.»
F: En el recreo los compañeros se ríen del alumno vago porque no calza zapatillas de deporte de marca.
G: El padre del vago no puede comprarle a su hijo zapatillas de deporte de marca.
H: Años más tarde el vago se ha convertido en un adolescente atractivo. Él y su novia esperan un hijo. Su novia está embarazada.
I: El vago va al banco con su padre. Necesita dinero para comprar un piso para la nueva familia. El banquero debe resolver el problema del joven.

b Hörtext (Track 16)
Eigentranskription (anhand anderer Transkriptionen + Video)

A las 9 tempranito estás en clase / medio adormilado otra vez en el colegio / la maestra te pregunta / "¿Los deberes no los haces?" / "Señorita, me dolía la cabeza y no pude acabar la clase". / Sin problema el gafitas de la clase sí los tiene. / Cuando sale a la pizarra tú y tu amigo recordáis / esa tarde con la play jugando al FIFA / y unos donuts de merienda, unos goles y unas risas. / ¡Qué bonita es la infancia cuando chico no había prisa! /
—¿Jugamos a la play? ¡Me pido Brasil!
—¡No, que siempre te lo eliges tú! Jajaja.

En el recreo al estudioso de las gafas lo insultáis / y no replica el chavalito que nunca abría la boca.
—Me están pegando, señorita.
¡Qué crueles son los niños! / cuando uno se equivoca. / Recuerdo cuando de mí se reían / porque no tenían marca / los deportes que calzaba aquellos días / ...
—Papá, yo quiero los yumas de rayas grises.
—¡Qué va, hijo! No se puede ... Veremos a ver que lo que pueda hacer el mes que viene.
Y se reían de mi. ¡Cosas de niños! ¡Qué crueles!
—Papá, cómprame los yumas.
—¡Que te he dicho que no hay dinero!
—Sí, hombre, nunca hay dinero.

Niños, sois casi adolescentes. / ¡Secudaria obligatoria! ¡Qué sorpresa! / No ves al cachondeito con las niñas buscando en sus maletas las compresas. / Os hacéis mayores y el más chulito está fumándose su cigarro...
—Toma, fuma.
—¡Qué asco!
¿Por qué fumas? Por que no será tan malo, / ya que fuman en la tele y hasta fuma el mayor de tus hermanos. / Olvídalo. ¡No es sano! / La vida es dura y estudiar es necesario. / La calle te traiciona como te traiciona el barrio. / ¿Te acuerdas cuando hablamos? / Te quedaron seis hermanos. / Yo pensé en tu futuro. / Me asomé por las ventanas. ¡Qué claro, los estaba viendo! / Esos golfos de la calle todo el día malviviendo, / orgullosos porque roban, te engañan y te inducen a la droga. / Yo te ayudo en los estudios. De eso puedes estar seguro... / La cultura es el arma que defenderá lo tuyo en el futuro ...

¿Cuántas tan quedado? Seis. ¿Y qué? ¿Te quedas tan tranquilo,
¿Tú que eres? ¡Un desgraciado!
Si tú sigues asi, que te vas a arrepentir toda la vida, Raúl ...

Aunque sigamos llevando un niño dentro, ya somos adultos. / Muy pocos llegan a universitarios, / Arrepentidos los que sí pudieron y sin embargo por pereza no estudiaron, / la mayoría de chavales, currículo en mano, deseando esa llamada esperada que les diga hay trabajo.
Así es la vida ¿o no? / Te enamoras y a veces sin querer dejas a tu novia embarazada. / Y necesitas un hogar, nido de amor para un bebé.
—No sé cómo lo vamos a hacer, mujer. No te eches a llorar, saldremos ... /
Voy al banco con mi padre a solicitar un préstamo.

La cosa está que arde.
Esperemos que nos concedan el dinero.
—¡Un momento, director! Tú y yo nos conocemos ...

El director del banco era él de las gafas.
¿Te acuerdas?
Aquel chaval que se hartaba de estudiar / mientras tú jugabas a la play.

yumas = marca de calzado deportivo, equivale a Pumas

Hinweis:
Der Songtext kann unterschiedlich intensiv behandelt werden. Reines Hörverstehen ist genauso möglich wie ein Einsatz des Songs als Lückentext oder/und intensive Textarbeit. Um all diesen Möglichkeiten Rechnung zu tragen, wird hier eine Maximallösung vorgestellt, die bei reinem Einsatz des Songs als Hörverstehen nicht in dieser Ausführlichkeit erwartet werden kann.

Lösungsvorschlag:
Los problemas a los que tiene que enfrentarse el protagonista:
(los deberes), el mobbing / las peleas en el colegio (pegan al empollón, los compañeros que se ríen de él por los zapatos que calza), los padres pobres (la pobreza), tomar o no tomar drogas (como el tabaco), los jóvenes de la calle que roban (criminalidad juvenil), las drogas, las chicas jóvenes que quedan embarazadas (quedar embarazada y no desearlo cuando uno es joven), los jóvenes que no encuentran trabajo por ser malos alumnos (el fracaso escolar), la falta de dinero, necesitar un piso sin poder pagarlo.
El papel del banquero:
a) El chico vago necesita la ayuda del director del banco: debe darle dinero (un préstamo) al chico vago.
b) El director del banco es el excompañero de clase del chico: el empollón / el alumno inteligente de las gafas.
El mensaje de la canción:
Hay dos posibilidades en la vida (ver título: Elige tu camino): puedes estudiar y tener éxito en la vida para no necesitar la ayuda de otros, que a lo mejor antes ni siquiera mirabas, pues los tratabas mal. El otro camino es vivir fácil, y cuando comiencen los problemas no saber qué hacer con ellos.

c Hinweis: Individuelle Lösungen, abhängig davon, wie intensiv der Rap-Text in b besprochen wurde. Hier soll der erarbeitete Songinhalt aus der Sicht des Bankiers nacherzählt und kreativ ergänzt und fortgesetzt werden. Der Anfang könnte so aussehen:

Banquero: Imagínate quién me ha pedido dinero hoy.
Mujer: Pues, no sé. Cuéntame.

Unidad 2

Banquero: Bueno, te acuerdas del compañero de clase del que te he hablado ya varias veces: Pablo, que nunca hacía sus deberes, que jugaba a la play … Bueno, este Pablo hoy me ha pedido dinero para comprarse una casa. Es que tiene novia. Ella está embarazada y …
Mujer: ¿Y le has dado el dinero?, ¿aunque te pegaba?
Banquero: ¡Claro que sí! / No, porque …

d Hinweis: Abhängig davon, wie intensiv der Rap-Text in b bearbeitet wurde, erstellen die Schüler mit den in b und eventuell auch in c erarbeiteten Lösungen ihre eigene Bildergeschichte. Sinnvoll ist hier eine kurze Einweisung in das zu verwendende Textverarbeitungsprogramm. In WORD z. B. sollte man über „Tabelle einfügen" die Seite unterteilen: Zu empfehlen sind zwei Bilder nebeneinander. Die Fotos sollten entweder bereits durch entsprechende Einstellungen am Fotoapparat oder dann durch entsprechende Software (z. B. die Freeware Irfanview) vor dem Einfügen in das Textverarbeitungsprogramm verkleinert werden, damit die Datei der Bildergeschichte nicht zu groß wird. Sprechblasen fügt man in WORD über „Autoformen" und dann „Legenden" ein.

Panorama

1 El sistema escolar

Schwerpunkt: Vergleich der Schulsysteme zweier Länder, eigene Meinung mit Begründung
Sozialform: PA/GA; dann UG

Tabelle 1

razones del fracaso escolar	medidas
Ángel – Para sacar buenas notas en primaria no tenía que estudiar, entonces no hizo nada en ESO. – Está en una edad difícil – Se interesa en otras cosas más que en el colegio. – ESO es diferente de la primaria: es más difícil. – Ángel tiene 11 profesores diferentes	– Sus padres le quitaron la play, lo vigilan. – A lo mejor van a contratar clases particulares. – Ángel quiere organizarse.
Álvaro – Pasaba demasiado tiempo jugando al fútbol. – Llegaba tarde a casa. – Estudiaba poco, no más que en primaria.	– Toma clases particulares. – No va a jugar al fútbol este verano.

Übungsform: Leseverstehen, Informationen aus Schaubild entnehmen und vergleichen

La educación primaria empieza un año antes en México que en España (a los 6 años). En los dos países dura seis años y es obligatoria. La secundaria, con la que termina la educación obligatoria, es de 4 años en España y de 3 en México. Las notas son parecidas pero muy diferentes a las notas que recibimos en Alemania. En general los dos sistemas son muy parecidos, pero más cortos que el sistema alemán. No puedo decir si es mejor el sistema español o el mexicano. Creo que los chicos son diferentes, unos aprenden muy rápido y otros no. A veces pasa que uno tiene buenas notas, pero después de un año ya olvidó todo lo aprendido.

2 Así me he pegado el trompazo

Schwerpunkt: Leseverstehen, Umgangssprache/Jugendsprache
Sozialform: PA/GA; dann UG
Übungsform: Finden von Vokabelgleichungen

1. empollar
2. montó un pollo
3. descolocado
4. A los padres los hijos nos torean.

3 El fracaso escolar: razones y medidas

Schwerpunkt: Leseverstehen
Sozialform: PA/GA; dann UG
Übungsform: Gründe für das schulische Versagen und Gegenmaßnahmen aus dem Text entnehmen (a), visuellen Texten Informationen entnehmen (b)

a Siehe Tabelle 1.

b Siehe Tabelle 2.

4 ¿Quién os puede ayudar? Un juego de roles

Schwerpunkt: Ratschläge erteilen und diskutieren, Umwälzung des Vokabulars, inhaltliche Wiederholung und ggf. Ergänzung, Verwendung des Konditionales
Sozialform: GA
Übungsform: Rollenspiel

Tabelle 2

razones del fracaso escolar	medidas
a) viñetas – Cuando los jóvenes que tienen problemas piden consejo a sus amigos, los amigos no siempre tienen una respuesta. A veces lo que hacen estos amigos es confundir *(verwirren)* más a los chicos. – Algunos tienen miedo de ir a la escuela. – Los políticos (aquí: la consejera de la cultura de Andalucía) no admiten que existe el fracaso escolar, quieren hacer creer a la gente que el fracaso no existe.	– Cuando los jóvenes tienen un problema importante, primero deben hablar con sus padres (o con sus profesores). – Los chicos tienen que aprender a estudiar el tiempo necesario cada día. – No tienen que estudiar sólo antes de los exámenes.
b) otras – falta de talento – falta de interés – problemas personales (amigos, amor, enfermedad) – problemas en la familia (p. ej. los padres se separan, …) – problemas en el colegio (con los profesores, los compañeros, mobbing, …)	– organizarse mejor, estudiar más – pedirles ayuda a los compañeros, estudiar juntos – hablar con el alumno, motivarlo – hablar con los padres de un mal alumno para encontrar otras posibildades (p. ej. otro tipo de escuela) – hablar con las personas con las que el alumno tiene problemas, a las que tiene miedo – el alumno / sus padres: pedirle consejo a un orientador escolar, a un psicólogo.

2 Unidad

Mit Hilfe der im Kasten aufgeführten Redewendungen werden die in Aufgabe 3 gefundenen Gründe und Maßnahmen diskutiert.

5 En busca de …

Schwerpunkt: Erschließung eines Zeitungstextes, Trainieren des Globalverstehens (ohne alle Wörter zu verstehen)
Sozialform: UG
Übungsform: Textaufgabe, Verständnisüberprüfung

1. falso
2. verdadero
3. verdadero
4. falso
5. falso
6. falso
7. verdadero
8. verdadero
9. verdadero

6 Un artículo

Schwerpunkt: Mediation (spanisch – deutsch)
Sozialform: GA
Übungsform: Zusammenfassende Wiedergabe bestimmter Informationen eines fremdsprachlichen Textes zu einem deutschsprachigen Lexikonartikel

Lösungsvorschlag:
Unter dem spanischen Begriff „Botellón" versteht man, dass Jugendliche sich zum gemeinsamen Trinken von Alkohol auf öffentlichen Plätzen versammeln. Dieses gesundheitsschädigende Verhalten, das seit etwa 10 Jahren zu beobachten ist, stört massiv die Nachtruhe der Anwohner und verursacht neben der Geruchsbelästigung durch Bier und Urin auch Unmengen von Müll. Seit Kurzem werden per Internet auch regelrechte Wettbewerbe organisiert, welche Stadt es schafft, die meisten Trinkenden zu versammeln. Kritiker führen an, dass in den „Botellones" die Verantwortungs- und die Respektlosigkeit vieler Jugendlicher zum Ausdruck kommt.

7 Problemas y soluciones

Schwerpunkt: Rollenspiel (a); Diskussion (b); Persönliche Stellungnahme (c)
Sozialform: GA (a); GA (Vorbereitung), UG (Diskussion) (b); UG (c)
Übungsform: Diskussion zwischen Bürgermeister, Anwohner und Jugendlichen, der im Freien feiern will (a); Nachdenken über den Alkoholkonsum, verantwortungsvoller Umgang mit Alkohol (b); Gründe für und gegen eine Feier mit oder ohne Alkohol vorbringen (c)

a Folgende Argumente/Ratschläge könnten z. B. vorgebracht werden: Siehe Tabelle 1.

b Mögliche Argumente:
Sí, es un problema: porque cada vez hay más botellones, jóvenes que se emborrachan y terminan en el hospital. Algunos mueren cuando van en coche, porque no ven el camino y van muy rápido. No, no es un problema: porque los jóvenes o los adultos y además la gente de todas las clases beben alcohol. La mayoría de los jóvenes son / somos responsables y no beben / bebemos demasiado; los jóvenes queremos conocer nuestros límites, pero es un fenómeno normal que ha sido siempre así y por eso no hay que preocuparse.

Cómo reducir el consumo el alcohol: informarse sobre los riesgos, organizar fiestas divertidas sin alcohol, no admitir gente que se emborrache en las fiestas, decirles a los otros que beber alcohol puede ser muy embarazoso *(peinlich)*, convencer a los amigos que los chicos de verdad no son los que más beben sino los que saben cuánto beber y no beben más.

c Mögliche Argumente: Siehe Tabelle 1, S. 25

Estrategia: Sprachmittlung

Karneval: 1000 Plakate gegen den Alkohol

Schwerpunkt: Mediation (deutsch – spanisch)
Sozialform: EA/PA/GA/UG, auch abwechselnd; es wird allerdings empfohlen zumindest den ersten Teil mit der gesamten Klasse zu erarbeiten, damit sie sehen, wie stark sie kürzen, vereinfachen und zusammenfassen dürfen.
Übungsform: Einen deutschen Zeitungstext auf Spanisch zusammenfassen

Lösungsvorschlag:
Carnaval: 1000 carteles contra el alcohol
Durante el carnaval los jóvenes toman mucho alcohol. En Krefeld esto es un gran problema. Para proteger a los jóvenes, algunas organizaciones como una asociación carnavalesca, dos hospitales y algunos representantes de la ciudad de Krefeld han decidido trabajar juntos para informar a los jóvenes de los riesgos del alcoholismo.
Ayer el grupo presentó sus carteles contra el alcoholismo. Con casi 10.000 flyers y 1.000 carteles quieren informar sobre este problema. La alumna Kim Voss de 18 años y su profesora Angelika Baumann escribieron algunos de los

Tabelle 1

el alcalde	el vecino	el joven
al joven: – ¿Por qué no celebráis en un campo, cerca de la ciudad? – No podéis dejar vuestra basura en la plaza / tenéis que dejad la plaza limpia. – No hagáis mucho ruido, porque los vecinos desean dormir temprano. – No os emborrachéis. / No bebáis tanto. El alcohol perjudica *(schadet)* la salud. al vecino: – Tratad de entender a los jóvenes. Sólo quieren divertirse. – Un botellón sólo se organiza una vez por semana. – Si los chicos llevan su basura y terminan a medianoche, ¿dejaríais a los chicos que se encuentren en vuestra plaza una vez por semana?	– Me molestan el ruido. – Tengo ir a trabajar muy temprano. Quiero dormir sin ruido. – No quiero basura delante de mi casa. al joven: – ¿Qué harías en mi lugar? – Yo tampoco echo mi basura delante de tu casa, grito toda la noche o meo *(uriniere)* cerca de tu casa. – Si te veo otra vez, llamaré a la policía. al alcalde: – Tiene que protegernos. – Estos jóvenes no tienen ninguna educación / siempre se emborrachan. – Termine los botellones o no vamos a votar por usted otra vez.	– Los bares y discotecas son demasiado caros. – Queremos divertirnos. – No hay ningún centro de la juventud en nuestra ciudad. – Ustedes también fueron jóvenes y podían divertirse. al vecino: – Sus hijos también participan en los botellones. – Sólo quiere que compremos nuestras bebidas en su bar. al alcalde: – Nosotros somos muchos, ellos son pocos. – Pagamos más impuestos *(Steuern)* que ellos.

Unidad 2

Tabelle 1

tiene importancia	no tiene importancia
– Sin alcohol uno no se puede divertir. – En las fiestas sin alcohol sólo hay gente rara a la que le gusta discutir horas y horas sobre temas aburridos. – A mí me gusta el alcohol, pero no puedo beber en mi escuela. Así que me gusta beber un poco de alcohol en mi tiempo libre. – Conocer gente / charlar con gente con un vaso de vino en la mano es más guay que con un vaso de agua o de zumo. – En las fiestas quiero conocer gente y después de tomar alcohol, estamos más tranquilos y es más fácil hablar con las chicas, porque ya no nos da tanto miedo.	– No necesito emborracharme para divertirme. – El alcohol es malo para la salud. Si nadie bebe, yo tampoco me siento obligado/a a tomar alcohol. – Me gustan más las fiestas sin gente que está emborrachándose y que dan abrazos o besos que huelen a alcohol. – Hay muchas bebidas muy ricas sin alcohol. – Si en una fiesta no hay alcohol, viene gente más interesante. – Si no hay alcohol, los chicos no se pelean. – Si una fiesta es de verdad interesante, es porque la gente es guay y no porque el alcohol sea importante para que la gente se divierta.

textos y están convencidos del éxito de los carteles porque son textos que no se olvidan. Kim Voss recuerda que el año pasado en Alemania cuatro niños y jóvenes murieron por el alcohol. La gente podrá ver los carteles en varios lugares de Krefeld.

Dice Albert Höntges de la asociación carnavalesca de Krefeld: «Queremos informar a la gente de los problemas que produce el alcohol durante todo el año, no sólo durante carnaval. Por eso los carteles se quedarán en la ciudad hasta el carnaval de 2009. También informaremos a los dueños de los restaurantes con nuestros flyers».

Además, van a controlar más en los bares y restaurantes y la semana que viene la ciudad informará que hará la policía con los niños y jóvenes que se emborrachen.

8 Paradojas

Schwerpunkt: Leseverstehen, Stellungnahme (a); Gebrauchs des zweisprachigen Wörterbuches (b); kreatives Schreiben (c)
Sozialform: gemeinsame Lektüre, Diskussion: UG (a); PA/GA (b); EA/GA (c)
Übungsform: Einen literarischen Text verstehen und eine eigene Meinung dazu abgeben (a); Vokabelarbeit zum Wortfeld „Charakter" (b); freie Textproduktion, Erstellung einer Collage (c)

a Hinweis:
Bei diesem provokativen Text sind jegliche Art von Stellungnahme, aber vor allem auch Kritik erwünscht, z. B. Kritik an der negativen Sicht der Ehe / des Familienlebens, die im Vergleich dazu positive Einstellung gegenüber dem Single-Sein / zur Zeit vor der Ehe, Kritik an dem angeblichen Verlust der Unabhängigkeit in den Jahren als Hund (comiendo lo que le dan) und an den letzten fünf Jahren als wohl unfreiwilliger Familienclown.

Lösungsvorschlag:
No veo la vida en familia tan mala como el autor de este texto. Para mí estar casado/a y tener hijos es la mejor cosa del mundo. Claro, puede ser que con el trabajo y la familia te quede poco tiempo libre, pero vivir solo/a / estar solo/a no me parece que sea la forma perfecta de vivir. Tampoco creo que en los primeros treinta años de la vida todo sea mejor que después. Hoy también los jóvenes tienen que trabajar mucho y tienen muchos problemas. Además, el autor se olvidó de hablar de la niñez / de los primeros años de la vida de los hombres. Durante estos años comemos lo que se nos da y necesitamos mucha ayuda de nuestra madre en el mundo. El autor habla y crítica de la vida del hombre, eso hace pensar, pero su crítica de la vida del hombre es muy fácil.

b Lösungsvorschlag:
1. el perro: leal, inteligente, amigo del hombre
2. el caballo: orgulloso, veloz, fuerte
3. el gato: astuto, falso, enemigo de los ratones
4. el zorro: astuto, ladrón
5. la serpiente: traidora, maliciosa
6. la hormiga: laboriosa
7. el águila: orgullosa, inteligente, poderosa
8. la paloma: sencilla, pacífica, fiel
9. la liebre: asustada, tímida, veloz
10. el león: majestuoso, fiero, el rey de los animales
11. el ratón: prudente, amante del queso, inteligente
12. el lobo: astuto, fiero, cruel
13. el gallo: presuntuoso
14. la mosca: golosa, insolente
15. la urraca: habladora, ladrona
16. la oveja: mansa, recelosa, muchas veces la víctima
17. el toro: valiente, fuerte
18. el elefante: poderoso, inteligente, nunca olvida nada

c Hinweis:
Unter Verwendung der in b) zusammengestellten Charakteristika erstellen die Schüler in Einzelarbeit (z. B. als Hausaufgabe) über sich als einzelne Person oder in Gruppenarbeit über sich als Gruppe eine Collage darüber, wie sie sich ihr Leben vorstellen. Nach Beendigung der Arbeiten empfiehlt es sich, die einzelnen Schüler oder die Gruppen ihre Arbeit der Lerngruppe vorstellen zu lassen und diese auszustellen. Die einzelnen Arbeiten können prämiert und diskutiert werden.

Taller

1 Buscar trabajo

Schwerpunkt: Schreiben eines Lebenslaufs und Erstellung des Anschreibens
Sozialform: EA
Übungsform: schriftliche Textproduktion

Hinweis:
Este ejercicio busca que los alumnos con la ayuda de la casilla y del modelo puedan crear su propio Currículum vitae. Asímismo, deberán escribir la carta de presentación bajo los parámetros de una carta formal, que están indicados también en la casilla. El profesor es el encargado de guiar el trabajo y lograr que los alumnos mantengan su propio estilo.

Aquí incluimos un modelo de la carta de presentación que puede ser flexible mientras que se acomode a las necesidades de los alumnos.

Lösungsvorschlag:
Siehe Brief S. 26.

2 Unidad

María Camila Gómez
Calle Antonia García, 22
Madrid

Señora Isabel Sarmiento
Campo Verano
Avenida de las Palmas, 432
Málaga

Madrid, 24 de Julio de 2008

Estimada Señora Sarmiento:

He leído el anuncio en el que buscan monitores para trabajar en un campo de vacaciones y estoy interesada en trabajar con ustedes.
Como podrán comprobar en mi CV adjunto he hecho_____.
Creo que mi formación y experiencia se ajustan al perfil que están buscando porque_____.

En caso de serles útil podrán ponerse en contacto conmigo.

Reciban un cordial saludo.

María Camila Gómez

Lösungen CDA

1 Lengua de los jóvenes

Schwerpunkt: Anbindung an das Thema „Ser joven: qué difícil es" der Lektion im Schülerbuch
Sozialform: PA
Übungsform: Comic erklären und fortführen (a), eigene Meinung zum Thema schreiben (b)

a En este cómic la hija explica a sus padres porqué los jóvenes como ella cometen errores y quién, según ella, es responsable de eso.

Vocabulario para entender mejor el cómic	
la edad	das Alter
ingenuo,-a	naiv
confiado,-a	alguien que confía a una persona
estar a merced de	jdm. ausgeliefert sein
la tentación	die Versuchung
el peligro	algo que es peligroso
la compañía	compañeros y compañeras
convincente	adjetivo de estar convencido,-a
la advertencia	die Warnung
equivocarse	sich irren
acechar	belauern
molar	gefallen
meter la pata	ins Fettnäpfchen treten

Lösungsvorschlag:
Madre: ¿Piensas que tiene razón nuestra hija?
Padre: Pues, no lo sé. Cuando éramos jóvenes, lo que nos encantaba eran también cosas como las drogas, las discotecas, los cigarrillos, salir de noche, etc. Mis padres no estaban satisfechos nada de nada con nuestro estilo de vida.
Madre: Sí, sí, tienes razón. Me acuerdo de un día muy especial: yo quería salir de noche vestida con mi minifalda nueva, pero mis padres cerraron con llave la puerta de mi habitación para que no me fuera de casa. A ellos no les gustaban las discotecas, y no me dejaban salir de noche. Además no tenía permiso de salir con mis amigos porque tenía tres asignaturas suspendidas. Pero como ya había quedado con ellos y me esperaban, salí de mi habitación por la ventana y bajé por una escalera. Dejé la ventana abierta. Lo único fue que, cuando regresé de noche, ya no estaba la escalera y la ventana de mi cuarto estaba cerrada. Mi padre ya había quitado la escalera. Pues, tuve que tocar la puerta y despertar a mis padres. Puedes imaginarte lo que dijeron …
Padre: En aquella época, nos encantaban también cosas como ésas, así que no podemos decirle a nuestra hija siempre «no».
Madre: Sí, sí, así es.

b Lösungsvorschlag:

Consejos antes de salir por la noche:
- no llevar minifalda (*Minirock*) cuando sales
- no hacer «dedo» (*Autostopp*)
- no subir en el coche de alguien que no conoces
- no subir en la motocicleta (*Motorrad*) de alguien, tampoco cuando se trate del chico / de la chica más «guay» de la pandilla
- no tomar drogas
- no beber del vaso de otra persona
- no caminar en calles en donde no hay luz
- no llegar después de las doce de la noche
- coger un taxi si has perdido el último autobús

2 Sopa de letras

Schwerpunkt: Wortschatzwiederholung
Sozialform: EA
Übungsform: Wörter der Lektion in Buchstabensuppe finden und in Wortfelder ordnen (a), Wortschatzerweiterung der beiden Wortfelder (b)

a
1. **las drogas:** afectar la salud, drogadicción, dañar, salud, recuperar, emborracharse, hacer botellón
2. **la escuela:** aprobar, fracaso escolar, empollar, suspender, clases particulares

Siehe Gitterrätsel auf S. 27.

b Mind map:
1. **las drogas:** la drogadicción, la droga, causar daños, irreparable, el consumo de drogas, pasarse de la raya, no percibir la realidad, no tener responsabilidad, desubicado/-a, mal hábito, la juventud, perder la conciencia, no poder controlarse
2. **la escuela:** la escuela, el colegio, la primaria, la secundaria, la preparatoria, el tutor / la tutora, estudiar, aprender muchas cosas, organizarse, hacer una formación, el empollón, empollar, hacer el examen de fin de año, tener examen, comprobar, el éxito, suspender, la responsabilidad, desubicado/-a, un mal hábito, una meta, preparar los exámenes

3 No tengas miedo del examen

Schwerpunkt: Bildung *des condicional simple* festigen
Sozialform: EA
Übungsform: Formen des *condicional simple* einsetzen (a), anhand von Impulsen eigene Gedanken zum Thema schreiben (b)

a En tu lugar yo… / Si yo fuera tú…
1. **Me relajaría** con una taza de té.

28

Unidad 2

```
A Z D U L A S A L R A T C E F A F U Ó H
Q E U F U A J G E A I W P W R E D J E A
D R O G A D I C C I Ó N L Q E Ó R R M C
A L A D S I L Y A L A Q K R R W A E B E
Ñ M A W C Ñ O L C L P L H T E I L I O R
A P P E P F R A C A S O E S C O L A R B
R A R V E Ñ Y O I K U D J J U J O U R O
J R O A S O H P O Ó S F D K P H P Z A T
K E B Ñ A O E T N N P E E S E G M S C E
E V A I L I U E G L E I C A R Y E Y H L
B C R I U L S Ó H D N N I C A O E X A L
C X S P D Ñ C S F S D A S V R Ñ W N R Ó
C M L E M Q C W R E E N K P S H A B S N
O A C L A S E S P A R T I C U L A R E S
```

Gitterrätsel

Lo que no haría para preparar un examen:
- No saldría con mis amigos el día antes.
- No copiaría de mi compañero/-a de al lado.
- No escribiría nunca chuletas (*Spickzettel*).
- No me despertaría después de las siete de la mañana.
- No me acostaría muy tarde por la noche.
- No bebería alcohol cuando preparo los exámenes.
- No tomaría nunca drogas para relajarme.

2. **Me concentraría** en lo más importante.
3. No **pondría** música en el mp3 mientras estudio.
4. **Organizaría** mejor el tiempo que tengo.
5. **Haría** esquemas de cada tema.

Así al final tú
6. **tendrías** tiempo para salir.
7. **podrías** tomar algo en el bar con nosotros.

b Lösungsvorschlag:
Me imagino una escuela en donde cada alumno pueda elegir las asignaturas que a él le gusten. En esa escuela sólo aprenderíamos cosas interesantes y divertidas para realmente conocer la vida. Para mí, eso significaría que no tendría asignaturas como mates, física o química que son un desastre. Preferiría las clases de Lengua y las de Educación plástica. De ese modo, nunca me aburriría en las clases.
En la escuela de mis sueños haríamos deporte junto con nuestros compañeros de clase en los recreos.
Los profesores nos tratarían muy bien. Serían todos muy amables y nos entenderíamos muy bien con ellos. Durante las clases nos lo pasaríamos muy bien así que nos podríamos relajar porque los exámenes no serían difíciles.
Una vez por semana discutiríamos con nuestros profesores sobre cosas muy importantes de la vida como el amor, el dinero, la formación profesional o la protección del medio ambiente. Pero no sólo discutiríamos sino también visitaríamos bosques para buscar plantas raras o para limpiar ríos. Todas las cosas que aprenderíamos serían muy útiles.

4 ¡Pero eso no!

Schwerpunkt: Gebrauch des *condicional simple*
Sozialform: EA
Übungsform: verneinte Sätze mit Konditional bilden (a), zum Thema Stellung nehmen und eigene Meinung darlegen (b)

a
1. Nunca iría a clases particulares. / No iría nunca a clases particulares.
2. Nunca se quedaría en casa todos los fines de semana. / No se quedaría nunca en casa todos los fines de semana.
3. Nunca se dormiría sobre los libros. / No se dormiría nunca sobre los libros.
4. Nunca se levantaría antes de las ocho de la mañana. / No se levantaría antes de las ocho de la mañana.
5. Nada le interesaría en la tele durante el día. / No le interesaría nada en la tele durante el día.
6. Nadie la podría llamar entre las ocho y las doce. / No la podría llamar nadie entre las ocho y las doce.

b Lösungsvorschlag:
Sí, en general estoy de acuerdo con Belén. Parece una chica seria que sabe lo que tiene que hacer para tener buenos resultados en los exámenes. Aunque tenga miedo de los exámenes no pasa demasiado horas estudiando, ella nunca se dormiría sobre los libros. Belén sabe que mientras estudia no debe ver demasiada tele y sólo por la tarde, después de haber estudiado puede relajarse delante de la tele o con sus compañeros/compañeras. Lo único que haría de otra manera es lo siguiente: yo iría a clases particulares cuando no entendiera bien la materia en clase. Así, podría preguntarle al profesor todo lo que no entendiera y él me lo explicaría las veces necesarias.

5 Así es la preparatoria en México

Schwerpunkt: Landeskunde: Schulsystem in Mexiko
Sozialform: EA, PA
Übungsform: aus Hörtext Informationen heraushören (a), Informationen über das Schulsystem in Mexiko zusammenstellen und vergleichen (b)

a Hörtext (Track 7):
Jaime: ¡Hola, Belén! ¿estás ahí?
Belén: Sí, Jaime ¿eres tú? ¡Me parece genial que nos encontremos en el Charlator!
Jaime: Todavía no tengo Internet en casa, pero me puedo conectar en la escuela.
Belén: ¿Estás ahora en el instituto entonces? ¡Pero si son las diez de la noche!
Jaime: En España sí, pero aquí son sólo las tres de la tarde. Ya han terminado las clases. Aquí tenemos 35 horas de clase a la semana. Empezamos a las siete de la mañana y terminamos a la una y media de la tarde. Hay otros grupos que tienen todas sus clases por la tarde desde la una y media hasta las ocho menos cuarto, como en nuestro instituto de Madrid.
Belén: ¿Y en qué curso te han puesto?
Jaime: Estoy en el primer año de preparatoria que es como cuarto de ESO. Aquí después de seis años de primaria tienen tres años de secundaria y los que quieren seguir para entrar en la universidad pueden hacer tres años de preparatoria.
Belén: ¿Y las asignaturas?
Jaime: Tenemos muchas materias. Mate y física son las asignaturas más importantes aquí. Tenemos cinco horas a la semana. Las clases de química son un desastre, ¡peor que en España! Pero lo llevo bien. Lo que más me gusta es la Historia y la Literatura Mexicana, pero lo que más echo de menos es a la gente y la comida españolas.
Belén: Pero tenemos Internet y así no estamos tan lejos. A propósito, la foto que tienes colgada en el chat es …

2 Unidad

guau sin palabras. ¿Tú con uniforme en la escuela? ¿Qué fuerte!
Jaime: No te creas, tiene su lado bueno. Las chicas llevan minifalda gris muy corta, … En serio, al principio fue difícil despedirme de mis vaqueros, pero ahora veo que es muy práctico. Por la mañana no tengo que pensar qué me pongo. Nadie te mira ni critica lo que llevas porque vamos todos iguales.
Belén: Jaja, nunca hubiera imaginado verte algún día con «traje», jaja.
Jaime: ¡Pues no me has visto en uniforme y al lado de la bandera y cantando el himno! Una vez al mes todos los alumnos del instituto se reúnen en el patio por la mañana para cantar el himno nacional y claro, hay que respetarlo y por eso yo también canto con ellos.
Belén: ¡Te veo muy integrado!
Jaime: Sí, aunque todavía soy el nuevo, el extranjero… Pero todos son muy majos y me voy integrando, pero mi vida ahora es tan diferente… ¿y vosotros? ¿Qué hacéis el fin de semana?
Belén: Lo de siempre…

Lösungsvorschlag:
1. la escuela:
En el instituto en México los alumnos tienen 35 horas de clase a la semana. Jaime está en el primer año de preparatoria que corresponde a cuarto de ESO en España.
En el instituto en México los alumnos suelen llevar uniforme.
Una vez al mes, los alumnos se reúnen en el patio por la mañana y cantan el himno nacional.

2. los horarios:
Las clases empiezan a las siete de la mañana y terminan a la una y media de la tarde. Hay grupos que tienen todas sus clases por la tarde y tienen que estudiar desde la una y media hasta las ocho menos cuarto.

3. las materias:
Jaime cuenta que son muchas las materias y que mate y física son las asignaturas más importantes en este instituto porque estudian esas asignaturas cinco horas a la semana. Además, las clases de química son un desastre. Lo que más le gusta es la Historia y la Literatura Mexicana.

4. los compañeros de clase:
Según lo que dice, los compañeros de clase son muy majos.

b Siehe Tabelle 1 und Tabelle 2, S. 29.

6 ¿Qué harías? ¿Qué habrías hecho?

Schwerpunkt: *Condicional simple y compuesto*
Sozialform: EA
Übungsform: zu visuellen Impulsen Sätze nach vorgefertigtem Muster bilden

a
1. Andrés no encuentra las llaves de casa. / Llama a su madre. / ¿Y tú? Yo no llamaría nunca a mi madre. / Yo buscaría en todas partes y en todos lugares. / Ayer no encontró las llaves de casa. / Llamó a su madre. / Yo nunca habría llamado a mi madre. / Habría buscado en todas partes y en todos lugares.

2. Andrés siempre olvida los deberes en casa. / Copia de su compañera de clase / ¿Y tú? Yo no copiaría de mis compañeros de clase. / Yo traería los deberes al día siguiente. / Ayer olvidó los deberes en casa. / Copió de su compañera de clase. / Yo no habría copiado de mis compañeros de clase. / Habría traído los deberes al día siguiente.

b
3. Llovía y no llevaba paraguas. / Continúa su marcha, depués espera en una esquina en la calle. / ¿Y tú? Yo no continuaría mi marcha. / Yo esperaría enseguida en una esquina en la calle. / Ayer llovía y no llevaba paraguas. / Continuó su marcha, poco después, se paró para esperar. / Yo no habría continuado mi marcha. / Me habría parado enseguida para esperar.

4. Vio al novio de su amiga con otra chica. / Llama a su amiga para contárselo / ¿Y tú? Yo no llamaría a mi amiga para contárselo. / Yo preguntaría al mismo chico por qué lo hace. / Ayer vio al novio de su amiga con otra chica. / Llamó a su amiga para contárselo. / Yo no habría llamado a mi amiga para contárselo. / Habría preguntado al mismo chico por qué lo hace.

Tabelle 1

	Sistema escolar en México	en España	en tu país (Alemania)
notas	sobresaliente 9–10 notable 7–8 bien 6 suficiente 5 insuficiente menos de 5	9–10 7–8 6 5 menos de 5	1 2 3 4 5 und 6
niveles	Preescolar de 3 a 5 años	Educación Infantil de 3 a 6 años	Kindergarten de 3 a 6 años
	Primaria 6 años	Educación Primaria 6 años	Grundschule 4 años
	Secundaria 3 años	ESO (Enseñanza Secundaria Obligatoria) 4 años	Gymnasium
	Preparatoria 3 años	Bachillerato 2 años	8 años (9 años)
duración	12 años de formación escolar	12 años de formación escolar	12 años (13 años) de formación escolar
edad de los alumnos cuando salen	17 años	18 años	18 / 19 años
títulos	título de Bachiller	título de Bachiller	título de Bachiller

Tabelle 2

	primer año de Preparatoria México	Cuarto de ESO España	tu año
los horarios	desde las 7 de la mañana hasta la una y media o clases por la tarde	clases por la tarde	– *individual*
horas por semana (Secundaria)	35 horas por semana	30–31 horas por semana	– *individual*
asignaturas	– Matemáticas I, – Taller de cómputo I, – Química I, – Introducción a las Ciencias sociales, – Taller de lectura, Redacción e iniciación a la investigación documental I, – Lengua extranjera I (Inglés/Francés), – Orientación educativa	– Ciencias Sociales, - Lengua Castellana y Literatura, – Lengua Extranjera, – Matemáticas (A o B), – Ética, – Educación Física, – Religión/Alternativa, – Idioma co-oficial en las Comunidades que lo tengan, – dos asignaturas optativas según la rama escogida: Física y Química, Biología y Geología, Tecnología, Música, Educación Artística, – una asignatura optativa, a elegir entre varias	– *individual*

7 Por fin nuevos amigos

Schwerpunkt: Relativsätze mit und ohne Präposition
Sozialform: EA
Übungsform: aus Sentence Switchboard Sätze bilden

1. Estudio en el colegio en el que trabaja mi madre.
2. Mi problema con el alcohol es la razón por la cual mi madre y yo estamos en México.
3. Chateo con mis compañeros a los cuales echo de menos.
4. Mi madre fue la que decidió ir a México.
5. Belén y Julián son dos amigos con los que siempre salía de marcha en Madrid.
6. Belén es con quien mejor puedo hablar.
7. Fueron mis amigos los que nos llevaron al aeropuerto.
8. Éste es Julián, mi mejor amigo, al que escribiré un postal.

8 A veces lo que importa es lo que alguien posee

Schwerpunkt: *cuyo/-a, cuyos/-as*
Sozialform: EA
Übungsform: in Lückentext Pronomen einsetzen

1. Mi amigo Manuel, **cuya** hermana trabaja en un banco, me consiguió las prácticas para el verano.
2. María, **cuyos** padres están separados, vino a la reunión sola.
3. Todos los libros **cuyas** páginas estaban en blanco o con errores se devolvieron a la editorial.
4. El viaje de fin de curso, **cuyos** organizadores todos conocemos, fue un desastre.
5. Siempre hemos querido ir a España, **cuya** cocina es famosa en todo el mundo.

9 Eres lo que comes

Schwerpunkt: Sich mit dem Thema „Fast Food" auseinandersetzen
Sozialform: GA; EA
Übungsform: Leseverstehen (a), Fragen zum Text beantworten (b), eigene Meinung zum Thema darlegen (c)

a Según el texto la comida basura existe. Es una comida que contiene una cantidad alta de grasas, sal, condimentos o azúcares y distintos aditivos alimentarios (l. 9–11). El autor habla de un «concepto de alimentación». Es decir, esa forma de alimentarse consiste en una combinación de grasas y proteínas que no corresponde a lo que necesitamos y que es perjudicial para nuestra salud.

b
- *Um welche Veröffentlichung geht es?*
Es handelt sich um einen Zeitungsartikel aus dem „Boletín de la salud". Der untere Abschnitt „Lo que dice el médico" könnte auch ein Abriss aus einem Informationsblatt sein, wie man es in Arztpraxen findet.
- *Was ist für den Autor Fast Food?*
Für den Autor ist Fast Food ein Ernährungskonzept.
- *Was sind die Auswirkungen eines übermäßigen Konsums von Fast Food?*
Auswirkungen eines übermäßigen Konsums von Fast Food: Übergewicht, Fettleibigkeit und sogar biochemische Veränderungen im Gehirn, die einem Konsum von Genussmittel gleichkommt.
- *Was soll man gegen eine schlechte Ernährung tun?*
Das Wichtigste ist, auf das Gleichgewicht zwischen der Nährstoffzufuhr und dem Energieverbrauch zu achten. Dies gelingt, wenn man ein paar Ernährungsregeln beachtet: morgens viel essen, aber nie abends nach 19 Uhr und regelmäßig Sport treiben.

c Individuelle Lösungen

Enlaces

En estos enlaces se pueden encontrar artículos sobre la comida basura. Esta información ayuda a discutir sobre el tema y muestra diferentes puntos de vista.
http://elmundosalud.elmundo.es/elmundosalud/2004/01/09/pediatria/1073662823.html
http://elmundosalud.elmundo.es/elmundosalud/2004/01/09/pediatria/1073661965.html

http://www.opensportlife.es/la-comida-basura-no-causa-los-mismos-efectos-negativos-en-todas-las-personas/

En este enlace los alumnos encuentran un juego interactivo que les da una pequeña descripción sobre los grupos alimentarios y les muestra como se logra una alimentación equilibrada.
http://www.vitadelia.com/2007/09/26-las-increibles-aventuras-del-asombroso-detective-de-la-comida

1 Repaso

Repaso 1

Übersicht

1. Wiederholung der Pensen und Themen der Lektionen 1 und 2 Bildung und Gebrauch des *presente de subjuntivo*, CDA 1, 2, 3, 4, 5, SB 1, 2, 3 *Pronombre relativo* CDA 3, SB 5 *Condicional simple y compuesto* SB 8	
2. Wiederholung ausgewählter Pensen aus Línea verde 2 *Futuro simple* SB 6	
3. Hörverstehen: SB 4	S-CD
4. Sprachmittlung/ Übersetzung: CDA 6, SB 9	SB, CDA
5. Kommunikation: KV S. 101 (Rollenspiel), Folie 1	Kopien Folien
6. Methodenkompetenz: Wiederholung: Selbstkontrolle und Selbstkorrektur	SB, Download

Hinweise zu den Bildfolien

Folie 1 – Cuentos
Die S sollen sich ein Bild aussuchen und eine kurze Vorgeschichte der dargestellten Situation erfinden und aufschreiben. Dann kann mit Variante A, B oder C fortgesetzt werden.

Variante A
Ein S gibt seinen Text einem Mitschüler weiter, der den Ausgang der Geschichte weiterschreiben soll.

Variante B
Ein S liest seine Geschichte vor und die anderen sollen raten, um welches Bild es sich handelt.

Variante C
Ein S soll ein Bild beschreiben und die anderen sollen raten, um welches Bild es sich handelt.

3 Los muros de la gran ciudad

Übersicht

Themen	Kommunikative Fertigkeiten	Sprachliche Mittel	Methodenkompetenz
Primer paso • Mauer als Grenze und Träger von Botschaften	• Über Abbildungen diskutieren und seine Meinung äußern		
Recursos • Leben in Mexiko-Stadt • Umweltverschmutzung • Umweltschutz	• Hypothetische Sachverhalte ausdrücken • Bedingungen formulieren • Maße und Gewichte angeben	• *Pretérito imperfecto de subjuntivo*: Gebrauch nach dem *condicional* • *Pretérito pluscuamperfecto de subjuntivo* • Irreale Bedingungssätze • Kollektivzahlen • Maße und Gewichte	
Panorama • Probleme in der Großstadt Mexiko • Bedrohung der Lebensräume	• Ursache und Wirkung angeben • Eine Diskussion führen • Sein Erstaunen ausdrücken		• Einen Redebeitrag strukturieren
Taller • Graffitis und *murales* (Wandgemälde) interpretieren	• Über Graffitis sprechen		

Unidad 3

Primer paso und Recursos	
1. Einstieg und Hinführung zum Thema: Einführung des Themas Mauern anhand von Photos und einem Gemälde von Diego Rivera: SB Primer paso 1, 2, Folie 1	SB Folien
2. Textpräsentation und -erarbeitung in Abschnitten Textabschnitte ordnen: KV S. 99	SB, S-CD (Track 9–11) Kopien
3. Inhaltssicherung: SB 1, 2, CDA 1	SB, CDA
4. Sicherung von Wortschatz und Redemitteln: Kollektivzahlen: SB 2	SB
5. Übungen zur Erarbeitung und Festigung der Grammatik: Entdeckendes Lernen: *Subordinadas condicionales irreales*: CDA S. 79 *pretérito imperfecto de subjuntivo*: SB 3, 4, CDA 2, 3, 5, KV S. 100 *pretérito pluscuamperfecto de subjuntivo*: SB 6 Irreale Bedingungssätze: SB 5, 8, CDA 3, 4, Folie 4 Kollektivzahlen: SB 2, CDA 9	SB, CDA Folien Kopien
6. Landeskunde / interkulturelles Lernen: La Torre Latinoamericana: SB 9 Gringos y mexicanos: CDA 8	SB, CDA
7. Übungen zur Selbstkontrolle: CDA S. 80	CDA

Panorama und Taller	
1. Aufgaben zu den authentischen Materialien • Zeitungsbericht: La Ciudad de México única en su tipo SB 1: Vorentlastung (a, b), selektives Lesen (c), Leseverstehen (d) • Kommentar: ¿Y qué piensan los mexicanos? SB 2: Textanalyse und -interpretation (a, b), freie Textproduktion (c) • Zeitungsbericht: Rebelión mazahua SB 4: Leseverstehen (a), Diskussion (b), Wiederholung irreale Bedingungssätze (c), Internetrecherche zum Thema (SB 5) • Reportage: El Santuario de la Mariposa Monarca SB 7: Leseverstehen und Wiederholung *imperfecto de subjuntivo* (a), Stilanalyse (b), Vertiefung des Themas und Wiederholung des *subjuntivo* (SB 8) [• Mafalda Comic: Economía contra ecología SB 9: Leseverstehen (a), Interpretation (b), Diskussion (c)] [• Mini-cuento: El monte SB 10: Leseverstehen (a), Diskussion (b), Stilanalyse (c), kreatives Schreiben (d)]	SB
2. Sicherung von Wortschatz und Redemitteln Jugendsprache SB 2	SB
3. Methodenkompetenz: Lerntechnik: Die fünf Schritte eines Redebeitrags SB S. 43 Wiederholung: Vermutungen an einen Text formulieren SB S. 42	SB Download
4. Hörverstehen SB 6	SB, L-CD (Track 17–20)
5. Landeskunde / interkulturelles Lernen: Texte: La Ciudad de México SB S. 43, Rebelión mazahua SB S. 44, El santuario de la Mariposa Monarca SB S. 45 Intensivierung: Geographie Mexikos: Folie 2 / Straßenszenen in Mexiko: Folie 3	SB Folien
6. Projekte fürs Sprachenportfolio: Taller: Muros, murales y grafitis	SB

Hinweise zu den Bildfolien

Folie 1 – Muros
Die Folie zeigt die Fotos der ersten Einstiegsseite. Damit kann man die Übung 1a durchführen.

Folie 2 – México
Die Folie zeigt die Karte Mexikos mit Fotos unterschiedlicher Landschaften. Die S sollen sagen, wo sie die Landschaften sich auf der Karte vermuten.

Folie 3 – México D.F.
Die Folie zeigt verschiedene Straßenszenen in Mexiko D.F. Die Bilder sollen die komplexe Realität dieser Metropole veranschaulichen und können schrittweise aufgedeckt und kommentiert werden.

Folie 4 – Sueños
Die S sollen nach den visuellen Impulsen irreale Bedingungssätze bilden, z. B.:

Si fuera rico / -a… / Si tuviera dinero…
Si fuera jugador / -a de fútbol…
Si fuera fotógrafo / -a de prensa…
Si fuera actor / actriz…
Si fuera el director / la directora del instituto…

Lösungen Schülerbuch

Primer paso

1 Muros del mundo

Schwerpunkt: Bildbeschreibung und Diskussion

Sozialform: GA mit Präsentation
Übungsform: Freie Textproduktion

a Lösungsvorschlag:
A: En la foto A hay una frontera con un muro. Quizá sea la frontera entre México y EE. UU.
B: El muro de la foto B es muy famosa. Está en China (la Gran Muralla China). Es el muro más grande del mundo e incluso pasa por montañas. Se dice que es el único hecho por el hombre que se ve desde el espacio, pero no es verdad.
C: En la foto C no se ve un muro de verdad. Se llama muro pero en realidad se trata de un grupo de voleibol que hace un «muro» con sus manos.
D: La foto D muestra una parte del muro de Berlín, creo. Se hizo en el año 1961 porque muchísimos alemanes salían de la parte comunista del país.
E: El muro de la foto E puede que sea una frontera.
F: El muro de la foto F está en Alemania, se llama «Limes». Con él los romanos intentaban proteger su imperio de los germanos.
G: El último muro en realidad es el resto de un antiguo templo en Jerusalén. (Muro de las Lamentaciones o de los Lamentos).

b Lösungsvorschlag:
Los romanos hicieron muchos muros famosos, p. ej. el muro de Adriano (Hadrian) en Inglaterra. Y en Israel hay muros nuevos en Gaza y Cisjordania. Los futbolistas también hacen un muro a veces para que el otro equipo no haga un gol. En algunos deportes se juega con un muro, p. ej. el squash, la pelota vasca, el antiguo juego de los aztecas etc. También la naturaleza necesita muros de protección a veces.

c Lösungsvorschlag:
Los muros antiguos hay que protegerlos porque forman parte de la historia. Muchos turistas visitan estos monumentos, y del turismo viven muchísimas personas. Los muros entre dos partes de

3 Unidad

un país como en Alemania o en Corea son contra la libertad de las personas y por eso pedimos que ya no existan. No nos gustan los muros entre México y EE. UU. o entre israelíes y palestinos, pero entendemos que muchos países necesitan protección…

d

```
                              deporte
                                 |
defender – protección – muro – frontera
                                 |
                              historia
                                 |
                              turismo
```

2 Muros que hablan

Schwerpunkt: Bildbeschreibung und Diskussion
Sozialform: GA mit Präsentation
Übungsform: Freie Textproduktion

a Lösungsvorschlag:
El mural de Diego Rivera muestra varias cosas que los españoles hicieron contra los indios. Los indios tuvieron que trabajar como animales. El mural habla de injusticias históricas, los grafitis hablan de injusticias en el presente. En eso se parecen los dos.

Hinweis: Folgende Wörter können zu dem Gemälde von Diego Rivera angegeben werden, je nachdem, wie intensiv man damit arbeiten möchte:

un esclavo, una esclava	ein Sklave, eine Sklavin
un conquistador	ein Eroberer
ahorcar a alguien	jdn. erhängen
tatuar a alguien	jdn. tätowieren
labrar la tierra	den Boden beackern
un caballo	ein Pferd
montar a caballo	reiten
una armadura	eine Rüstung
una lanza	eine Lanze
la madera	das Holz
una cantera	ein Steinbruch
un burro	ein Esel
una vaca	eine Kuh
una cabra	eine Ziege
rezar	beten
una cruz	ein Kreuz
un monje	ein Mönch

Foto (S. 37): Auf dem Foto kann man neben den Wörtern „democracia", „justicia" und „libertad" auch „EZLN" lesen. Das steht für das „Ejército Zapatista de Liberación Nacional", dessen Anführer der Subcomandante Marcos ist. In Unidad 4 erfahren die S mehr über dieses Thema. L kann bei Nachfragen schon hier zu S. 54 blättern lassen und mit den S das blaue Landeskundekästchen lesen.

b Lösungsvorschlag:
Los muros son muy útiles para transmitir mensajes porque muchas personas los leen en la ciudad. Con ellos es muy fácil alcanzar un público enorme. Algunos murales incluso sirven para comunicar problemas a un público que no sabe leer.

Recursos

1 La gran ciudad

Schwerpunkt: Detailverstehen (a); Übertragung der Problematik auf den Erfahrungsbereich des Schülers (Subjektbezug) (b)
Sozialform: PA / EA
Übungsform: Details aus einem Text entnehmen (Probleme und deren Ursachen) (a); über seinen eigenen Wohnort sprechen (b)

a Lösungsvorschlag:
Según el texto una desventaja de las ciudades grandes es la contaminación y que el aire no circula bien. La causa es el tráfico enorme. También hay mucho ruido.

Lista de problemas:
problema: mucho tráfico – causa: gran actividad urbana
problema: alergias - causa: contaminación, emisiones de las industrias, miles de coches
problema: respiran gases – causa: el aire no circula bien
problema: tener que cambiar dos veces de metro – causa: vivir lejos de la preparatoria
problema: dormir poco – causa: los vecinos hacen ruido, camino muy largo a la prepa

b Lösungsvorschlag:
Nuestro pueblo es un poco aburrido. No hay ni mucha gente ni acontecimientos culturales. Pero lo que más nos gusta de nuestro pueblo es que podemos ir a casa de nuestros amigos a pie o en bicicleta, sin tener que esperar el bus. También podemos nadar en el río. Además es tranquilo y no hay estrés como en las ciudades.
En la ciudad tenemos de todo. Podemos ir al cine a ver películas nuevas, siempre hay algo que ver en los museos.

2 El Estadio Azteca

Schwerpunkt: Kollektivzahlen
Sozialform: Wahlweise PA / EA / UG
Übungsform: Ziffern durch Kollektivzahlen ersetzen

Centenares de / cientos de fanáticos se pelearon después del partido de Pumas. / Decenas de personas ayudaron a limpiar el estadio. / Una docena de médicos esperaba fuera del estadio. / Vendieron miles de hamburguesas durante el partido. / Millones de personas vieron el partido en la televisión. / Decenas de miles de fans fueron al partido.

3 ¡A entrenar!

Schwerpunkt: Entdeckendes Lernen: Formen des *imperfecto de subjuntivo*
Sozialform: EA
Übungsform: Formen im Text suchen, in eine Tabelle übertragen und fehlende Formen ergänzen

mudar	abrir	beber
mudara	abriera	bebiera
mudaras	abrieras	bebieras
mudara	abriera	bebiera
mudáramos	abriéramos	bebiéramos
mudarais	abrierais	bebierais
mudaran	abrieran	bebieran

4 Dos veces lo mismo

Schwerpunkt: Entdeckendes Lernen: alternative Formen des *imperfecto de subjuntivo*
Sozialform: EA
Übungsform: Formen auf *-ara* / *-iere* umwandeln in Formen auf *-ase* / *-iese*

abrieran – abriesen; viviéramos – viviésemos; hicieran – hiciesen; mudarais – mudaseis; hubiera – hubiese; fuera – fuese

5 La ciudad renace, su gente lo hace

Schwerpunkt: Irreale Bedingungssätze der Gegenwart
Sozialform: Wahlweise PA / EA / UG
Übungsform: Syntagmen verbinden und daraus Sätze formen

1. Si las industrias usaran más filtros, habría menos emisiones.
2. Si la ciudad tuviera más caminos para bicicletas, habría menos tráfico.
3. Si la gente llevara siempre una mochila al supermercado, usaría menos bolsas de plástico.
4. Si la gente fuera más en autobús, habría menos coches en las calles.
5. Si los profesores hicieran una campaña en las escuelas, los niños sabrían más sobre la contaminación.
6. Si los coches fueran con más cuidado, sería menos peligroso ir en bicicleta.
7. Si hubiera menos coches, el aire estaría más limpio.

6 Lo que no hicimos a tiempo

Schwerpunkt: Irreale Bedingungssätze der Vergangenheit (a); *como si + imperfecto de subjuntivo* (b)

Unidad 3

Sozialform: Wahlweise PA / EA / UG
Übungsform: Aussagesätze in Bedingungssätze umwandeln (a); Sätze mit freiem Inhalt nach einem Muster bilden

a Lösungsvorschlag:
1. Si hubiéramos escuchado a los ecologistas, no tendríamos tanta contaminación ahora.
2. Si no hubiéramos empezado tan tarde con los programas de medio ambiente, el aire estaría más limpio.
3. Si hubiéramos construido más caminos para bicicletas, más gente iría en bicicleta.
4. Si no hubiéramos tirado tanta basura en los ríos y en los bosques, nuestro medio ambiente no estaría tan sucio.
5. Si no hubiéramos dejado entrar demasiadas empresas extranjeras, habría menos fábricas.
6. Si hubiéramos respetado el modo de vivir de los indígenas, nuestra cultura sería más rica.
7. Si no hubiéramos usado demasiada / tanta agua y energía, no tendríamos ahora tantos problemas con el medio ambiente.

b Lösungsvorschlag:
1. Todavía seguimos empezando muy tarde con los programas de medio ambiente, como si no supiéramos nada de la contaminación.
2. Todavía seguimos haciendo pocos caminos para bicicletas, como si no quisiéramos aire limpio.
3. Todavía seguimos tirando mucha basura en los ríos y en los bosques, como si el medio ambiente no nos interesara.
4. Todavía seguimos dejando entrar demasiadas empresas extranjeras, como si no quisiéramos tener menos emisiones.
5. Todavía seguimos viviendo sin tener en cuenta a los indígenas, como si no nos importara perder nuestra cultura.
6. Todavía seguimos usando demasiada agua y energía, como si el medio ambiente no nos interesara.

7 Casualidades

Schwerpunkt: Irreale Bedingungssätze der Vergangenheit
Sozialform: Wahlweise PA / EA / UG
Übungsform: Nach Bildimpulsen Sätze bilden

Lösungsvorschlag:
A: Si no hubiera habido un proyecto para hacer nuevos edificios, nadie habría descubierto esta pirámide en el centro histórico de México. / Si no hubiera una pirámide ahí, no habrían encontrado objetos de arte y nadie habría estudiado profundamente la cultura azteca. / Si no hubieran descubierto tantas cosas interesantes sobre la cultura azteca, no habría hecho un museo, donde la gente se informara y viera las ruinas de la pirámide. / Si no hubiera un museo, no habría cada año tantos turistas de todo el mundo en el centro histórico de México.

B: Si Juan no hubiera leído un libro tan emocionante, habría salido a tiempo del metro y no se habría perdido. / Si Juan no se hubiera perdido, no habría tenido que tomar un taxi para llegar a tiempo a la escuela. / Si no hubiera tenido que pagar el taxi para llegar a la escuela, no habría pagado el taxi y habría guardado su dinero para otras cosas.

C: Si el señor Martínez hubiera tenido más tiempo, se hubiera decidido por la bicicleta. / Si no hubiera tanto tráfico en la ciudad, habría llegado rápidamente en coche. / Si hubiera llegado en poco tiempo al trabajo, no habría faltado a una reunión muy importante en su trabajo. / Si el señor Martínez hubiera estado en la reunión, sus jefes no se habrían enfadado con él.

8 Las tres erres: Reducir. Reusar. Reciclar.

Schwerpunkt: Irreale Bedinungssätze der Gegenwart
Sozialform: Wahlweise PA / EA / UG
Übungsform: Nach Bild- und Sprachimpulsen Sätze bilden

Lösungsvorschlag:
A: Si todos juntáramos el papel para el reciclaje, cumpliríamos con la erre de reciclar.
B: Si todos tiráramos el vidrio en contenedores especiales, cumpliríamos con la erre de reusar.
C: Si todos dejáramos de comprar latas, cumpliríamos con la erre de reducir.
D: Si todos ahorráramos agua, cumpliríamos con la erre de reducir.
E: Si todos separáramos la basura orgánica, cumpliríamos con la erre de reducir.

9 La Torre Latinoamericana

Schwerpunkt: Maßangaben
Sozialform: Wahlweise PA / EA / UG
Übungsform: Maßangaben in Lücken einsetzen und danach Inhalt mündlich wiedergeben

A: 1,65 km (kilómetros)
B: 204 m (metros)
C: 138 m (metros)
D: 27.700 m² (metros cuadrados)
E: 24.100 t (toneladas)
F: 8,5 cm (centímetros)
G: 300 l (litros)

Lösungsvorschlag:
La Torre Latinoamericana está a 1,65 kilómetros al este del Zócalo. La construyeron entre 1948 y 1956. Usan sus pisos para oficinas. La altura máxima es de 204 metros. El edificio tiene 3 niveles subterráneos en los 48 niveles totales. Tiene 48 pisos. El piso más alto está a 138 metros.
El área total es de 27.700 metros cuadrados. Tiene 8 ascensores y pesa 24.100 toneladas. Las lámparas de iluminación son 4.000 en total. La Torre Latinoamericana se hunde 8,5 centímetros al año. Los trabajadores necesitan 300 litros de agua para limpiar las ventanas.

10 Siempre podemos mejorar algo

Schwerpunkt: Wünsche ausdrücken mit *me gustaría / desearía* + *imperfecto de subjuntivo*
Sozialform: EA
Übungsform: Sätze mit freiem Inhalt nach einem Satzbaumuster formen (schriftlich)

Lösungsvorschlag:
1. Me gustaría que hubiera más gente en la calle por la noche.
2. Me encantaría que siempre hiciera buen tiempo.
3. Desearía que hubiera más niños en Alemania.
4. Desearía que hubiera menos pobres.
5. Me fascinaría que la gente mostrara más sus sentimientos.
6. Me gustaría que la gente estuviera más contenta con la vida.
7. Desearía que hubiera muchas posibilidades de ir a otros países de intercambio escolar.
8. Me gustaría que nuestras clases de deporte fueran más divertidas.

Panorama

1 Muros invisibles

Schwerpunkt: Leseverstehen
Sozialform: PA
Übungsform: Vermutungen anstellen (a, b); Stichwortnotizen zum Text (c); selektives Lesen: Ursache und Wirkung nennen (d)

a Lösungsvorschlag:
El tema es tal vez cómo es el aire en la gran ciudad porque en la foto se ve una nube gris encima de Ciudad de México.

b Lösungsvorschlag: s. Tabelle S. 34

3 Unidad

Características / Causas	Fenómenos relacionados	Consecuencias para el aire
rodeada de montañas, aislada de los vientos	**reduce** circulación del aire, **se produce** inversión térmica	atrapada emisiones contaminantes
gran altitud	**significa** menor filtro protector y mayor radiación	**da lugar a** mayor formación de ozono
gran altitud	**significa** bajos niveles de oxígeno, **causa** combustión incompleta	**aumentan** emisiones de monóxido de carbono etc.

Erwartbare Wörter auf Deutsch: Luftverschmutzung, Autos, Verkehr, Abgase, Smog, Ozon(schicht), Atmosphäre, UV-Strahlung, Feinstaub(partikeln), Kohlenmonoxid, Sauerstoff, Fahrverbot, …

Wörter im Text: circulación del aire, fenómeno natural, inversión térmica, tapa de aire caliente, emisiones contaminantes, actividad urbana, atmósfera, radiación ultravioleta, ozono, oxígeno, combustión, monóxido de carbono, hidrocarburos…

c Lösungsvorschlag:
Ciudad de México está rodeada de montañas y por eso el aire no circula bien. Además se encuentra a una gran altitud donde la atmósfera es 25 % menos densa que al nivel del mar.

d Lösungsvorschlag: Siehe Tabelle 1.

2 ¿Y qué piensan los mexicanos?

Schwerpunkt: Texterschließung und -interpretation
Sozialform: PA
Übungsform: Stichwortnotizen (a); Interpretation (b); freie Texterstellung: Leserbrief (c)

a Lösung:
nadie niega el problema / no se sienten responsables / acusa a las fábricas / apunta a los gases / dice que el problema está en otras áreas / los responsables son los demás
¿Y qué hace la gente …? Normalmente nada.
¿Para qué está preparada? Para muy poco …
Casi todos reconocen que …

b Lösungsvorschlag:
Con ello, la situación es más fácil de imaginar. El texto se dirige al lector de forma más directa. En total, tiene más efecto.

c Lösungsvorschlag:
Estimado señor:
Acabo de leer su artículo sobre la contaminación del aire en México, D.F. En mi país, Alemania, estos problemas los tenemos también. La gente tampoco se siente responsable. Aquí las ciudades no dejan entrar a los coches privados, ofrecen autobuses gratuitos etc. El gobierno busca soluciones tecnológicas y la policía controla los coches. No sé si su alcalde ya se ha puesto en contacto con otros países. Seguro que juntos encontrarán una solución. Saludos cordiales,

3 En una asamblea de vecinos de San Florián

Schwerpunkt: Diskussion
Sozialform: Rollenspiel
Übungsform: zusammenhängendes Sprechen (Vortrag mit Stichworten)

Lösungsvorschlag:
padres de familia, jóvenes
La ciudad debe ofrecer más trenes y autobuses (gratuitos). / La ciudad debe comprar autobuses nuevos con filtros mejores. / Las empresas y fábricas del barrio deben darnos puestos de trabajo, así no hacemos tanto camino al trabajo.

propietarios de tiendas y fábricas, trabajadores de automóviles
El gobierno / la ciudad debe apoyarnos para instalar más filtros en las fábricas. / La gente debe comprar los coches que tienen mejores niveles de combustión aunque son más caros. / La ciudad debe contruir más calles para evitar el tráfico / el atasco *(Stau)*.

políticos regionales
Los jóvenes deben quedarse más en casa. / Los productores de coches tienen que construir coches mejores. / La policía debe controlar más las fábricas y los vehículos antiguos.

un grupo de ecologistas
Hay que poner más árboles en las calles y cuidarlos. / El gobierno tiene que prohibir la contaminación de las fábricas. / La gente tiene que usar su coche con más responsabilidad.

Estrategia: Die fünf Schritte eines Redebeitrags

Redeschritte
1. Anknüpfung:
Bueno, acerca de lo que dices tú, que se debería prohibir la entrada de los coches al centro de la ciudad.
2. Haltung zum fremden Standpunkt:
en general, estoy de acuerdo.
3. Äußerung des eigenen Standpunkts:
pero no debemos olvidar que el transporte público no siempre es una alternativa para los coches.
4. Begründung / Beispiel:
Por ejemplo, como todos sabemos, el metro ya está completamente lleno a todas horas y los metrobuses también.
5. Fazit / Konsequenz:
De modo que de momento no me parece posible.

4 El acceso al agua en los montes de México D.F.

Schwerpunkt: Textarbeit
Sozialform: EA und PA
Übungsform: Zusammenfassen (a); Diskussion (b); gelenktes Schreiben (c)

a Lösungsvorschlag:
Los mazahuas no tienen suficiente agua potable porque la obra hidráulica funciona mal. No ha habido reacciones a sus protestas. Por eso las mujeres mazahuas se han organizado y finalmente han cerrado la entrada principal de la planta potibilizadora con armas simbólicas.

b Lösungsvorschlag:
No me parece justo que los mazahuas no tengan agua potable. / Pues, yo los entiendo perfectamente … / Me da mucha lástima … / Pero yo creo que los responsables solamente prometerán algo y al final no pasará nada … / No sé si hay otras soluciones, seguro que ya han probado todo … Podrían mudarse a otra parte.

b … si la gente en la capital **gastara** menos agua / … si el gobierno **respetara** sus derechos / … si **hubieran construido** una obra hidráulica mejor / … si **hubiera** más ríos cerca / … si los mazahuas **se fueran** a vivir a otra parte

5 Los mazahuas y su lucha en la actualidad

Schwerpunkt: Internetrecherche und Collage
Sozialform: Mini-Projekt (GA)
Übungsform: Lesen und einen multimedialen Text erstellen

Hinweis:
Die Schlagzeilen findet man unter: www.jornada.unam.mx
Einfach ins Suchfeld den Begriff „mazahuas" eingeben.

Beispiele für die Lösung:
Amenazan mazahuas con cortar suministro de agua al DF y Toluca (7.2.05); Intentan mazahuas cerrar las válvulas

del sistema que abastece de agua al DF (8.2.05); Acuerdan mazahuas mantener huelga de hambre y agua por tiempo indefinido (14.6.05); Mazahuas acusan al gobierno de querer privatizar el agua (4.12.05); Marchan miles de activistas en defensa del recurso / El agua, derecho humano, exigen en varios idiomas / Arrestan a jóvenes encapuchados por generar violencia (17.3.06); Ambientalistas plantan árboles con mazahuas (15.7.07)

6 ¿El mismo problema en la capital?

Schwerpunkt: Interkulturelles Lernen
Sozialform: EA und GA
Übungsform: Hörverstehen und Rollenspiel

Hörtext (Track 17–20):

Aquí siempre tenemos el problema del agua, que si llegó, que si no va a haber, que si está sucia. Mire nomás, la otra vez se nos enfermó un niño de diarrea y casi se nos muere por tomar esa agua tan amarilla. Cuando nos llega bastante, le hablo a mis hijos y entre todos llenamos botellas de agua y todo lo que podamos para tener agua una semana.

Nos dijeron que la bomba de agua tiene problemas y por eso a veces no hay agua durante muchos días. Lleva así desde que yo era niño y nunca la cambian por otra nueva. A nosotros los que vivimos en zonas pobres de la Ciudad no nos dan nada, y mire, a los que viven allá, a los ricos nunca los escucho decir que les falta agua.

Cuando mi papá nos trajo para la ciudad, aquí no había nada. El agua la teníamos que traer mi mamá y yo de un canalito que pasaba por allá… Todos nosotros, mi familia, los vecinos, tomábamos de esta agua, nunca nos faltó. Luego pusieron una planta de agua y nos cerraron el canal. Nos dijeron que nos iban a mandar una pipa[1] para darnos agua. Y al principio, sí, funcionó. Venían los martes. Pero luego ya no más una vez cada quince días y así no. Con tanta gente aquí se acaba bien rápido. No todos alcanzamos. Y a veces llega la pipa cuando uno está en el trabajo o los niños están en la escuela y no hay nadie en casa y hay que esperarse hasta que vuelvan a venir. Y luego sí que abusan los de la pipa. Primero nos pedían que uno o dos pesos de propina, ahora si uno no les da cincuenta no nos dan nada.

[1] **una pipa** un camión que lleva agua potable a zonas pobres

Es como no tener nada. Sí, tenemos casa y comemos bien. Pero imagínese usted que tomar una ducha, lavar la ropa ya son cosas de lujo para nosotros. Tenemos que ahorrar mucho. Hay veces que hasta para lavarnos la cara usamos del agua que se compra en botellas y que está muy cara, porque no hay otra. Aquí, si le pregunta a cualquiera, le va a decir que el agua que usa para bañarse, luego la usa para lavar platos o para limpiar el piso. No nos queda de otra.

No es que no paguemos. Claro que les damos a los jóvenes, esos que nos traen el agua en la pipa. Pero el agua nos llega amarilla y huele mal. No siempre, pero… ¿qué vamos a hacer cuando uno de nuestros muchachos se enferme porque el agua está mala? Si tenemos que pagarla tan cara, pues que nos la den limpia. Uno no se siente a gusto bebiendo eso.

a Lösungsvorschlag:
1. El agua está amarilla y sucia y por eso se enfermó un niño. A veces no hay agua durante muchos días.
2. Antes tomaban el agua de un canalito, pero ahora ya no hay porque pusieron una planta de agua. Prometieron mandar una pipa, pero el agua de la pipa no alcanza para todos.
3. No tienen agua para ducharse y lavar la ropa. A veces tienen que usar agua de botella para hacer eso.
4. El agua llega amarilla, y huele mal, cuesta mucho.

b Lösungsvorschlag:
Pagamos, pero no recibimos agua. / Y la poca agua que llega está sucia. / Tenemos que comprar agua en botellas. / El gobierno no hace nada para nosotros. / ¿Qué podemos hacer nosotros? / Deberíamos hacer algo como las mazahuas para que nos escuchen.

7 El Santuario de la Mariposa Monarca

Schwerpunkt: Textanalyse
Sozialform: EA oder PA
Übungsform: Freies und gelenktes Schreiben

a Lösungsvorschlag:
Las mariposas le sorprendieron porque consiguieron cambiar el comportamiento de la gente. Las mariposas son muy pequeñas pero son tantas que la gente se pone muy feliz porque ver miles de mariposas es un espectáculo. Esto no siempre es así, las mariposas están de enero a marzo en Valle de Bravo y después se van. También el reportero dice que regresan todos los años.

b Lösungsvorschlag:
El estilo del artículo «México única en su tipo» es científico lo cual se ve en el vocabulario técnico. Pero el autor usa preguntas (retóricas) y la primera persona singular para convencer al lector. Este artículo sobre las mariposas es más literario, usa metáforas como «una nube de colores» etc. y habla de sentimientos. Las mariposas son como personas, por ejemplo cuando el autor habla de su «domicilio veraniego».

8 Sobrevolando fronteras

Schwerpunkt: presente y imperfecto de subjuntivo
Sozialform: EA
Übungsform: Transformationsübungen

a
1. que las mariposas pesen …; 2. que vuelen …; 3. que su camino vaya … ;
4. que vuelen …; 5. que cubran …; 6. que estudien …; 7. que tengan …; 8. que vivan …; 9. que haya seguido …

b
1. que las mariposas pesaran …; 2. que volaran …; 3. que su camino fuera…;
4. que volaran …; 5. que cubrieran …;
6. que estudiaran …; 7. que tuvieran …;
8. que vivieran …; 9. que hubiera seguido …

9 Economía contra ecología

Schwerpunkt: Verstehen und Kommentierung eines multimedialen Textes
Sozialform: PA und UG
Übungsform: Textarbeit mit dem zweisprachigen Wörterbuch, mündlich oder schriftlich

a Lösung: s. Tabelle unten

poesía	comentarios de Manolito
Primavera	¡Como si la primavera cambiara la situación!
La primavera es la más alegre de las estaciones.	¡Como si el déficit se arreglara con carcajadas!
Las plazas y jardines se cubren de flores.	¡Como si la inflación se frenara con margaritas!
Desde lejanos países llegan las golondrinas.	¡Como si la balanza de pagos se nivelara con pajaritos importados!

3 Unidad

b Lösungsvorschlag:
¡Por Dios! / ¡Dios mío!

c Lösungsvorschlag:
Economía y ecología pueden ser amigos. Por ejemplo, los turistas desean ver a la mariposas y van a Valle de Bravo y con esto se gana mucho dinero. También si el gobierno usa bien el agua y otros recursos, también se ahorra dinero etc. La salud de los trabajadores también es un factor. …

10 Un cuento corto

Schwerpunkt: Inhaltsangabe und Analyse eines literarischen Textes
Sozialform: EA und GA
Übungsform: Schreiben, präsentieren und diskutieren

a En el micro-cuento «El monte» de Max Aub una montaña desaparece de un día al otro. El protagonista, un campesino, se da cuenta de este cambio y se alegra porque la montaña no le ha gustado nunca. Su mujer está de acuerdo. Ella piensa que este cambio hará más fácil su vida social.

b La reacción de Juan y su esposa me parece muy rara. Los dos no piensan ni en el porqué del cambio ni en las consecuencias. No entiendo el cuento … /
Entiendo perfectamente que el monte es algo que parece que siempre va a estar ahí, pero luego se va y desaparece. A pesar de eso, uno debe ver lo bueno. Hoy vivimos también cambios enormes, como el cambio climático o el cambio político después del fin del comunismo en Rusia y otros países. Todos los días cambia algo, a veces cambian cosas que pensamos que no cambiarían nunca, pero debemos aceptar que eso es normal.

c Las enumeraciones subrayan los sentimientos del campesino pero – como son muchas – los hacen parecer ridículos. Enumerando las dos frases «que valía la pena» y «de acuerdo con sus ideas» el autor muestra que la gente como Juan sólo pone valor a las cosas que están de acuerdo con sus ideas. Sólo se preguntan si en este momento son útiles para ellos.

d Pero a los tres días el monte había vuelto. La mujer se puso feliz y el hombre pensó que era mejor comprar una casa en otro pueblo. Se fueron de ahí.

Taller

Muras, murales y grafitis

Schwerpunkt: Graffitis interpretieren
Sozialform: PA/GA und UG
Übungsform: über Graffitis sprechen (a); Graffitis fotografieren, beschreiben und vorstellen

a

Interpretación de los grafitis
A No necesitamos pedir permiso para ser libres Grafiti por la igualdad de mujeres
B Venezuela dice: ¡No! al Plan contra Colombia El "Plan Colombia" es un plan de ayuda de los EE. UU. a Colombia para combatir el narcotráfico y fortificar la democracia del año 1999. Venezuela está en contra porque lo considera "imperialista".
C Los obreros no tienen nada que perder solo las cadenas que lo(s) atan al capitalismo Grafiti con mensaje socialista.

b Individuelle Lösungen

Lösungen CDA

1 Divertirse en la gran ciudad

Schwerpunkt: Inhaltssicherung Lektionstext und Wortschatzumwälzung
Sozialform: EA
Übungsform: aus Lektionstext gezielte Information entnehmen (a), bekanntes Vokabular zum Thema suchen (b), Hörverstehen zum Thema (c), eigene Meinung zum Thema (d)

a En el texto (pág. 38) Ángel habla de «acontecimientos culturales». Según lo que dice, en una ciudad grande hay muchos acontecimientos culturales, es decir hay mucho programa cultural.

b Lösungsvorschlag:
acontecimientos culturales: ir a una exposición, ir al cine / a un cinema de aire libre, ir al teatro (*Theater*), ir a la ópera, ir a un museo, ir a la discoteca, ir a bailar, ir al circo (*Zirkus*), ir al parque de aventuras, ir a un festival, p. ej. un festival de cine, ir a un concierto (en un bar, en un lugar público).

c Hörtext (Track 12):
Reportero: … Son las cinco y media, queridos radioescuchas, y como cada viernes les informamos a continuación de lo que podrán visitar este fin de semana en la gran ciudad, en su ciudad …
A todos aquellos a quienes les guste la música, les encantará también asistir esta noche al Bulldog Café para escuchar a Fobia en compañía de Elohim de Moderatto y DiscoRUIDO! Pero si prefieren algo más tranquilo, les recomendamos que no se pierdan la exposición fotográfica de los Museos de la Ciudad de México. En ella se muestran sus fachadas, un poco de sus salas y sus principales exhibiciones. Así, podrán decidir qué museos les agradaría más conocer. Ya saben que la mayoría de los museos de la ciudad abren de martes a domingo, a partir de las 10 de la mañana y hasta las cinco de la tarde. ¡Pero los domingos, la entrada es libre! ¿Y qué tal les vendría una tarde de circo?

vivir en una gran ciudad	vivir en un pueblo
– una hora para ir de un lugar al otro en metro	– se puede ir en bicicleta de un lugar al otro
– muchos acontecimientos culturales	– a veces hay teatros ambulantes (*Wanderbühnen*)
– muchas posibilidades de salir por la noche: hay conciertos para todos los gustos (rock, pop, hard-rock, R&B o clásico)	– una discoteca o un bar en el pueblo / la ciudad
– diferentes posibilidades de pasar el tiempo libre	– a veces es necesario ir a otra ciudad para divertirse, por ejemplo para hacer curso de baile (*Tanzkurs*)
– difícil conocer a alguien	– fácil de conocer a gente, p.ej. en un festival adonde viene todo el pueblo
– hay ruido	– descanso
– no hay naturaleza, sólo es posible pasearse por los parques públicos	– vivir en armonía con la naturaleza: pasearse por las montañas, bosques …
– el aire es malo y a veces provoca alergias	– el aire está limpio
– los alimentos vienen de lejos	– alimentos vienen del campesino que vive cerca
– la renta es muy cara	– vivir en una casa grande es normal
– normalmente hay mucho tráfico, y eso es peligroso para los niños	– hay poco tráfico, por eso los niños pueden jugar en la calle
– hay mucha violencia (*Gewalt*), por ejemplo en lugares públicos	– hay menos violencia
– a veces se forman bandas de barrio	– todos los jóvenes se conocen
– hay mejores posibilidades de formación escolar: p.ej. en una escuela bilingüe	– la misma formación escolar para todos

Unidad 3

		V	F
1.	Son las siete y media de la tarde del sábado.		X
2.	El locutor informa sobre lo que se podrá hacer este fin de semana en Ciudad de México.	X	
3.	Fobia y DiscoRUIDO se pueden escuchar en el Auditorio.		X
4.	En los museos de Ciudad de México hay una exposición de estatuas.		X
5.	El locutor no recomienda la exposición.		X
6.	Los museos están cerrados los lunes.	X	
7.	La entrada a los museos es gratuita los domingos.	X	
8.	Karpa de Mente es un grupo musical.		X
9.	El circo está en la plaza de un museo.	X	

La Karpa de Mente, ubicada en la plaza principal del Museo Anahuacalli, hace parte de la puesta en escena de «Regresa a mis pies», que trata la vida diaria del hombre dentro del entorno urbano y está ambientada en un callejón. Pero esto no es todo, también tenemos actividades para los que viven al noroeste de la ciudad. Con el propósito de brindar un nuevo espacio a la expresión cinematográfica, el Auditorio Nacional proyectará el domingo, durante todo el día, los cortometrajes «Solkatten», «Usar y tirar», «Amigo no gima» y «Cierra tus pequeños ojos». El evento será gratuito. Hagan lo que hagan este fin de semana, pásenlo bien y no se olviden de sintonizarnos el lunes otra vez …

Siehe Tabelle S. 36.

d Lösungsansätze: Siehe Tabelle oben.

2 ¡A conjugar!

Schwerpunkt: Festigung der Formen des *imperfecto de subjuntivo*
Sozialform: EA
Übungsform: Kreuzworträtsel zur Formenbildung

Siehe Gitterrätsel:

(Kreuzworträtsel mit folgenden Lösungen: 3 PUSIERAIS, 12 LLOVIERA, 4 CUIDARAS, 6 VIVIERAIS, 1 FUERAN, 8 BEBIERAN, 7 TRAJÉRAMOS; senkrecht u. a. SUPIERA, AYUDASE, TUTUREARA, HICIERA, MURIERAIS, CREYERAIS)

3 ¿Una buena idea?

Schwerpunkt: Formen des *imperfecto de subjuntivo* und *pluscuamperfecto de subjuntivo*
Sozialform: EA
Übungsform: Lückentext

Querido Ángel:
Me pregunto si he hecho bien en mudarme al pueblo. Me gustaría que **hubiera** un cine, y que el supermercado no **estuviera** tan lejos. Todo sería más fácil si las tiendas no **cerraran** a las seis. ¡Por suerte hay un mercado todas las semanas! El otro día tuve un problema con mis vecinos después de la fiesta. Me pidieron que no **celebrara** más fiestas, que, si no, llamarían a la policía. Si lo **hubiera sabido**, nunca en mi vida **me hubiera ido** a vivir al campo. Desearía poder ver a mis amigos más veces! ¿Sería posible que **vinieras** a visitarme el próximo fin de semana?
Un fuerte abrazo, Carmen

4 ¿Qué pasaría si …?

Schwerpunkt: Irreale Bedingungssätze
Sozialform: EA
Übungsform: anhand von Bildimpulsen Sätze nach angegebenem Muster bilden

2. Si todo el año fuera Navidad, todo el día sería fiesta/día festivo. / Si todo el día fuera fiesta/día festivo, no tendría que ir al instituto. / Si no tuviera que ir al instituto, podría quedar con mis amigos cada día. / Si pudiera quedar con mis amigos cada día, tendría una vida muy feliz.
3. Si nunca lloviera, no crecería ninguna planta. / Si no creciera ninguna planta, no tendríamos cosecha. / Si no tuviéramos cosecha, no tendríamos nada que comer. / Si no tuviéramos nada que comer, nos moriríamos.
4. Si pudiera viajar, iría de un lugar a otro. / Si me fuera de un lugar a otro, vería el mundo entero. / Si viera el mundo entero, conocería a mucha gente. / Si conociera a mucha gente, sería alguien famoso/-a.
5. Si me hubiera quedado en casa esta mañana, no habría jugado al fútbol con Juan. / Si no hubiera jugado al fútbol con Juan, (él) no habría corrido a la carretera. / Si Juan no hubiera

A	B	C
1. Me gustaría que	vinieras a verme	el domingo.
2. Sr. López, le rogaría que	me informara	sobre los horarios de los trenes.
	tuviera	paciencia.
3. Desearíamos que	nos informaran	sobre los horarios de los trenes.
	nos ayudaran	mañana.
	nos acompañaran	al cine.
	nos dijeran	la verdad.
	nos escucharan.	
4. ¿Preferiríais que	os acompañáramos	al cine / a casa?
5. Te pediría que	me dijeras	la verdad.
	me tutearas.	
	me acompañaras	a casa.
6. Yo en tu lugar, esperaría a que	nos informaran	sobre los horarios de los trenes.
	me acompañara	a casa.
	me diera	más tiempo.
	viniera	mi amiga.
7. ¿Existiría la posibilidad de que	me informara	sobre los horarios de los trenes?
	me escuchara?	
	viniera	a casa por la tarde?
	me diera	más tiempo?

3 Unidad

corrido a la carretera, no habría tenido un accidente. / Si no hubiera tenido el accidente, no estaría en el hospital ahora.

5 Le rogaría que me ayudara a subir mi maleta a la habitación

Schwerpunkt: Gebrauch des *imperfecto de subjuntivo*
Sozialform: EA, PA
Übungsform: aus Sentence Switchboard Sätze bilden

a Siehe Tabelle S. 38 unten.

b Individuelle Lösungen

6 La ley del muro

Schwerpunkt: Sprachmittlung, Leseverstehen
Sozialform: EA, PA
Übungsform: spanischer Artikel im Deutschen zusammenfassen (a), Wortschatz erschließen (b)

a Der Präsident der Vereinigten Staaten, George Bush, hat ein Gesetz unterschrieben, mit dem die illegale Einwanderung in die USA gestoppt werden soll: er möchte an der Grenze zu Mexiko eine Mauer bauen lassen. Diese verläuft vom Golf von Mexiko bis zum Pazifik. Außerdem sollen Schranken und Grenzposten errichtet werden. Der Präsident von Mexiko, Vicente Fox, sieht darin ein schlechtes Zeichen. Er verglich die Errichtung der Mauer zu Mexiko mit dem Berliner Mauerbau im Jahre 1961.

„La ley del muro", wörtlich übersetzt: „das Gesetz über die Mauer" sieht vor, an der Grenze der Vereinigten Staaten zu Mexiko eine Mauer von 1100 Kilometer bauen zu lassen. Damit soll die illegale Einwanderung eingedämmt werden.

b Lösung:
1. autorizar (l.1):
autorisieren, bevollmächtigen
(von dt. autorisieren)
2. la polémica (l. 3):
die Polemik, der Meinungsstreit
(von frz. polémique = streitbar, kriegerisch)
3. indocumentados,-as (l. 3):
ohne (Ausweis)Papiere
(span. sin documentos)
4. la oposición (l. 4):
die Opposition
(lat. opponere)
5. el / la demócrata (l. 5):
der Demokrat / die Demokratin
(engl. democrat)
6. el / la republicano,-a (l. 5):
der Republikaner / die Republikanerin
(engl. republican)
7. el / la presidente (l. 5):
der Präsident / die Präsidentin
(engl. president, frz. le président)
8. la reforma (l. 10):
die Reform, die Umgestaltung
(frz. la réforme)
9. la ceremonia (l. 11):
die Zeremonie
(frz. la cérémonie)
10. fronterizo,-a (l. 15):
angrenzend
(span. la frontera)
11. la barrera (l. 18):
die Schranke
(frz. la barrière)
12. la nación (l. 21):
die Nation
(frz. la nation, engl. nation)

c Con la nueva ley, los EE. UU. ahora pueden construir un muro que cubrirá todos los Estados fronterizos con México. Con este proyecto el gobierno quiere frenar la entrada de inmigrantes indocumentados. Para controlar mejor la frontera, el gobierno quiere además establecer barreras para vehículos y puntos de control. Vicente Fox piensa que el proyecto es un acto de "hipocresía" para una nación creada por inmigrantes. Según él, México y los EE. UU. son dos naciones vecinas pero también hermanas y socias.

7 ¡Dime en dos minutos…!

Schwerpunkt: über Thema aus Übung 6 diskutieren
Sozialform: PA, GA
Übungsform: aus der Perspektive eines Mexikaners / Nordamerikaners Problem diskutieren (a), Festigung der Diskussionsstrategien (b)

Individuelle Lösungen

Con estas expresiones puedo …
… expresar un desacuerdo
No estoy de acuerdo contigo / con vosotros / con ustedes.
No veo las cosas como tú / usted.
No es verdad que… - subj.
Bueno, pero…

8 Gringos y mexicanos

Schwerpunkt: Erweiterung des Themas: Vorurteile, Festigung von Clichés
Sozialform: EA
Übungsform: Auseinandersetzung mit Clichés, hier: Witze über Mexikaner und Nordamerikaner

1. Individuelle Lösungen

2.

el típico americano
– no sabe construir frases: utiliza el infinitivo
– tutea al mexicano
– le habla de amigo
– materialista: lo más importante para él es ganar dinero (tener grandes cosechas y vender más / comprar ganado / reproducir / ganar más dinero / tener una casita bonita)

el típico mexicano
– le habla de jefe
– idealista: los más importante para él es vivir tranquilo
– típico en los chistes: gente de Latinoamérica se encuentra siempre a la sombra de un árbol descansando.

3. En Alemania hay muchos chistes sobre la gente de Ostfriesland (en el norte de Alemania) o sobre la gente de Alemania del Este. Muy a menudo se hacen chistes sobre pueblos que no conocemos muy bien y de los cuales nos hacemos ideas muy raras. A veces son pueblos de los que se dice que son tontos.

9 ¡Me ha tocado el gordo!

Schwerpunkt: vermischte Übung
Sozialform: GA
Übungsform: spielerische Anwendung der Kollektivzahlen, Festigung realen und irrealen Bedingungssätze

Individuelle Lösungen

Unidad 4

4 Culturas antiguas y sus herederos

Übersicht

Themen	Kommunikative Fertigkeiten	Sprachliche Mittel	Methodenkompetenz
Primer paso • Präkolumbische Kulturen in Mittelamerika	• Eine Landkarte interpretieren		
Recursos • Die Eroberung Tenochtitlans • Emiliano Zapata und die Mexikanische Revolution	• Über historische Gegebenheiten sprechen • Wünsche äußern • Eine Geschichte nacherzählen	• *Pretérito imperfecto de subjuntivo*: Zeitenkonkordanz in Nebensätzen • *Pretérito imperfecto de subjuntivo* nach Konjunktionen und in Relativsätzen • Passiv • Ersatzformen des Passiv	
Panorama • Kämpfer für die Rechte der Indios	• Einen Text zusammenfassen • Über das Für und Wider politischer Bewegungen sprechen • Urteile gegeneinander abwägen		• Eine Inhaltsangabe schreiben
Taller • Frida Kahlo	• Personen beschreiben		

Primer paso und Recursos	
1. Einstieg und Hinführung zum Thema: Einführung in das Thema der indigenen Kulturen Mexicos anhand von Symbolen, einer Karte und einem Zeitstrahl: SB Primer paso, Folie 1	SB L-CD (Track 21) Folien
2. Textpräsentation und -erarbeitung in Abschnitten	SB; S-CD (Track 13–14)
3. Inhaltssicherung: SB 1, 2, CDA 1	SB, CDA
4. Sicherung von Wortschatz und Redemitteln: Erschließung von neuen Wörtern SB S. 51 Wiederholung der neuen Wörter KV S. 102	SB Kopien
5. Übungen zur Erarbeitung und Festigung der Grammatik: Entdeckendes Lernen: CDA S. 81, CDA 4 Der Gebrauch des *Imperfecto de subjuntivo*: SB 6, 7 Das Passiv: SB 4, 5, CDA 3, 4	SB CDA
6. Hörverstehen: La historia de la Malinche: SB 8; Ergänzung: Folie 2 CDA 1, 2	SB, L-CD (Track 22) Folien CDA, S-CD (Track 15–20, 21)
7. Landeskunde / interkulturelles Lernen: La Conquista de Tenochtitlan SB S. 50 La Revolución Mexicana SB S. 50 Interkulturelles Rollenspiel KV S. 104	SB Kopien
8. Übungen zur Zusammenfassung und Wiederholung: Anlegen eines Wortfeldes und Wiederholung der Inhalte von la Conquista de Tenochtitlan aus verschiedenen Perspektiven: SB 3	SB
9. Methodenkompetenz: Wiederholung: Wortschatz erschließen S. 51	SB, Download
10. Übungen zur Selbstkontrolle: CDA S. 82	CDA
Panorama und Taller	
1. Aufgaben zu den authentischen Materialien • Interview: Entrevista al Subcomandante Marcos SB 1 Leseverstehen (a), Diskussion (b), Schreiben (c), Ergänzung: Folie 3 • Zeitungsbericht: Maná llama a globalifóbicos a evitar violencia en Cancún SB 2 Leseverstehen (a), Reflexion / Diskussion (b), Detailverstehen (3a, b), Transfer (3c)	SB Folien
2. • Sicherung von Wortschatz und Redemitteln: SB 3a	SB

4 Unidad

3. Methodenkompetenz: Lerntechnik: Ein Resumen schreiben, Redemittel zur Strukturierung SB S. 55 Wiederholung: Umgang mit Hörtexten SB 4	SB, Download
4. Hörverstehen • Radiosendung (authentischer Hörtext): Los indígenas en Latinoamérica: SB 4 Globalverstehen (a), Detailverstehen (b, c), Interpretation (c) Vorentlastung oder Nachbearbeitung des Wortschatzes KV S. 105 • [Lied: La Adelita SB 5 Hörverstehen (a), Interpretation (b, c), kreatives Schreiben (6)]	SB, L-CD (Track 23) Kopien L-CD (Track 24)
5. Kommunikation Redemittel zur Beschreibung von Personen und Bildern: Frida Kahlo SB S. 59	SB
6. Landeskunde / interkulturelles Lernen: Texte: Informationen zur Zapatistenbewegung, Subcomandante Marcos und Che Guevara S. 54 Rigoberta Menchú, Nina Pacari S. 57	SB
7. Projekte fürs Sprachenportfolio: Taller 4d: Frida Kahlo (Collage), Erweiterung: Folie 4	SB Folien

Hinweise zu den Bildfolien

Folie 1 - ¿Qué será?
Die Folie zeigt einige Figuren aus dem aztekischen Kalender. Dies wird aber nicht gleich verraten. Die S sollen zuerst erkennen bzw. raten, was diese Figuren darstellen. Dann stellen sie Vermutungen darüber an, welche Funktion diese Zeichen haben.

Abgebildet werden folgende Figuren: mono; perro; conejo; muerte; serpiente; lagartija *(Mauereidechse)*; casa; flor; águila; ocelote *(Ozelot, Raubkatzenart)*

Folie 2 – Malinche
Es handelt sich um die Bilder der Übung 8, Unidad 4, S. 53. Hier stehen die Bilder in der chronologischen Reihenfolge. Die Folie kann für den Teil b der Übung 8 benutzt werden, vor allem wenn L sich für eine mündliche Durchführung der Aufgabe entscheidet.

Folie 3 - Indígenas hoy
Die Folie zeigt den heutigen Alltag von *indígenas* in Mexiko.
Leitfrage:

¿Cómo son y cómo viven los indígenas en México hoy?

Folie 4 - Personas
Die Folie nimmt das Redemittelkästchen zur Personenbeschreibung vom Taller, S. 59, wieder auf, bzw. kann vor dem Taller eingesetzt werden. Die Personen können im UG oder in GA/PA beschrieben werden. Möglich ist auch, die S beschreiben und raten zu lassen.

Lösungen Schülerbuch

Primer paso

1 El calendario azteca

Schwerpunkt: Hörverstehen (a); Sprachmittlung: spanisch - deutsch (b); Sprechen (c)
Sozialform: EA (a); PA (b, c)
Übungsform: Informationen aus einem Hörtext entnehmen (a); den Inhalt auf Deutsch widergeben (b); den Kalender erklären

a Hörtext (Track 21):
Cuando Hernán Cortés llegó a México, encontró que las culturas de Centroamérica utilizaban dos calendarios: uno civil basado en el sol, de 365 días como el nuestro y otro místico, de 260 días, que se usaba para hacer predicciones sobre el futuro y horóscopos. Según este último calendario, el año tenía 13 meses de 20 días cada uno. Los aztecas combinaban los dos calendarios y así llegaban a un ciclo de 52 años solares. Se trata de un sistema que fue inventado por los olmecas hace unos 35 siglos y después fue utilizado por varias culturas de Mesoamérica, como por ejemplo los mayas, los zapotecas y los aztecas.
Los veinte días que formaban un mes tenían nombres que estaban representados por una serie de dibujos o glifos, así por ejemplo un día estaba representado por la lluvia, otro por el agua y otro por el perro.

Lösungsvorschlag:
Las culturas de Mesoamérica utilizaban este calendario, como por ejemplo los mayas, los zapotecas y los aztecas.
El año se dividía en 13 meses, de 20 días cada uno.
Los nombres de los días estaban representados por una serie de dibujos y significan, por ejemplo, lluvia, agua o perro.
52 años formaban un ciclo.

b Lösungsvorschlag:
Der aztekische Kalender umfasst 260 Tage. Das Jahr hat 13 Monate mit jeweils 20 Tagen. Die 20 Tage werden durch Zeichnungen, die u.a. Regen, Wasser oder Tiere darstellen, repräsentiert.

Aquí hay una lista de los días. En clase se puede discutir qué símbolos son reconocibles.

Siehe Tabelle 1, Seite 42.

c Lösungsvorschlag:
El año que se usa actualmente se basa en el sol y tiene 12 meses. Cada mes tiene 30 ó 31 días, menos el mes de febrero, que tiene 28. Otras unidades son la semana, que tiene 7 días. Un ciclo de 100 años solares se llama siglo. Pero como este calendario no es totalmente muy preciso, existen los años bisiestos, años de 366 días, cada cuatro años.

2 Las antiguas culturas indígenas

Schwerpunkt: Landeskunde: indigene Kulturen Mittelamerikas
Sozialform: PA / GA
Übungsform: Lesen einer Karte und eines Zeitstrahls

a Los aztecas y los mayas eran las culturas que más extensión tenían. Las que más perduraron en el tiempo fueron los zapotecas, los mixtecas y los mayas.

b Los países actuales por los que se extendían estas culturas son México, Belice, Guatemala El Salvador y Honduras.

Unidad 4

3 El viejo y el nuevo mundo

Schwerpunkt: Interkulturelles Lernen
Sozialform: GA / UG
Übungsform: Über den Begriff „Neue Welt" diskutieren

Individuelle Lösungen
ein paar Argumente / Redemittel vorgeben:
Creo que el término «nuevo mundo» no es bueno / correcto porque América / el continente americano tiene culturas muy antiguas.
Creo que el término «nuevo mundo» es eurocentrista porque en América hay culturas muy antiguas, también en Asia (los chinos) y en África.

Hinweis:
Es bietet sich an, vor der Diskussion Redemittel zu sammeln und ein paar Schlüsselbegriffe vorzugeben (el término, perspectiva, eurocentrista, descubrimiento de América, …)

Recursos

1 Vuestros idiomas os ayudan

Schwerpunkt: Worschatz
Sozialform: EA / PA
Übungsform: Neue Wörter im Text suchen und über andere Sprachen erschließen

Lösungsvorschlag:
Siehe Tabelle 1.

Tabelle 1

español	alemán	inglés	francés	latín
prisionero		prisoner	prison	
considerar			considérer	considerare
emperador			empéreur	imperator
figura	Figur	figure		
conquistador		conqueror	conquérant	
capital		capital	capitale	
leyenda	Legende	legend	légende	
conquistar		conquer	conquérer	conquirere
fundar			fonder	
inteligencia	Intelligenz	intelligence	intelligence	
civil	zivil	civil	civil	civilis
mensajero		messenger	messager	
abuso		abuse	abus	
dictadura	Diktatur			
constituir		constitute	constituer	constituere
intérprete		interpreter	interprête	
traductor			traducteur	
defender		defend	défendre	defendere
asesinar		assassinate	assasiner	

2 Rescatar detalles

Schwerpunkt: Detailverstehen
Sozialform: EA
Übungsform: Informationen zu Orten und Personen aus dem Text entnehmen

Lösungsvorschlag:
Tenochtitlan: La capital del imperio Azteca se fundó en 1325. Se convirtió en una ciudad con mucho poder y una de las más grandes del mundo, 500.000 habitantes, fue gobernada por emperadores hasta el año 1521; el 8 de noviembre de 1519 los españoles entraron en la ciudad.
Tabasco: Fue una región conquistada por Cortés. En esta región le fueron regaladas algunas mujeres a Cortés.
Malinche: Fue una de las mujeres regaladas a Cortés, es una figura central de muchas leyendas, que la presentan como a una traidora, un mujer de gran inteligencia, además conocía varias lenguas indígenas, y se volvió intérprete y traductora de Cortés.
Veracruz: Es una ciudad fundada por Cortés. Por esta ciudad pasaron los españoles antes de llegar a Tenochtitlan.
Moctezuma: Fue un tlatoani azteca, creía que los españoles habían sido mandados por los dioses, les ofreció regalos para pedirle a Cortés que no continuara con la marcha, en 1519 fue hecho prisionero, fue asesinado por los propios aztecas por no haber defendido la ciudad, fue considerado un traidor.
Hernán Cortés: Conquistador español, conquistó la región de Tabasco, fundó la ciudad de Veracruz, el 8 de noviembre de 1519 entró en Tenochtitlan con sus hombres.
Porfirio Díaz: Fue un dictador en México.
Emiliano Zapata: Revolucionario, líder de los campesinos en el sur de México, nació en Morelos en 1883, fue educado en una familia de campesinos, vio las injusticias del gobierno con los campesinos, deseaba que desapareciera la desigualdad en el campo, tomó las armas para que los campesinos recuperaran sus tierras, exigía que se respetaran los derechos de los indígenas y se hicieran leyes de igualdad, comenzó su lucha a los 23 años, fue asesinado en Chinameca en 1919. Es visto como un gran héroe en México y otros países latinoamericanos, su vida es tema de leyendas, pinturas y canciones, el Ejército Zapatista de Liberación se basa en su ideología.
Jerónimo de Aguilar: Fue con Malinche intérprete y traductor de Cortés.
Chimaneca: Fue el lugar donde Zapata fue asesinado en 1919.

3 Mapas de guerra

Schwerpunkt: Wortschatz
Sozialform: EA (oder PA)
Übungsform: Mindmap zum Wortfeld *guerra* (a), Verwendung des Vokabulars in einem Dialog (b)

a Lösungsvorschlag:
Siehe mindmap, S.43.

b
Malinche: Ahora Moctezuma va a conocer a Cortés. Moctezuma debe tener mucho miedo. Dicen los aztecas que es un mal gobernante. Espero que los hombres de Cortés no le tengan miedo a Moctezuma. Creo que Cortés está muy sorprendido. No esperaba ver a un hombre tan diferente. Tal vez Cortés es de un lugar muy diferente al nuestro. Ahora Cortés ve a Moctezuma, creo que está un poco nervioso.

Moctezuma: Ese señor debe irse pronto. Tal vez está enfermo. Su ropa es muy diferente. Es posible que Cortés sea un dios. Nunca había visto un hombre así. Tiene mucho pelo en la cara. Habla una lengua muy rara. Le voy a dar muchas mujeres y cacao, después Cortés se tiene que ir. No me parece un hombre simpático.

Indígenas de Tabasco: Los aztecas van a recibir a ese hombre raro, espero que no tengan problemas. Esos hombres hablan algo muy raro. Nadie los entiende. Sus

4 Unidad

```
                construir un sistema
                    democrático
  una ley   recuperar algo                    la marcha    la defensa
     el abuso        una revolución   la igualdad        un héroe
        un derecho
                                                    la desigualdad
   un movimiento                      GUERRA                        pelear
               una guerra civil                            conquistar ↔ defender
                                                 rebelarse
      mejorar la situación
                         un objetivo      la lucha    un líder    tomar las armas
         tomar una ciudad
                                        la injusticia
                         un conquistador           un prisionero
```

ropas son muy pesadas. Tienen cabellos diferentes. Tal vez estos hombres vengan del sur.

4 Los acontecimientos históricos

Schwerpunkt: Passiv
Sozialform: EA / UG
Übungsform: Sentence Switchboard

a Tenochtitlan fue fundada en 1325; Emiliano Zapata fue asesinado en 1919; La vida de Zapata fue utilizada como tema de pinturas y canciones; La región de Tabasco fue conquistada por Cortés en 1519; La Malinche fue presentada como una traidora; El Imperio Azteca fue gobernado por tlatoanis.

b El sistema de números se basaba en el número 20 / Además, el cero se usó por primera vez por los mayas / La escritura maya se llamó «jeroglífica» / Hoy en día se compara con la escritura japonesa / La mayoría de los textos mayas ya se tradujo.

5 ¿Un mundo de hombres?

Schwerpunkt: Passiv
Sozialform: EA / UG
Übungsform: Vermutungen über Erfindungen anstellen

a Lösungsvorschlag:
A: Creo que el primer lenguaje de programación fue escrito por un hombre porque los hombres son mejores para las matemáticas.
B: Me imagino que los elementos quimícos Radio y Polonio fueron descubiertos por una mujer. Lo sé porque lo aprendí en clase de química.
C: Me parece que la minifalda fue hecha por un hombre porque a los hombres les gusta ver las piernas de las mujeres.
D: Creo que el lavaplatos fue inventado por una mujer porque ellas odian lavar los platos.
E: Me imagino que la olla exprés fue inventada por una mujer porque las mujeres no quieren pasar tanto tiempo en la cocina. Quieren hacer otras cosas.
F: Me parece que el paracaídas fue inventado por un hombre porque a los hombres les gusta hacer deportes de mucho peligro.
G: Creo que el queso Camembert fue preparado por una mujer porque las mujeres pasan mucho tiempo en la cocina y una descubrió una forma de hacer queso.
H: Me imagino que el primer filtro de café fue utilizado por un hombre porque a los hombres no les gusta tomar café con granos y uno buscó una forma de hacer mejor café.
I: Me parece que el limpiaparabrisas fue utilizado por una mujer porque a las mujeres les gusta tener todo limpio.
J: Creo que el juego monopolio fue inventado por una mujer porque las mujeres son muy buenas para los gastos de la casa.
K: Me imagino que la guardería fue creada por una mujer porque a las mujeres no les gusta estar todo el tiempo en casa con niños o bebés.

b Hinweis:
Alle Erfindungen wurden von Frauen gemacht, außer dem Schnellkochtopf. Die Schüler werden bei der Recherche automatisch auf neue Wörter stoßen wie: registrar, patente, inventor, -a.

Lösungsvorschlag:
A: El primer lenguaje de programación: Grace Hopper participó en varios proyectos y ayudó a desarrollar el lenguaje de programación COBOL en 1957.
B: Los elementos quimicos Radio y Polonio: El 18 de julio de Marie Curie comunicó su descubrimiento del Polonio, que fue llamado así por el país en el que ella nació. El 26 de diciembre de 1898, junto con Gustave Bémont descubrió el Radio.
C: La minifalda: La minifalda fue inventada por la diseñadora inglesa Mary Quant: se presentó en la revista Vogue en 1962.
D: El lavaplatos: En 1886 la americana Josephine Cochrane inventó un lavaplatos que funcionaba con agua.
E: La olla exprés fue hecha por Denis Papin en 1769. Mucho después otras personas mejoraron la olla para hacerla segura.
F: El paracaídas: A finales del siglo XIX la alemana Käthe Paulus inventó el paracaídas. A partir de 1893 realizó más de 100 saltos desde una altura de más de 1000 m. Es con ello una de las primeras mujeres que saltó en paracaídas.
G: El queso Camembert: Marie Fontaine Harel, campesina del pueblo Camembert en Normandía / Francia fue la primera que hizo este queso.
H: El primer filtro de café: Lo inventó Melitta Bentz (1873–1950), en Alemania en 1908
I: El limpiaparabrisas: Mary Anderson inventó el limpiaparabrisas en noviembre de 1903.
J: El juego monopoly: Elizabeth Magie Phillips inventó el juego. El primer nombre del juego fue *The Landlord's Game* (1904).
k: La guardería: La primera guardería se llamó «Engelgarten» y fue fundada el 1 de junio de 1828 por la condesa (*Gräfin*) Teréz von Brunszvik en Buda, Hungría.

Unidad 4

6 La educación de antes

Schwerpunkt: Wiederholung des *imperfecto de subjuntivo*
Sozialform: PA
Übungsform: Partnerbogen (Lückentext)

Lösungen im Schülerbuch zur gegenseitigen Kontrolle

7 La lámpara mágica

Schwerpunkt: Wiederholung des *imperfecto de subjuntivo* (nach Ausdrücken im Konditional)
Sozialform: EA
Übungsform: Sätze nach Bildimpulsen frei formulieren

a Lösungsvorschlag:
La chica:
Me gustaría encontrar un chico al que le gustara ir al cine / al que le gustara jugar al tenis / que tuviera 20 años / que tuviera un coche.
Me encantaría una persona con la que pudiera hablar de muchas cosas/ que fuera al mismo instituto que yo / a la que le gustara hacer deporte / que quisiera conocer otros países.
No me importaría que le gustara cocinar/ que no tuviera mucho dinero / que no fuera muy guapo y que pasara mucho tiempo con sus amigos.
Preferiría que no tuviera piercings / que le gustara la comida mexicana / que le gustara jugar con la play.
El chico:
Quisiera que fuera una chica que viviera cerca de mi casa / que fuéramos juntos de vacaciones / que tuviera unos padres simpáticos / que estudiara en mi instituto.
Desearía que pudiéramos vernos todos los días / que mis amigos le parecieran simpáticos / que fuera conmigo a la piscina / que me llamara por teléfono todos los días. etc.

b Individuelle Lösungen

8 La historia de la Malinche

Schwerpunkt: Zeichnungen in die richtige Reihenfolge bringen, Bilder beschreiben
Sozialform: EA
Übungsform: Schriftliche Übung

a a, f, b, d, c, e

b Hörtext (Track 22):

Andrés: Bueno, oye, ¿tú qué sabes de Malinche?
Belén: Pues es una figura con muchísimas leyendas.
Andrés: ¿Por qué leyendas? Yo leí que ella era una princesa y…
Belén: ¿Princesa? Pues, algo parecido. Recuerda que algunas cosas son sólo parte de la cultura europea. Bueno, es verdad que ella era de familia noble y rica.
Andrés: Yo sabía que su madre, luego de quedar viuda, se casó con otro hombre y vendió a su hija a los mayas.
Belén: Sí, en algunos escritos de la época se dice que fue así. En otros se dice que los padres eran unos nobles del Imperio Azteca y que perdieron una batalla contra los mayas. Por eso tuvieron que entregarles a su hija. Sabes, quizás nunca se sepa la verdad. Lo importante es que ella ayudó a Cortés porque era bilingüe y conocía las costumbres de los aztecas y también de los mayas. Además, tuvo un hijo con Cortés.
Andrés: Bueno, y tú que sabes tanto, cuéntame cómo murió.
Belén: ¡Ay Andrés! Ya te dije que muchas cosas de su vida se suponen. Pero bueno, te voy a contar lo que yo he escuchado. Las leyendas mexicanas cuentan que, después de la conquista de Tenochtitlan, la ciudad quedó destruida, nadie tenía casa, muchos niños se quedaron sin padres. La Malinche vio todo ese horror y se sintió triste y culpable, porque había ayudado a Cortés. Se volvió loca y por las noches iba gritando por toda la ciudad: «¡Ay mis hijos!, ¡Ay mis hijos!» Hasta que murió … Desde entonces se dice que cuando algo malo va a pasar, sale la Llorona, o sea, el fantasma de la Malinche: una mujer vieja con cabello blanco y muy largo. Y entonces se escucha en la calle: «¡Ay mis hijos!»
Andrés: Oye Belén, tú quieres que no duerma hoy, ¿verdad?
Belén: Además, ¿sabes qué? Parece que la Malinche fue asesinada en su cama. Cortés tuvo problemas con los Reyes y enfrentó un juicio. Tal vez mandó a matar a la Malinche. Pero, esto tampoco se sabe.
Andrés: ¡Ay qué triste! Yo conozco un final más feliz. Bueno, la leyenda que conozco dice que después de la conquista de México regresó a su pueblo y perdonó a su madre por todo lo que le había hecho y murió ahí.
Belén: Pues sí, en algunas leyendas posteriores a la época colonial se cuenta eso.
Andrés: Oye y ¿por qué se han revuelto tanto las historias?, ¿Por qué aparecen princesas, mayas, … Lloronas?
Belén: Fácil. El mestizaje no sólo es la unión de dos razas diferentes, sino también de sus culturas.

Lösungsvorschlag:
La Malinche es una mujer de muchas leyendas mexicanas. Parece que de pequeña la separaron de sus padres y luego se convirtió esclava de los mayas. Cuando llegó Cortés a México, ella fue regalada a Cortés. Era una mujer muy inteligente, que sabía muchas lenguas y por eso ayudó a Cortés. Ella fue intérprete y traductora de Cortés. Muchos mexicanos la consideran una traidora porque ayudó a Cortés y la leyenda dice que ella se sintió triste después de la conquista de Tenochtitlan y que se volvió loca. Creo que la Malinche no podía hacer otra cosa. Si no ayudaba a Cortés la mataban. Ella no sabía quién era Cortés. Tampoco sabía que los españoles sólo buscaban oro y no querían un contacto de amistad. Para mí no es mala ni buena. / La Malinche fue una tonta. Por eso los aztecas perdieron, porque la Malinche ayudó a Cortés. Tal vez si ella no hubiera ayudado a Cortés, los aztecas hubieran vencido a los españoles.

Panorama

1 El «Sub»

Schwerpunkt: Leseverstehen
Sozialform: EA, UG
Übungsform: Fragen zum Text (a); Interpretation und Diskussion (b); Fragen für ein Interview schreiben (c)

a Lösungsvorschlag: Porque Marcos siempre lleva un pasamontañas y no deja ver su cara.
- Marcos no muestra su cara porque es un guerrillero y no quiere que la gente conozca su cara / sepa quién es. Además quiere hablar por todos los indígenas y por sí solo.
- La identidad colectiva es la de una comunidad, donde todos tienen su lugar, no importa si eres blanco, mestizo o indígena.
- El movimiento zapatista quiere conseguir tierras para los indígenas y que se reconozcan sus derechos.

b Lösungsvorschlag:
Los dos son revolucionarios que han luchado por los derechos de los más pobres. El Che Guevara luchó en varios países de América Latina y murió en la lucha, mientras que Marcos sólo ha luchado en México, Chiapas. Creo que el Che y el Sub han sido comparados porque ambos luchan por más justicia

45

4 Unidad

social. Marcos dice que vivió en otra época que no se puede comparar con los problemas de hoy.

c Lösungsvorschlag:
¿Qué otras formas de luchar hay aparte de las armas? / ¿Ha mejorado la vida de los indígenas en los últimos años? / ¿Qué aspectos de la vida de los indígenas tienen que mejorar todavía? / ¿Piensa luchar por la justicia social en otros países también? / ¿Piensa escribir otro libro? / ¿Qué planes o proyectos tiene para el próximo año? / ¿Por qué lucha contra la globalización? / ¿Qué problemas causa la globalización en Chiapas? / ¿Qué ONG apoya más su movimiento y por qué?

■ Estrategia

Con estas expresiones puedo hacer un resumen:
– Al principio el reportero dice que…
– El artículo / el cuento / la noticia comienza con…
– Después dice que…
– Pero también habla de…
– Al final
– La conclusión es…

El texto es una entrevista al grupo mexicano Maná. Al principio los integrantes del grupo hablan de cómo debe comportarse la gente en una manifestación. En el texto se menciona también que ha habido manifestaciones no muy tranquilas. Los integrantes hablan de su participación en diferentes organizaciones y al final dicen que no van a ir a la manifestación en Cancún, pero van a participar de otra forma.

2 La música entra en política

Schwerpunkt: Leseverstehen
Sozialform: EA / PA
Übungsform: Zusammenfassen (a); Interpretation und Diskussion (b)

a Lösungsvorschlag:
Maná es un popular grupo de rock y pop de México, un cuarteto. El baterista se llama Alex González, el vocalista Fher Olvera. Maná apoyó al EZLN durante muchos años, pero ahora se separó del subcomandante Marcos porque éste había apoyado al grupo separatista vasco ETA. Maná está en contra de la violencia y toma como modelo a Martin Luther King y a Gandhi. Lo más importante para ellos es llevar un mensaje y no lastimar a la gente. Maná participa en proyectos altruistas (protección de los derechos humanos, educación sexual, reforma del campo en México) y ha destinado parte de sus ganancias a su activismo ecológico y en contra del hambre. Sus canciones más famosas son *En el muelle de San Blas* y *Corazón espinado*.

b Lösungsvorschlag:
Marcos se ve a sí mismo como el traductor del pensamiento y de la cultura indígenas. Él es como la voz de los indígenas que explica a los mestizos quiénes son y qué problemas tienen.
Maná apoya las mismas cosas que Marcos, pero no siempre les gustan los métodos del subcomandante. Piensan que las manifestaciones en las que simplemente se destruyen cosas no tienen ningún sentido. Además Marcos apoyó al grupo separatista y terrorista ETA.

3 Lo mismo con otras palabras

Schwerpunkt: Wortschatz
Sozialform: EA
Übungsform: Synonyme finden (a); Textzitat erklären / interpretieren (b); aus seinem eigenen Wissen ergänzend berichten (c)

a Lösung:

un grupo	una banda
separarse	divorciarse
quitarse la ropa	desnudarse
cuatro personas	un cuarteto
una persona que canta	el vocalista
una tortuga que vive en el mar	la tortuga marina
una persona que toca música rock	el baterista
participar	acudir

b Lösungsvorschlag:
La frase significa que otra gente / otras organizaciones consiguen sus objetivos con protestas no violentas; no es necesario romper cosas o dañar a la gente para conseguir que nos escuche. Hay maneras no violentas de protestar y son mejores.

c Lösungsvorschlag:
u. a. Herbert Grönemeyer, Peter Maffay, Bono, Gael García Bernal, Juanes

4 Los indígenas en Latinoamérica

Schwerpunkt: Hörverstehen
Sozialform: EA, PA
Übungsform: Globalverstehen (a); Detailverstehen (b, c); Sprecher zuordnen und Hörtext in eigenen Worten erklären (d)

Hinweis: Da dieser authentische Hörtext viel neues Vokabular enthält, empfiehlt es sich mit der Kopiervorlage (dieser Lektion) die Hörverständnisübung vor- oder nachzubearbeiten.

Mehr Hörtexte von Radialistas finden Sie unter: www.radialistas.net

Hörtext (Track 23)

Fuente: http://www.radialistas.net/audios/AUDIO-1500156.mp3

Locutora: Cuando en 1992, Rigoberta Menchu Tum, indígena maya-quiché, recibió el premio Nobel de la Paz, se levantó en Guatemala una gran polvareda ideológica y racial.
Hombre: No, no, no. ¡No puede ser! ¿Pero qué ha hecho esta india comunista para merecer este premio? ¡Esto es el colmo!
Mujer indígena: Así tenía que ser. La hermana Rigoberta ha sufrido duro por nuestro pueblo. Para que no nos sigan matando, para que no seamos tan pobres, para que haya justicia.
Locutora: Cuando en diciembre del 2002, la doctora Nina Pacari, indígena quichua, fue nombrada Ministra de Relaciones Exteriores del Ecuador, la población entera se dividió:
Hombre: Pero, pero… ¡Una india de Canciller! Pero fíjense en la ropa que usa, polleras, collares. ¿Pero pretenderá acudir así a la Casa Blanca? ¡Qué vergüenza para nuestro país!
Dirigenta: Ya era hora de que una mujer nos represente. ¿Es indígena? ¡Pero si la mitad del país es indígena o mestizo!
Locutor: La doctora Nina Pacari fue la primera Ministra de Relaciones Exteriores indígena en los 172 años de la historia republicana del Ecuador.
Locutor: Mayas, aztecas, kunas, chibchas, otavalos y saraguros, quechuas y aymaras, mapuches, tobas, son unas pocas de las cientos de culturas originarias que habitan América, la Abya Yala indígena, desde hace miles de años.
Hombre indígena: Los conquistadores blancos invadieron nuestras tierras. Mataron a nuestros abuelos y abuelas. Nos prohibieron hablar nuestras lenguas, cantar nuestros cantos.
Mujer indígena: A las mujeres nos violaron, nos humillaron, nos convirtieron en esclavas. Pero ahora estamos renaciendo, orgullosas de nuestra raza.
Rigoberta: Me llamo Rigoberta Menchú. Soy hija de la miseria, de la Marginación, por ser maya y mujer. Soy sobreviviente del genocidio de los blancos contra mi pueblo. Cuando murió mi padre no había tomado mucha conciencia, pero cuando asesinaron a mi mamá dije: «jamás me voy a callar frente a esto».

Nina: Nina Pacari es mi nombre. Significa Fuego del Amanecer. En el Ecuador, hasta los años 60, para poder estudiar teníamos que vestirnos como mestizos. Nuestros padres pensaban que para combatir el racismo debíamos tener algo de dinero. Pero para los jóvenes el objetivo principal era la identidad y empezamos cambiándonos de nombre.

Locutor: Rigoberta Menchú y Nina Pacari, dos historias de lucha contra la discriminación que han mostrado al mundo el valor de su raza y de su género. Junto a ellas, millones de mujeres indígenas de América Latina exigen su reconocimiento como ciudadanas.

Mujer indígena: Todavía los blancos nos desprecian cuando nos ven indias. Todavía en nuestras propias comunidades nos discriminan por ser mujeres. Pero nuestras hermanas son diputadas, son ministras y maestras. Somos iguales, pues. Tenemos los mismos derechos.

Locutora: Ciudadanas con plenos derechos. Un mensaje por el Día Internacional de la Mujer con el apoyo de UNESCO.

a Lösungsvorschlag:
- un locutor *(Radiosprecher)*, varios hombres y mujeres indígenas y mestizos o blancos, Nina Pacari, Rigoberta Menchú
- El programa trata de Rigoberta Menchú de Guatemala, que ganó el Premio Nobel de la Paz en 1992, y de Nina Pacari que fue nombrada Ministra de Relaciones Exteriores del Ecuador en 2002. Son dos mujeres indígenas que han luchado mucho por su pueblo. Hay mucha gente que las apoya y mucha que está en contra de ellas.
- La música es la típica música andina con siringas (flautas de pan), xilófono, guitarra entre otros. Representa la cultura indígena.

b, c Lösung:
1. falso (en 1992)
2. No está en el texto.
3. falso (La doctora Nina Pacari fue la primera Ministra de Relaciones Exteriores indígena en los 172 años de la historia republicana del Ecuador.)
4. verdadero
5. falso (A las mujeres nos violaron, nos humillaron, nos convirtieron en esclavas.)
6. falso (La madre y el padre de Rigoberta fueron asesinados.)
7. verdadero
8. falso (La discriminación todavía existe.)

d 1. un hombre blanco; 2. una mujer indígena; 3. un hombre blanco; 4. un hombre indígena; 5. una mujer indígena; 6. Nina Pacari; 7. Rigoberta Menchú; 8. una mujer indígena

5 La Adelita

Schwerpunkt: Hörverstehen (Lied)
Sozialform: EA
Übungsform: Hören und Verse ordnen (a); Hintergrund des Liedes erklären (b); über Fotos sprechen (c)

a Das Lösungswort lautet: Quetzalcoatl

Hörtext (Track 24)
Adelita (Reynaldo Meza & Los Paraguayos)

Si Adelita se fuera con otro,
La seguiria por tierra y por mar;
Si es por mar en un buque de guerra,
Si es por tierra en un tren militar.

Y si acaso yo muero en la guerra,
Y si mi cuerpo en la sierra va a quedar,
Adelita, por Dios te lo ruego,
Que por mi no vayas a llorar.

Si Adelita quisiera ser mi esposa,
Si Adelita ya fuera mi mujer,
Le compraría un vestido de seda
Para llevarla conmigo al cuartel.

Y si acaso yo muero en la guerra,
Y si mi cuerpo en la sierra va a quedar,
Adelita, por Dios te lo ruego,
Que por mi no vayas a llorar.

Si Adelita quisiera ser mi esposa,
Si Adelita ya fuera mi mujer,
Le compraría un vestido de seda
Para llevarla conmigo al cuartel.

Y si acaso yo muero en la guerra,
Y si mi cuerpo en la sierra va a quedar,
Adelita, por Dios te lo ruego,
Que por mi no vayas a llorar.

b Según la leyenda Adelita fue una soldadera de la Revolución Mexicana, una mujer que acompañaba a los soldados. Aparece en canciones, pinturas y películas, un símbolo de valor de las mujeres de México.
No se sabe exactamente quién era Adelita, se cree que acompañó al líder revolucionario Pancho Villa.

c En la primera fotografía aparecen muchas mujeres mexicanas de la época de la Revolución Mexicana. Tienen armas y parece que están aprendiendo a usarlas. También aparecen tres niñas, que llevan armas. Tal vez así aprendió la Adelita a usar armas también.
En la segunda fotografía aparece Pancho Villa, uno de los líderes de la Revolución Mexicana. Va vestido con un gran sombrero, y tanto él como los demás, llevan armas para luchar. Según la leyenda la Adelita acompañó a Pancho Villa y tal vez fue su amante. Entonces podría ser Pancho Villa el «yo» de la canción.

6 Si fuera

Schwerpunkt: Bedingungssätze, kreatives Schreiben
Sozialform: EA
Übungsform: schriftliche Übung

a Lösungsvorschlag:
Si Adelita viniera conmigo
Si Adelita quisiera luchar
Le dejaría mis armas, amigo
para que ella las pudiera usar.

b Lösungsvorschlag:
Si yo me casara con Adelita, le compraría un vestido de seda.
Si Adelita fuera mi mujer, iríamos juntos a bailar al cuartel.
Si yo me muriera un día, Adelita seguiría luchando por mí.

c Lösungsvorschlag:
Si tuviéramos un hijo, lo llamaríamos Emiliano.
Si no hubiéramos encontrado a los revolucionarios, no estaríamos luchando.
Si fuéramos abuelos, nuestros nietos también lucharían.
Si Adelita me abandonara, la seguiría hasta encontrarla.
Si no hubiera guerra, seríamos más felices.
Si tuviéramos las notas de esta canción, podríamos cantarla.

Taller

Frida Kahlo

Schwerpunkt: Landeskunde: Frida Kahlo
Sozialform: EA
Übungsform: Erarbeiten einer Präsentation zu Frida Kahlo

a Lösungsvorschlag:
Frida Kahlo es una pintora mexicana que nació el 6 de julio de 1907 en Coyoacán. Su nombre completo es Carmen Frida Kahlo Calderón. A los tres años se puso enferma de polio y por eso tenía una pierna más delgada que la otra. Muy pronto empezó a estudiar arte y a pintar, pero en 1925 tuvo un accidente de autobús. Se casó con el pintor Diego Rivera, que la pintó a ella muchas veces. A lo largo de su vida

pintó muchos autorretratos, paisajes y personajes importantes.

b Lösungsvorschlag:
En el cuadro aparece Frida de la mano de Diego, su marido. Diego lleva en la mano los pinceles para mostrar que la pintura es muy importante en su vida. Diego es un hombre alto y grande. Frida lleva ropa indígena y encima de ella hay un pájaro / una paloma *(Taube)*, para representar paz y felicidad. Frida es bastante más pequeña que Diego y está, además, un poco más al fondo. Sus pies son muy chiquitos en comparación con los de Diego. Tal vez esto significa que ella depende de él o que él tiene el papel del hombre machista mexicano / Tal vez significa que Frida no puede caminar mucho, y que los pies de ella son los pies de Diego.

En la fotografía se ve a Frida pintando en la cama. Ella está enferma porque tuvo un accidente en un autobús. Parece que pintar le ayuda con los graves problemas de salud que tiene. El cuadro que está pintando parece que es de una familia, donde las caras de todos sus miembros se relacionan.

c Individuelle Lösungen

d Individuelle Lösungen

Lösungen CDA

1 ¿Sabías que …?

Schwerpunkt: Erweiterung des Themas „Azteken"
Sozialform: EA, PA
Übungsform: Wortschatzerweiterung (a), Hörverstehen (b), eigene Gewichtung der Informationen (c)

a

1 esclavo	B no es libre
2 trabajador asalariado	A trabaja por un salario, por dinero
3 artesano	D trabaja con sus manos
4 noble	E tiene un título que le da privilegios
5 guerrero	F lucha en la guerra
6 comerciante	G vende o compra cosas
7 sacerdote	C representante de la iglesia
8 rey	H representante de la monarquía

Enlace
http://www.agenda21schulen.de/Chatderwelten/Indigene/mat_indigene/indigene_141205_3.pdf

Para hablar de la estructura de la sociedad de los aztecas	
el esclavo	der / die Sklave/in
el /la trabajador/a asalariado/-a; el / la asalariado,-a	der/ die Lohnempfänger/in
el/la artesano/-a	der / die Handwerker/in
el / la noble	der / die Adlige
el guerrero	der / die Krieger/in
el/la comerciante/-a	der / die Händler/in
el sacerdote	der Priester
el salario	der Lohn
el privilegio	das Privileg
luchar	kämpfen

b Individuelle Lösungen

c Hörtext (Track 15 – 20):
Se cree que los aztecas eran parte de los grupos nómadas que viajaron durante dos siglos desde el Norte de México hasta llegar al Valle de México, en el centro del país. Ahí fundaron Tenochtitlan. Muchos años después, cuando llegaron los españoles, la ciudad tenía unos 500.000 habitantes. Por eso su número impresionó mucho a los españoles.

Los aztecas eran un pueblo que tenía un calendario que no era como el nuestro. El año tenía dieciocho meses y cada mes tenía 20 días. Al final del año había 5 días «sin nombre».

También los aztecas pensaban que eran inmortales, que nunca morían y que morir no era más que una forma nueva de vida. En este nuevo mundo, en el más allá, había 13 cielos o niveles. Además cuando alguien moría, iba a un lugar específico según su profesión en la vida. Para ellos el mundo había existido varias veces. Los dioses de este pueblo eran varios, pero el más importante se llamaba Huitzilopochtli, dios de la guerra.

La organización social de los aztecas era muy interesante. La sociedad estaba formada por clanes de familias con parientes comunes. También existía una gran diferencia social entre las clases. El emperador o tlatoani pertenecía a la clase superior y por debajo estaban los sacerdotes, los guerreros y los nobles, después los artesanos y comerciantes, y por último los trabajadores asalariados. También había esclavos que no pertenecían a ninguna clase social y eran normalmente prisioneros de guerra. Para los aztecas era muy importante tener prisioneros de guerra porque siempre necesitaban víctimas para sus ofrendas a los dioses.

Los aztecas producían el cacao con el que hacían el chocolate que tanto impresionó a los españoles que llegaron a América. Para trabajar la tierra tenían un sistema muy moderno. Como vivían entre lagos construyeron las chinampas, que eran unas plantaciones sobre el agua, y allí plantaban sus productos, como maíz o chile. El trabajo en el campo era bastante duro porque los aztecas no tenían animales para el trabajo. Los aztecas tenían que hacer todo el trabajo ellos mismos.

Beber alcohol era un privilegio de las personas mayores. Se daba muerte a los menores que bebían alcohol.

Siehe Tabelle 1 auf S. 48

d Individuelle Lösungen

2 La educación en México

Schwerpunkt: Erweiterung zum Thema: Erziehung bei den Azteken
Sozialform: EA
Übungsform: Hörverstehen (a), Sätze nach vorgegebenen Mustern vervollständigen (b)

a Hörtext (Track 21):

Joven mexicano:
Conocí a Tepi, un joven azteca, durante mi viaje en el tiempo a la época de los aztecas y les voy a contar cómo era la vida en el Calmecac, la escuela para niños nobles.
Era todos los días lo mismo. Por la mañana <u>los tambores</u> <u>nos despertaban</u> tempranísimo. Empezaban a <u>sonar a las seis de la mañana</u> de nuestro tiempo. Tepi y sus compañeros <u>se levantaban</u> y <u>trabajaban en el campo</u>. Luego, nos íbamos a <u>desayunar</u> todos.
Después del desayuno, Tepi tenía <u>clase de música y baile</u>. Saber cantar era fundamental para ser sacerdote y Tepi quería ser sacerdote.
Por la tarde, nos <u>quedábamos en la escuela</u> unas horas más. Tepi y sus compañeros estudiaban mucho la cultura azteca. Las clases eran realmente interesantes. Tenían asignaturas como, por ejemplo, matemáticas, astrología, historia o el culto de la religión. Una cosa muy rara fue que los profesores les enseñaban todo con pictogramas.
Luego hacíamos una pausa para <u>comer</u>, pero muy cortita. La comida era siempre parecida, y lo que no se podía hacer era beber alcohol. También teníamos que controlar que nadie bebiera porque si bebíamos, nos castigaban. A veces, incluso con la muerte. ¡Qué miedo!
Por la noche <u>rezábamos y meditábamos</u>

Unidad 4

Tabelle 1

	¿Sabías que...?	V	F
1.	... los aztecas siempre vivieron en Tenochtitlan?		X
2.	... Tenochtitlan tenía más de 250 000 habitantes?	X	
3.	... tenían un calendario especial con 20 meses de 18 días cada uno?		X
4.	... pensaban que no morirían nunca?		X
5.	... aunque tenían diferentes dioses, sólo uno era muy importante?		X
6.	... todos los aztecas eran de la misma clase social?		X
7.	... el tlatoani estaba en lo más alto de la sociedad azteca?	X	
8.	... los aztecas tenían esclavos?	X	
9.	... los aztecas ofrecían vidas humanas a los dioses?	X	
10.	... ya utilizaban animales para el trabajo?		X
11.	... los jóvenes aztecas tenían permiso para beber alcohol?		X

en el monte. Algunas veces hacíamos sacrificios. Eso me sorprendió mucho. Todo esto se hacía fuera de la escuela, en el monte, por lo que teníamos que <u>volver de noche al Calmecac</u>. Cuando llegábamos a casa estábamos muy cansados, así que me dormía en cuanto me acostaba. A las once de la noche nos <u>despertábamos y rezábamos</u> otra vez y luego <u>nos acostábamos</u> hasta que <u>los tambores sonaban otra vez a las seis de la mañana</u>…
Ésta ha sido una gran aventura, pero estoy muy contento de vivir en el presente y no en el tiempo de Tepi.
¿Y a ustedes qué les parece la vida en aquel tiempo?

1.	dormir hasta las seis de la mañana	12
2.	volver al Calmecac	9
3.	desayunar	4
4.	rezar y meditar	8
5.	trabajar en el campo	3
6.	acostarse	11
7.	despertarse con los tambores	1
8.	participar a clases en la escuela	6
9.	comida	7
10.	clases de música y baile	5
11.	despertarse y rezar	10
12.	levantarse	2

b
1. Si Tepi no tomara las clases de música y baile, no sería un buen sacerdote en el futuro.
2. Si las clases en la escuela no **fueran** tan interesantes, Tepi y sus compañeros no estudiarían tantas cosas.
3. Si Tepi no **estuviera** tan cansado al regresar del Calmecac, discutiría con sus compañeros hasta muy tarde en la noche.
4. Si Tepi no **tuviera que despertarse** para rezar, podría dormir mejor por la noche.
5. Si yo **viviera** en el tiempo de las aztecas, sería muy feliz.

3 Y llegaron los españoles…

Schwerpunkt: *pasiva refleja*
Sozialform: EA
Übungsform: Lückentext (a), anhand visueller Impulse Sätze bilden (b)

a
1. Algunas palabras **se tomaron** del náhuatl.
2. El chocolate **se llevó** a Europa.
3. **Se conocieron** por primera vez frutas y verduras como la guayaba, el tomate y el chile.
4. Las frutas y verduras de platos típicos mexicanos **se encontraron** desde entonces en los platos europeos.
5. Además de verduras y frutas **se mandaron** a Europa flores como el jazmín, la margarita y el girasol.

b A El Día de los Reyes Magos se celebró / se conoció desde entonces también en México.
B El castellano se habló / se aprendió / se enseñó desde entonces en las escuelas mexicanas. / En México se dio clase de español en las escuelas.
C La religión católica se conoció / se siguió desde entonces en México.
D El calendario romano se conoció desde entonces en México.
E La letra se escribió según el alfabeto romano.

4 La Malinche

Schwerpunkt: das Passiv
Sozialform: EA; PA
Übungsform: Sätze umformen (a), Bildbeschreibung und Gewichtung anhand bekannter Informationen (b), eigene Meinung zum Thema (c)

a
1. El pueblo de La Malinche fue conquistado por los aztecas.
2. La Malinche fue llevada fuera del pueblo.
3. Cortés y sus soldados fueron recibidos amablemente por los aztecas.
4. A Cortés le fueron ofrecidas veinte esclavas por los aztecas.
5. La Malinche fue acusada de traición.

b 1. Individuelle Lösungen
Información sobre La Malinche en los textos del libro del alumno:
Siehe Tabelle, S. 49.

2.

Con estas expresiones puedo…
… describir imágenes
Se trata de un cuadro / una obra de arte / una fotografía / un dibujo…
En el cuadro hay / está…
El cuadro representa…
En el primer / segundo plano hay / se encuentran, aparecen…
Al fondo…
En el centro…
Encima de / debajo de…
Junto al / al lado de…
Delante / Detrás de…
A la derecha / izquierda de…
Creo / Pienso que…
Opino que…
Me imagino que…
… expresar mi opinión
Creo / pienso que…
Me parece que…
Me parece importante que… + subj.
Es estupendo que… + subj.
Me encanta que… + subj.

Lösungsvorschlag:
Se trata de un dibujo del año 1600 que representa una escena del encuentro de los conquistadores españoles con los aztecas.

4 Unidad

Tabelle 1	Recursos, pág. 50	En 1519 Cortés conquistó la región de Tabasco y recibió algunas mujeres como regalo, entre ellas La Malinche.
		La Malinche constituye la figura central de muchas leyendas.
		Algunas de esas leyendas la presentan como traidora.
		Fue una mujer muy inteligente, sabía varias lenguas indígenas.
		Fue intérprete y traductora del conquistador Hernán Cortés.
		Después de haber fundado la ciudad de Veracruz, Cortés se puso en contacto con Moctezuma. Él le ofreció regalos para que no continuara con la marcha, pero Cortés siguió sus planes y Moctezuma fue hecho prisionero.
	Recursos, pág. 52, audición, track 22	La Malinche era de familia noble y rica.
		En unas leyendas se cuenta que su madre, después de haber quedado viuda, se casó con otro hombre y vendió a su hija a los mayas.
		Otras leyendas dicen que los padres eran nobles del Imperio Azteca y que perdieron una batalla contra los mayas. Por eso tuvieron que entregarles a su hija.
		La Malinche ayudó a Cortés porque ella era bilingüe y conocía las costumbres de los aztecas y también las de los mayas.
		Tuvo un hijo con Cortés.
		La Malinche tiene otro nombre: la Llorona. Las leyendas mexicanas cuentan que, después de la conquista de Tenochtitlan, la ciudad quedó destruida. La Malinche vio todo ese horror y se sintió triste y culpable porque había ayudado a Cortés. Se volvió loca y por las noches iba gritando por toda la ciudad: «¡Ay mis hijos!, ¡Ay mis hijos!». Hasta que murió...
		Otras leyendas dicen que fue asesinada en su cama.
		Según otra leyenda regresó a su pueblo después de la conquista de México y perdonó a su madre por todo lo que le había hecho y murió ahí.
	Glosario cultural, pág. 127	Mujer indígena cuyo nombre en náhuatl era Malintzin, pero conocida como la Malinche o Doña Marina entre los españoles.
		Muchos mexicanos la consideran una traidora.
		Su nombre dio origen a la palabra «malinchismo», con la cual los mexicanos se refieren negativamente a la actitud de simpatía o gusto por lo extranjero y rechazo o menosprecio por la propia cultura mexicana.

A la izquierda vemos a La Malinche y a Cortés, a la derecha al pueblo azteca. El primero de ellos es probablemente Moctezuma. Todos llevan un traje típico. En el dibujo La Malinche tiene la boca abierta: está hablando y muestra con los dedos en dirección de los aztecas. Aquí podemos ver que es la intérprete de Cortés. Un hombre da de comer a los animales.
Debajo de esa escena están los regalos que ofrecen los aztecas a Cortés, entre ellos animales y alimentos. Esos son probablemente los regalos que ofreció, según la leyenda, Moctezuma a Cortés para que no conquistara el país. Pero a pesar de todo, Cortés invadió el país. Eso lo muestra el dibujo muy bien, ya que detrás de Moctezuma y La Malinche aparecen los soldados del conquistador. Creo que ya sabían desde el principio que continuarían con la marcha. Es una pena que La Malinche, aun siendo indígena, apoyara a los conquistadores.

Lienzo de Tlaxcala
Este dibujo retoma la escena de una serie de facsímiles llamadas «Lienzo de Tlaxcala» terminadas en 1560 y hechas de artistas de Tlaxcala.
Los Tlaxcala fueron un pueblo de indígenas que vivieron en el actual Estado de México llamado Tlaxcala (al este de México D.F.). El Lienzo de Tlaxcala es uno de los primeros testimonios pictográficos de la Conquista Española.

3. Lösungsvorschläge:
– El primer contacto con el tlatoani azteca / los aztecas.
– La traición de La Malinche.
– ¿Continuará Cortés con sus planes de la conquista de México?
– ¿Terminará la conquista de México?
– La Malinche, ¿negociación o traición?

c Individuelle Lösungen

5 Frida y sus deseos

Schwerpunkt: *imperfecto de subjuntivo*
Sozialform: EA
Übungsform: Lückentext (a), Übersetzung (b), Sprachmittlung: Dolmetschsituation (c)

a Frida tuvo una enfermedad de pequeña, poliomielitis, por lo cual una de sus piernas era más delgada que la otra. Frida no quería que nadie lo **supiera**. Para que nadie le **viera** la pierna enferma, se ponía pantalones o faldas largas. Frida tuvo un accidente y, por eso, tuvo que estar en cama mucho tiempo. Durante este tiempo, pintaba aunque estuviera acostada, actividad que le gustaba mucho. Le gustaba que la gente **posara** para ella cuando estaba en cama enferma. La gente la visitaba para que Frida la **pintara**. El padre de Frida **era** fotógrafo y por eso le enseñó el arte de la fotografía, que le sirvió a Frida para su trabajo con la pintura. Al padre de Frida le parecía bien que fuera pintora porque él también era artista. A causa del accidente tuvo muchos dolores después. Deseaba que sus dolores **desaparecieran**. En sus cuadros la pintora refleja su dolor, quizá así **sufriera** menos.

b
1. Un día Frida le pidió a Diego Rivera que le dijera su opinión sobre sus cuadros.

2. Después del accidente los médicos pusieron a Frida un corsé para que pudiera volver a caminar.
3. El padre de Frida la apoyó mucho aunque entonces el arte no era para las mujeres / cosa de mujeres.
4. Frida participó incluso en una manifestación aunque iba en silla de ruedas.

c
Chicos: Wie hat Frida ihren Mann kennengelernt? Hatten die beiden auch Kinder?
Tú: **Los chicos quieren saber cómo conoció Frida a su marido y si la pareja tuvo hijos junto.**
Guía: Rivera era su profesor de arte. Se casaron, pero nunca tuvieron hijos.
Tú: **Er sagt, dass Rivera ihr Kunstlehrer war. Sie heirateten, hatten aber nie Kinder.**

Chicos: Warum hat sich Frida mit einem Korsett gemalt?
Tú: **Preguntan por qué Frida se pintó con un corsé.**
Guía: Después de una accidente de tráfico, los médicos le hicieron un corsé a Frida. Así, por lo menos, pudo volver a caminar.
Tú: **Nach einem Verkehrsunfall legten die Ärzte Frida ein Korsett an. Damit konnte sie zumindest wieder laufen.**
Chicos: Stimmt es, dass Fridas Vater auch Künstler war?
Tú: **Además, quieren saber si es verdad que el padre de Frida era también artista.**
Guía: Sí, era fotógrafo. Apoyó mucho a su hija. En aquella época sólo había pocas mujeres que trabajaran como artistas.

Tú: **Er bejaht, ihr Vater war Fotograf. Er fügt hinzu, dass er seine Tochter sehr unterstützte und erklärt, dass es zu dieser Zeit nur wenige Frauen gab, die als Künstlerinnen arbeiteten.**
Chicos: Was bedeutet das Bild mit den zwei Fridas?
Tú: **Los chicos se preguntan lo que significa el cuadro con las dos Fridas.**
Guía: Hay varias interpretaciones. Es posible que una represente a la Frida enferma y triste, y que la otra sea la Frida alegre y políticamente activa.
Tú: **Er gibt an, dass hay muchas interpretaciones. Er hält es für möglich, dass die eine die kranke und traurige Frida und die andere die fröhliche und politisch aktive Frida darstellt.**

Repaso 2

Übersicht

1. Wiederholung der Pensen und Themen der Lektionen 3 und 4 Bildung und Gebrauch des *imperfecto de subjuntivo*: CDA 1, 2b,5, 6, SB 2, 6 *Pluscuamperfecto de subjuntivo*: SB 5 *Condicional simple y compuesto*: CDA 5, SB 4, 5 *Condicional irreal*: SB 3 *Estilo indirecto:* SB 9, 10 *Voz pasiva*: SB 7	SB, CDA,
2. Wiederholung ausgewählter Pensen aus Línea verde 2	
3. Hörverstehen: SB 8, CDA 3	S-CD (Track 22, 23)
4. Sprachmittlung/ Übersetzung: CDA 4, SB 10, Folie 15	SB, CDA, Folien
5. Methodenkompetenz: Resumen schreiben: KV S. 107 Wiederholung: Wörter lernen und behalten S. 60	Kopien SB, Download

Hinweise zu den Bildfolien

Folie 15 - Para un mundo mejor
Die Unterschriftenaktion gegen giftige Stoffe in Spielkonsolen soll als Mediationsübung dienen.

Variante A (mündlich)
Die S sollen sich vorstellen, in ihrer Stadt mit einem Austauschschüler aus Spanien spazieren zu gehen und ihm zu erklären, um was es bei der Unterschriftaktion geht.

Variante B (schriftlich)
Die S sollen sich vorstellen, sich an dieser Aktion aktiv zu beteiligen und davon einem spanischsprachigen Freund oder Freundin in einer Mail erzählen.

> Viele Spielkonsolen enthalten giftige Stoffe, die nicht nur den Benutzern schaden, sondern auch die Umwelt stark belasten, wenn sie entsorgt werden. Zwei Drittel aller Geräte werden in Europa nicht wiederverwertet. Ein Teil davon landet illegal auf Müllkippen in Afrika, ein anderer Teil wird in Asien ohne Sicherheitsvorschriften verarbeitet, um wertvolle Metalle zurückzugewinnen. Das führt zu Krankheiten bei Menschen und Verseuchung von Boden und Wasser. Gib deine Unterschrift damit die Hersteller umweltverträgliche Geräte produzieren und zurücknehmen zur Wiederverwertung.
> **leiste deinen Beitrag zum Schutz der Menschen und der Umwelt!**
> Giftstoffe: sustancias nocivas

Lösungsvorschlag:
Están juntando las firmas de muchas personas para ayudar contra los daños al medio ambiente y a las personas. Esto es causado por las sustancias nocivas de productos como la play para jugar. El problema es que estos productos se echan a la basura y sólo un tercio de ellos se recicla / dos tercios no se reciclan. Esta basura muchas veces llega a África ilegalmente o a Asia, donde se reciclan de forma no segura para sacar materiales de valor. Allí las personas se enferman y, además, eso es malo para la tierra y el agua. Las firmas son para que las empresas hagan productos más ecológicos y los reciclen.

5 Unidad

5 Identidades

Übersicht

Themen	Kommunikative Fertigkeiten	Sprachliche Mittel	Methodenkompetenz
Primer paso • Wichtige Etappen der spanischen Geschichte	• Die Meinung anderer wiedergeben		
Recursos • Spanien im 20. Jahrhundert	• Verbote in der Vergangenheit ausdrücken • Den Redebeitrag eines anderen wiedergeben	• Indirekte Rede mit *imperfecto de subjuntivo* und *condicional* • Satzverkürzungen mit Infinitiv • Satzverkürzungen mit Partizip Perfekt	
Panorama • Sprachenvielfalt in Spanien • Die Frage nach der Identität	• Reflexion über Sprache und Identität		• Benutzung des einsprachigen Wörterbuchs
Taller • Spanische Parteien	• Über Politik sprechen		

Primer paso und Recursos		
1. Einstieg und Hinführung zum Thema: Präsentation des Themas anhand eines Hörtextes, Bildern und Landkarten, die sich mit der Identität Spaniens beschäftigen Vorentlastung oder Nachbearteitung des Hörtextes KV S. 112		SB, L-CD (Track 25–30) Kopien
2. Textpräsentation und -erarbeitung in Abschnitten:		SB, S-CD (Track 24–27)
3. Inhaltssicherung: SB 1, 2		SB
4. Sicherung von Wortschatz und Redemitteln: Redemittel, die helfen die Meinung anderer auszudrücken: SB Primer paso 2 SB Recursos 3 CDA 5		SB CDA
5. Übungen zur Erarbeitung und Festigung der Grammatik: Entdeckendes Lernen: CDA S. 83 Die indirekte Rede: SB 6, 7, CDA 7, KV S. 108 (Quartettspiel) *Subordinadas de infinitivo*: SB 4, 5, CDA 1 *Subordinadas con participio* : SB 4, 5		SB, CDA Kopien
6. Hörverstehen: SB 1, 3 (PP), SB 1, CDA 3		SB, L-CD (25–30, Track 31–32), S-CD (Track 28)
7. Landeskunde / interkulturelles Lernen: CDA 2		CDA
8. Mediation: CDA 6		CDA
8. Übungen zur Zusammenfassung und Wiederholung: Arbeit mit dem zwei- und einsprachigen Wörterbuch KV S. 110		CDA Kopien
9. Übungen zur Selbstkontrolle: CDA S.84		CDA
Panorama und Taller		
1. Aufgaben zu den authentischen Materialien • Sachtext: Las lenguas de España SB 2 Leseverstehen (2), Reflexion (3) • Karikatur + Reportage: Conversación con «dos niñas de la Guerra» SB 5 Vorentlastung: Karikatur interpretieren (a), Leseverstehen und Interpretation (b) • Geschichtlicher Sachtext: Tres religiones en convivencia SB 6 Informationen entnehmen und strukturieren [• Auszüge aus der spanischen Verfassung (Art. 137 und 66) SB 7 Leseverstehen (a), Reflexion (b)]		SB
2. Transfer: Folie 1		Folien
3. Sicherung von Wortschatz und Redemitteln Wortfeld Politik SB 8, Taller		SB

Unidad 5

4. Methodenkompetenz: Lerntechnik: Das einsprachige Wörterbuch SB S. 73 Wiederholung: Arbeitsergebnisse präsentieren S. 75	SB, Download
5. Hörverstehen SB 1,4	SB, L-CD (Track 33–36 und 37–42)
6. Landeskunde / interkulturelles Lernen: Texte: El aranés: SB S. 71 Vielsprachigkeit Spaniens S. 70 Galicien S. 71 [Die spanische Verfassung: SB 7; Erweiterung: Folie 2] [Die Stellung des spanischen Königs: SB 8]	SB Folien
7. Projekte fürs Sprachenportfolio: Taller: Los partidos políticos (eine Partei gründen)	SB

Hinweise zu den Bildfolien

Folie 1 – Identidad personal y nacional
Hier wird die Lebensgeschichte der in Mexiko lebenden Künstlerin Leonora Carrington (*1917) gezeigt. Ihre Lebensgeschichte soll Überlegungen über nationale Identität anregen. Interessant für die Diskussion über nationale Identität ist auch, dass der Maler Max Ernst, ihr Lebensgefährte in Frankreich, aus Nazi-Deutschland geflohen war, jedoch in Frankreich als deutscher Feind verhaftet wurde.

Mit der Folie lässt sich unterschiedlich arbeiten:

Variante 1:
Die Bilder werden schrittweise oder komplett aufgedeckt und die S sollen Vermutungen ausformulieren (schriftlich oder mündlich).

Variante 2:
L liest zuerst die Biografie von Carrington vor (s. u.). Dann wird die Folie gezeigt und die S sollen die Lebensgeschichte wiedergeben (schriftlich oder mündlich).

Variante 3:
Wie Variante 2, aber die Biographie wird auf Deutsch vorgelesen (s. u.). Die S sollen auf Spanisch die Lebensgeschichte wiedergeben (schriftlich oder mündlich).

Anschließend wird darüber diskutiert, welche Bedeutung für diese Künstlerin die nationale Identität haben könnte. Ähnliche Lebensgeschichten von berühmten Persönlichkeiten (z. B. Antonio Banderas, Penélope Cruz, Arnold Schwarzenegger, Jürgen Klinsmann) sowie von Personen aus dem Bekanntenkreis, die in verschiedenen Ländern gelebt haben bzw. leben, können verglichen werden. Die S können eventuell auch eine Internetrecherche über aktuelle Idole machen.

Biografía:
Leonora Carrington nace en Inglaterra en 1917. En 1937 conoce al pintor alemán Max Ernst, quien la introdujo en el movimiento surrealista. En 1939 el arresto de Max Ernst por ser alemán por parte de las autoridades francesas causa en la pintora un episodio de depresión nerviosa, del cual se restablece rápidamente, sólo para verse obligada a huir a España ante la invasión nazi. En 1940 está en España, donde sufre otra crisis de nervios, que causa su internamiento en un hospital psiquiátrico de Santander. En 1941 emigra a México, donde se casa con el fotógrafo periodista húngaro Imre Weisz. Tienen dos hijos. Hoy vive y trabaja en la Ciudad de México.

Biographie:
Leonora Carrington wurde 1917 in England geboren. Mit 20 lernt sie in Frankreich den surrealistischen Maler Max Ernst kennen, der sie in die surrealistische Malerei einführt. 1939 wird Max Ernst von den Franzosen als deutscher Feind verhaftet, woraufhin Carrington eine Nervenzusammenbruch erlitt. Sie flieht vor der Invasion der Nazis nach Spanien. Dort erleidet sie erneut eine Nevenkrise und wird 1940 in eine Nervenklinik in Santander eingewiesen. Schließlich wandert sie mit 24 nach Mexiko aus, heiratet den Zeitungsfotografen Imre Weisz und gründet eine Familie. Heute lebt und arbeitet sie als Künstlerin in Mexiko-Stadt.

Folie 2 – Comunidades autónomas
Die Folie kann als Vorentlastung der fakultativen Seite benutzt werden. L soll eine leere Folie auf die Karte legen und die *Comunidades* nach Anweisungen der S eintragen.

Lösungen Schülerbuch

Primer paso

1 Breve Historia de cómo se formó España

Schwerpunkt: Landeskunde: Geschichte Spaniens, Hörverstehen, Sprachreflexion
Sozialform: EA (a), UG (b)
Übungsform: Bildern nach einem Hörtext sortieren (a), über die Herkunft von Wörtern reflektieren (b)

Hörtext (Track 25–30):

Siglo I a. C.: Los romanos conquistan la Península Ibérica. Los romanos llevan su lengua, sus leyes, la cultura urbana, el comercio y obras civiles y de arte.

Siglo V: El Imperio Romano se colapsa con la entrada de los bárbaros. En la Península se establecen los suevos y visigodos. De ellos recibimos la unidad religiosa con su conversión al catolicismo.

Año 711: Los árabes entran en la Península Ibérica y rápidamente ocupan casi todo el territorio que se llama al-Ándalus. Los cristianos se refugian en la zona norte y desde allí comienzan un largo proceso de Reconquista que dura casi ocho siglos. Todavía hoy se ven edificios con elementos árabes, cristianos y judíos.

Siglo XIII: Los reinos cristianos se expanden hacia el sur y son cada vez más estables. Se fundan universidades y se construyen catedrales.
El matrimonio de los Reyes Católicos, Isabel de Castilla y Fernando de Aragón es el paso definitivo hacia la creación de España. En 1492 se publica también la primera gramática de la lengua castellana.

5 Unidad

Siglo XVI: Con Carlos I (Carlos V de Alemania) se puede considerar que España ya existe como unidad política en el mapa de Europa.

a Reihenfolge: 6./2./1./5./3./4.
Lösungswort: Azúcar

b
1. Gallaecia – Galicia; Tarraconensis – Tarragona; Lusitania – luso (portugués); Carthaginensis – Cartagena; Baetica – bético (sevillano)

Hinweis:
Fußballfans können Baetica eventuell über den Fußballverein Real Betis Balompié aus Sevilla erschließen. Ein Hinweis darauf kann den Rateeifer in der Klasse anregen.
Zu Lusitania kann L ergänzend erklären, dass es in Deutschland das Studienfach Lusitanistik gibt und dass das berühmteste Werk der portugiesischen Literatur „Die Lusiaden" (Os Lusíadas) von Luis Vaz de Camões ist.

2. Del mapa con la letra C, existen todos excepto «Almohades».

Hinweis: Los chicos pueden mirar el mapa de España que viene en el libro. No encontrarán ningún «Almohades», esta región es ahora Andalucía. Los Almohades aparecieron en el siglo XII en Marruecos y eran un grupo religioso islámico. Paulatinamente perdieron fuerza e influencia en la Península Ibérica.

3. Muchas palabras que empiezan por a-/al- tienen origen árabe. En muchos casos se trata de frutos o productos para comer que los árabes trajeron consigo a la Península Ibérica, como es el caso del *azúcar*.

4. **Hinweis**: Zur Lösung dieser Aufgabe können die Schüler in einem einsprachigen Wörterbuch nachschlagen oder online unter www.rae.es suchen.

De origen árabe: álgebra (< árab. *al-yabra* «la reducción»), cifra (< árab. *sifr* «cero»), cenit (< árab. *Al-ra´s*, «zona de lo alto o la cabeza»)

De otras lenguas: amalgama < lat. *amalgama,* amuleto < lat. *amuletum,* atlas < lat. *Atlas,* cable < lat. *capulum,* lava < it. *lave* < lat. *labes,* masaje < fr. *massage;* sofá < fr. *sofa)*

2 ¿España?

Schwerpunkt: Landeskunde – aktuelle Probleme/Tendenzen, Meinungsäußerung (Unterscheidung zwischen *indicativo* und *subjuntivo*)

Sozialform: UG

Übungsform: Sehverstehen, mündlicher Ausdruck

Lösungsvorschlag:
Algunos españoles sienten que España es una nación. Algunos no sienten que España sea su país. Otros piden que haya un referéndum sobre la independencia de Cataluña. Otros quieren una única lengua en todo el Estado. Otros rechazan la bandera española como la propia. Muchos (no) están contentos con el plurilingüismo.

Fotos (pág. 65)
1. Playa turística en España.
2. Letreros bilingües (español / vasco). En el fondo el Museo Guggenheim en Bilbao.
3. Antigua frontera entre España y Francia.
4. Grafiti encontrado en la catedral de Colonia con nombres típicos vascos y que muestran apoyo al país vasco.
4. Manifestación en Cataluña con mensajes en catalán.

Hinweis zu Foto 2: Bei diesem Foto kann die Frage diskutiert werden, inwiefern sich Spanier als Europäer fühlen, oder auch, welche Probleme ein Land mit verschiedenen kulturellen und Sprachen haben kann.

3 Dos jóvenes de España

Schwerpunkt: Hörverstehen, sich mit Meinungen auseinandersetzen
Sozialform: EA / UG (a); PA (b)
Übungsform: Informationen aus einem Hörtext entnehmen (a), Rollenspiel mit den Personen des Hörtexts (b)

Hörtext (Track 31–32):

Marta de Madrid: ¿Que qué es para mí España? España es una nación, mi nación. Es un país con una lengua, el castellano, que, aun no siendo la única, es común a todos. España es una única historia para todos los que vivimos en ella: los romanos, los visigodos, la época del Al-Ándalus y la Reconquista, y luego todos los siglos unidos políticamente desde los Reyes Católicos. Ha habido también episodios muy negros, como la Guerra Civil, pero en general nuestra historia es única, de un gran equipo, y nos hace a todos sentirnos parte de una unidad, de un solo destino. Para mí España también son sus símbolos, la bandera, el himno, el escudo y, claro, la figura del Rey de España. Estoy muy orgullosa de ser española, de un país tan rico en contrastes, con paisajes y climas diferentes y, sobre todo, con una cultura tan diversa. España ha aportado grandes cosas al mundo: el descubrimiento de América por Cristóbal Colón o la primera vuelta al mundo con Magallanes y Elcano, grandes pintores como Picasso o Velázquez, obras arquitectónicas como la Sagrada Familia o El Escorial y escritores universales como Cervantes o Camilo José Cela. Para mí, España es el mejor país del mundo, pero me imagino que todos piensan lo mismo de su propio país. Sin exagerar, por supuesto, es muy positivo ser patriota y saber quién eres y estar orgulloso de ser de tu país.

Unai de San Sebastián: ¿Ser español? Bueno, lo primero que tengo que decir es que yo soy vasco, no soy español. El País Vasco, como otras partes de la Península Ibérica, fue integrado por la fuerza en Castilla y eso luego lo llamaron España, pero muchas partes de eso que llaman España no quieren estar en ella: yo creo que la mayoría de los vascos no queremos, los catalanes no quieren, quizás los gallegos tampoco. Fíjate, nosotros tenemos nuestra historia particular ya desde la época romana o incluso antes, nuestra lengua y nuestras costumbres que no tienen nada, pero realmente nada que ver con, por ejemplo, Sevilla o Salamanca. Algunos españoles quieren imponer una idea de que todos somos lo mismo y no es verdad. Desde su creación, España solo ha tenido problemas y guerras civiles y siempre por el centralismo de Madrid y la imposición de una unidad por la fuerza. Dicen que España es una nación pero esto no incluye al País Vasco o Cataluña, que son naciones diferentes, con su lengua, su historia, sus símbolos y, sobre todo, por su voluntad y su deseo de ser una nación diferente a eso que llaman España y que solo ha traído guerras, como la Guerra Civil. La verdad, no me gusta España y no quiero formar parte de ella. Estoy orgulloso de ser vasco y mi deseo es la independencia de mi país. El problema es que todos piensan que los nacionalistas vascos somos todos terroristas de ETA y no es verdad. Son muy pocos los que están de acuerdo con ETA, la mayoría rechazamos la violencia y queremos vivir en un País Vasco independiente y en paz.

a Lösungsvorschlag:
Marta está orgullosa de ser española. Marta piensa que España ha dado muchas cosas buenas e importantes

Unidad 5

1931	1936–1939	1939–1975	1977	1978	1992	Tabelle 1
Empieza la Segunda República	Guerra Civil	Dictadura de Franco	Primeras elecciones democráticas	Se aprueba la Constitución	Olimpiadas de Barcelona	

al mundo. Marta quiere mucho los símbolos de España y piensa que la lengua castellana es común a todos los españoles. Piensa que el origen de los españoles, o sea, su historia, es muy parecido en las diferentes regiones. Cree que es muy bueno querer a su propio país, o sea, ser patriota. Unai está muy orgulloso de ser vasco. Unai quiere la independencia del País Vasco y dice que la unidad de España no fue algo que todos querían, fue por la fuerza. Considera que la unidad de España solo ha producido guerras. Unai cree que catalanes y vascos no quieren ser españoles.

b Individuelle Lösungen für das Rollenspiel, Umformulierungen der Lösungen von Aufgabe a in der ersten Person.

Gemeinsamkeiten:
Aunque no te sientas español, tenemos los mismos valores y modo de vida. Es verdad que no me siento español, pero es cierto que todo hemos peleado juntos muchas veces, por ejemplo: contra Napoleón, contra los árabes o por la libertad durante la dictadura franquista. Tenemos los mismos problemas como el cambio de clima en la Península Ibérica, la inmigración o la globalización.

Recursos

1 La vida de Marisa

Schwerpunkt: Texterschließung: einen Lebenslauf resümieren
Sozialform: EA
Übungsform: Stichpunkte zum Text notieren

Hinweis: Den Schülern sollte bewusst gemacht werden, dass von der 1.Person Singular aus dem Dialog im Resümee die 3.Person Singular angewendet werden muss.

Lösungsvorschlag: Apuntes
– Nació en Galicia en La Coruña.
– su mamá – gallega
– una mujer intelectual y conoció a muchos escritores y pintores de la Edad de Plata
– Marisa estaba con su madre (era revolucionaria) en sus reuniones.
– Su padre – vasco (era conservador)
– Marisa creció con tres lenguas.
– En la escuela sólo aprendió castellano.
– Sus padres se separaron.
– Su madre se fue a Barcelona, pero ella se quedó en Galicia y sufrió una época difícil durante la Guerra Civil.
– Su padre no volvió más de la guerra.
– Su madre estaba en México.
– Marisa se fue de España a causa de la dictadura franquista.
– Abrió un restaurante gallego en México.
– Viajó mucho por América con su madre
– Tuvo un novio.
– Después de la muerte de Franco en 1975 regresó a España.
– Su madre murió el año anterior
– Es y ha sido muy feliz.

2 Tabla cronológica

Schwerpunkt: Texterschließung: historische Ereignisse chronologisch ordnen
Sozialform: EA
Übungsform: Orientierendes Lesen (gelenkte Informationssuche)
Siehe Tabelle 1.

3 Palabras, palabras

Schwerpunkt: Wortschatz, Wortbildung
Sozialform: EA
Übungsform: Wörter der gleichen Familie suchen (a), die so gefundenen Wörter in Lückensätze einsetzten (b)

a desarrollado: el desarrollo; muerto: morirse, la muerte; separarse: la separación; comparado: comparar algo, la comparación; nacer: el nacimiento; decidir: la decisión; el reconocimiento: reconocer; recordar: el recuerdo; diferente: la diferencia; la esperanza: esperar; viajar: el viaje; moderno: el modernismo

Hinweis: Die Wörter *separación* und *decisión* sind noch unbekannt. Hier ist das Sprachgefühl der Schüler gefragt.

b 1. nacimiento, 2. viaje, 3. recuerdos, 4. separación, 5. decisión, 6. esperanza

4 Infinitas construcciones

Schwerpunkt: Infinitiv- und Partizipialkonstruktionen
Sozialform: EA / UG
Übungsform: Multiple Choice (a), entdeckendes Lernen (b, c)

a A pesar de quererse tanto…
→ a) Aunque se querían tanto…
   Al salir de la escuela…
→ a) Cuando salía de la escuela…
   …terminada la guerra, en 1939…
→ b) cuando terminó la guerra en 1939…
   De haber nacido hoy…
→ a) Si hubiese nacido hoy…
   Muerto Franco…
→ b) Después de que murió Franco…
   Comparado con antes…
→ a) Si lo comparamos con antes…

b
El infinitivo con preposiciones puede formar construcciones de varios significados:

(1) **A pesar de + infinitivo** ≈ *aunque + verbo*
(2) **De + infinitivo** ≈ *si + verbo*
(3) **Al + infinitivo** ≈ *cuando + verbo*

La construcción participio + sustantivo / pronombre (a veces no explícito), entre comas, equivale a una oración temporal introducida por (4) *después de que* o (5) *cuando*. A veces también a una oración condicional introducida por (6) *si*.

c Antes de responder (l. 6): Antes de que + subjuntivo;
Después de caer (l. 16): Después de que + indicativo/subjuntivo;
sin poder ver… (l. 46): sin que + subjuntivo.

Hinweis: Man kann auch den Ausdruck *para divertirse* (l. 7) angeben, aber es gibt eigentlich keine Entsprechung, da *para que + subjuntivo* nicht durch *para + infinitivo* ersetzt werden kann, wenn die Subjekte von Haupt- und Nebensatz nicht dieselben sind.

5 Recuerdos

Schwerpunkt: Infinitiv- und Partizipialkonstruktionen
Sozialform: EA
Übungsform: ein Interview führen und einen Text darüber schreiben (a), freie Textproduktion nach Bildimpulsen (b)

a Lösungsvorschlag:
Mi abuela Martina me ha contado que, terminada la guerra, empezó a trabajar en una panadería. Pero ella quería aprender a bailar y ser famosa, así que siempre, después de trabajar, iba a clases de canto y baile. Su madre no estaba de acuerdo, a pesar de que ella también había querido ser cantante de ópera. Eso en la sociedad no estaba bien visto. De haber nacido hoy, no habría tenido tantos problemas.

b Lösungsvorschlag:
A: Terminada la escuela, Federico empezó a trabajar en una fábrica. El trabajo era muy difícil al principio y él llegaba a su casa muy cansado. Pasa-

5 Unidad

ron algunos años y Federico aprendió muchas cosas, así que poco a poco consiguió mejores trabajos. Después abrió su propia fábrica, era pequeña, pero él estaba muy feliz de tener algo propio.
B: A pesar de ser de una familia muy rica, Elena decidió dedicarse a ayudar a los más pobres. Cuando iba al instituto aprendió inglés, francés y luego aprendió español. Después fue a la universidad. Allí hizo amigos de todos los países, algunos eran africanos, otros europeos. Decidió dejar su país y ayudar en una ONG. No tiene hijos ni una casa bonita, pero siempre está viajando: algunas veces está en Angola, otras en Colombia. Su casa en realidad es el mundo.
C: Cuando tenía doce años, Tomás recibió de regalo una cámara y ahí empezó su amor por la fotografía. De joven trabajó mucho y así pudo comprarse una cámara muy buena. Con ella sacaba fotos para el periódico del instituto. A veces le daban un poco de dinero. Luego se fue a Nueva York, porque ahí él podía estudiar fotografía. Ahora trabaja en un periódico.

6 Antes todo era diferente

Schwerpunkt: Gebrauch des *imperfecto de subjuntivo* bei Verboten
Sozialform: EA / UG (a, b); PA (c)
Übungsform: Sätze aus Satzimpulsen bilden (a); Sätze nach Bildimpulsen bilden; über seine eigenen Erfahrungen mit Verboten sprechen (c)

a Hinweis: Es ist auch möglich, nach allen Verben außer querer die Verbote oder Befehle mit Infinitiv auszudrücken.

Lösungsvorschlag:
Mis padres me ordenaban ir / que fuera a misa todos los días.
Mi abuela me prohibía quedarme / que me quedara a solas con un chico.
Mi madre me prohibía llevar / que llevara faldas demasiado cortas.
Mi padre quería que me callase cuando los hombres hablaban.
Mi tía Alicia me proponía aprender / que aprendiera costura y otras labores de la casa.
Mis padres me exigían regresar / que regresara siempre antes de que se hiciera de noche.

b
A: Durante la dictadura franquista estaba prohibido llevar bikini / que las mujeres llevaran bikini.
B: No se podían tomar anticonceptivos. / Estaba prohibido que las mujeres tomaran anticonceptivos.
C: Las autoridades prohibían a la gente manifestarse / que la gente hiciera manifestaciones.
D: No estaba permitido leer / que la gente leyera libros de ideas comunistas.
E: Estaba prohibido divorciarse / el divorcio / que la gente se divorciara.

c Lösungsvorschlag:
Antes mis abuelos le prohibían a mi madre ir / que fuera sola a una discoteca o fiesta. Ahora mis padres me ordenan estudiar / que estudie antes de poder salir con mis amigos. Antes mis abuelos les exigían a mis padres que trabajaran para ayudar a la familia y así tener más dinero. Ahora mis padres me proponen trabajar / que trabaje durante los veranos solamente porque creen que si trabajo durante el año, no curso a estudiar.

7 Madre e hija

Schwerpunkt: Gebrauch des *condicional* in der indirekten Rede
Sozialform: EA / UG
Übungsform: Sätze nach Bildimpulsen bilden

Lösungsvorschlag:
A: Su madre le decía que se casaría.
B: Su madre le decía que viajaría mucho.
C: Su madre le decía que tendría hijos.
D: Su madre le decía que trabajaría en un restaurante.

Panorama

1 Las lenguas de España

Schwerpunkt: Landeskunde – Spaniens offizielle Sprachen
Sozialform: UG
Übungsform: Hörverstehen, mündlicher Ausdruck

Hörtext (Track 33–36):
Chico catalán: Hola, em dic Joan i visc a Lleida. Com et dius tu? I on vius?
Chico gallego: Ola, chámome Xurxo e vivo en Santiago. Como te chamas ti? Onde vives?
Chico vasco: Jurgi deitzen dut eta biziduna Donostia-n kaixo. Nola zu deitzen zara? Eta non bizi zara?
Chico valenciano: Hola, em diuen Jordi i visc a Alacant. Com et diuen a tu? On vius?

Hinweis: Der Name der Städte ist eine Hilfe.

A: Catalán. Se habla en Cataluña y en Baleares.
B: Gallego. Se habla en Galicia.
C: Vasco. Se habla en País Vasco y parte de Navarra.
D: Valenciano. Se habla en la Comunidad Valenciana.

2 Estados plurilingües

Schwerpunkt: Leseverstehen, Landeskunde
Sozialform: EA oder UG
Übungsform: Fragen zum Text, Diskussion, Schriftlicher oder mündlicher Ausdruck

Lösungsvorschlag:
1. Para proteger todas las lenguas del planeta y dedicar un día a hablar y reflexionar sobre ellas.
2. Suiza (alemán, francés, italiano y reto-romano), Bélgica (francés, alemán y flamenco), Finlandia (finés y sueco), Francia (francés, catalán, vasco), Turquía (turco, curdo, árabe), etc.

Hinweis: Hier sind besonders Schüler mit Migrationshintergrund gefragt, die von ihrem Land berichten können.

3. Ventajas: las personas pueden hablar varias lenguas; hay diferentes literaturas; cada lengua supone un modo de entender la realidad.
Inconvenientes: tener documentos en varios idiomas es muy caro; puede ser que varios idiomas hagan más difícil la comunicación si los hablantes no hablan las otras lenguas; a veces las comunidades que hablan un idioma quieren también una independencia política.

3 ¿Estamos perdiendo nuestra identidad personal?

Schwerpunkt: Wortschatz, Meinungen ausdrücken
Sozialform: EA oder UG
Übungsform: Mündlicher und schriftlicher Ausdruck

Lösungsvorschlag:

Identidad personal	Identidad de una nación
lengua, religión, familia, amigos, música, valores, deporte, educación	lengua, religión, bandera, historia, música, arte, literatura, valores, deporte
otros aspectos: forma de vestir, aspecto exterior (*das Aussehen*), películas o libros	otros aspectos: himno, economía (marcas y productos nacionales), gastronomía

El aspecto exterior forma parte de la identidad personal. Los productos pueden ser parte de la identidad nacional porque son una referencia para los habitantes y, a veces, un motivo de orgullo si son muy exitosos. Por ejemplo: cerveza alemana o chocolate suizo.

Hinweis: Zu dieser Übung gibt es auch eine Folie, die im Repaso 3 eingesetzt werden kann.

4 Un año en Galicia

Schwerpunkt: Landeskunde Galizien, Wortschatz
Sozialform (a): UG (a, b); EA (c, d)
Übungsform: Fotos einem Hörtext zuordnen (a, b); Informationen zu Galicien sammeln, Informationsrecherche (c); seine Region präsentieren, schriftlich oder mündlich (d)

a Hinweis: Vor dem Hören sollten Sie die Abbildungen zu Galicien genau besprechen und sicherstellen, dass die Schüler die dazugehörigen Wörter verstanden und gespeichert haben. Nur so sind sie danach in der Lage, diese Wörter aus dem Hörtext herauszuhören.

Fotos, S. 71

A: Hórreos y cruceiros: En los hórreos se guardaban semilla y otros productos del campo. Son de madera y típicos del norte de España.
B: La empanada gallega: Es un plato típico de Galicia. Tiene muchas variedades. Puede llevar carne de cerdo, pescado, pollo. Todo esto con cebolla.
C: La Catedral de Santiago de Compostela: Es el final del Camino de Santiago y el edificio más famoso de Santiago de Compostela. Tiene dos estilos principales: románico y barroco.
D: La muñeira: Es un baile de Galicia y Asturias. Se canta y se baila. Además, la música está acompañada de varios instrumentos musicales. Parece que es un baile muy antiguo y que se bailaba fuera de los molinos (Getreidemühlen).
E: Vinos ribeiro y albariño: En Galicia hay cinco zonas de origen para los vinos. Además hay varios tipos de vino. Los vinos ribeiros y albariño son actualmente de los mejores de España. Por año se producen más de 15 millones de vino de estas regiones.
F: Las brujas en Galicia: Las «bruxas» o «meigas» como dicen los gallegos, son una creencia muy antigua en Galicia. La gente dice que las brujas entran en las casas, ponen enferma a la gente y son malas para el campo. Hay muchas leyendas sobre lo que hacen las brujas.
G: La gaita gallega: Las gaitas gallegas son famosas en todo el mundo. La mayoría son de madera. Las partes de la gaita gallega son: un puntero (como el de una flauta), el fuelle (donde va el aire) y el roncón (un tubo que va en el hombro del gaitero). Muchísimas canciones populares de Galicia deben ser tocadas con la gaita.
H: El pulpo: El pulpo es una especialidad gallega. No es muy fácil de hacer, pero es muy sabroso. Lleva pimentón, aceite de oliva, pimentón picante.

5 Hörtext (Track 37–42):

Julia (chica mexicana): ¿Bueno?
Markus (chico alemán): Hola Julia, soy yo, te llamo desde Alemania, ya he vuelto de Galicia.
Julia: Ah, qué bien, ¿cómo te fue?
Markus: Estuvo genial. Ya desde el primer día, mis compañeros de clase se portaron muy guay conmigo y me llamaban para salir o para ir a sus casas los días que hacía mal tiempo, cosa que, en Galicia, suele ocurrir: llueve mucho y hay mucha niebla. Pero la temperatura es siempre bastante suave.
Julia: Ah, y con la familia ¿te fue bien?
Markus: Bueno, necesité un poco de tiempo, no sé, me sentía extraño, y, además, me costó acostumbrarme a las comidas.
Julia: ¿Por qué? ¿Qué comían? ¿Cosas asquerosas?
Markus: No, principalmente pescado. En Galicia se come mucho pescado y marisco. Hay mucho. Después de unos días ya me acostumbré y ahora mi plato favorito es el pulpo a la gallega.
Julia: Bueno, lo evidente es que tu español es perfecto, y es gracioso escuchar a un alemán hablar con acento de España. Por cierto, allí hablan gallego, ¿aprendiste algo?
Markus: Sé decir algunas cosas. Es que la familia hablaba gallego entre sí, y mis compañeros también, pero conmigo hablaban en castellano. Si ven que eres extranjero o que no eres de Galicia, te hablan en castellano. En la escuela también había asignaturas en gallego, como historia o biología. Así que entiendo bastante pero no sé decir mucho.
Julia: ¡Qué bien! ¿Pudiste viajar? ¿Qué cosas viste?
Markus: Buff, sí, viajé bastante. Me pareció muy impresionante la capital, Santiago de Compostela, con su catedral y toda la zona antigua. En Lugo quedan unas murallas romanas que están muy bien conservadas. La naturaleza es quizás lo que más me impactó. Galicia es muy verde, con una costa muy accidentada, llena de acantilados, pero también playas perfectas para hacer surf. Buah, íbamos allí muchas tardes y era una pasada.
Julia: Muy bien, pareces muy feliz.
Markus: Sí. Dicen que la gente de Galicia es muy desconfiada, pero a mí no me lo pareció. Lo que es verdad es que son muy supersticiosos. Se dice que Galicia es la tierra de las brujas. Y allí las llaman meigas. Y creo que vi alguna.
Julia: Uuuuhhhh.
Markus: Ah, y un amigo me empezó a enseñar a tocar el instrumento típico: la gaita. Pero creo que prefiero tocar la batería.
Julia: En fin, pues pareces muy contento. ¿Vas a volver?
Markus: Lo voy a hacer. Ahora tengo allí muchos amigos y este año viene también de intercambio mi amigo Xurxo, de la escuela de A Coruña donde estuve yo…

Lösung:
Folgende Bildinhalte werden erwähnt: pulpo, Santiago de Compostela, brujas, gaita.

c Lösungsvorschlag:
Capital: Santiago de Compostela.
Provincias: A Coruña, Lugo, Ourense, Pontevedra.
Idiomas oficiales: castellano y gallego.
Paisaje: Muy verde, grandes acantilados.
Clima: Lluvias regulares, niebla y temperatura templada.
Turismo: Ciudades con antigüedades (murallas de Lugo, faro romano Torre de Hércules en A Coruña, catedral en Santiago de Compostela), buenas playas para hacer surf, Camino de Santiago, naturaleza…
Gastronomía: pulpo, pimientos de Padrón, empanada, marisco, pescados, caldo gallego, filloas (una especie de panqueca), vinos blancos Albariño y Ribeiro.
Economía: pesca, turismo, agricultura y ganadería, empresas internacionales como Zara, Pescanova, etc.
Fiestas y tradiciones: baile regional: muiñeira, instrumento típico: gaita.
Estereotipos: personas cerradas y supersticiosas.

d Lösungsvorschlag:
Baviera es un estado en el sureste de Alemania. La capital es Múnich.

5 Unidad

El idioma es el alemán, pero mucha gente, sobre todo en los pueblos, habla en dialecto. El paisaje es bastante plano en el centro y norte, y hay muchas montañas en el sur, en los Alpes. El clima es un poco frío. El turismo es importante, sobre todo por las ciudades (Múnich y Núremberg) y los Alpes. En gastronomía es muy conocida la *Weisswurst* (salchicha blanca). Baviera es una región muy importante en la economía de Alemania, y tienen algunas de las empresas más importantes: *BMW*, *Siemens*, *Münchner Rück*, y varias cadenas de televisión. La fiesta más importante es la *Oktoberfest* y allí todavía mucha gente a veces lleva pantalones de cuero y, las mujeres, un vestido típico llamado *Dirndl*.

5 Preguntas sobre la propia identidad

Schwerpunkt: Landeskunde – El País Vasco
Sozialform: UG und EA
Übungsform: Interpretation einer Karikatur (a); Leseverstehen, mündlicher Ausdruck (b)

a Lösungsvorschlag:
Se refiere al País Vasco. Con el mensaje el autor habla sobre las preguntas o problemas abiertos sobre la identidad de los vascos como parte de España o como algo independiente. En Alemania no ocurre nada parecido. Los que viven en Baviera no quieren separarse y ser un país diferente de Alemania. A pesar de que son un poco diferentes a los demás, por ejemplo a los del norte y a pesar de que tienen costumbres un poco diferentes, eso no es un problema aquí. Tampoco otros estados en Alemania desean ser independientes. Tal vez porque la historia de todos no es tan diferente y la lengua alemana es la misma, aunque hay dialectos.

b
1. Se refieren a los muertos de la Guerra Civil, pero también a las víctimas del terrorismo de ETA. La ETA a veces hace atentados y mata gente, con eso quiere presionar al gobierno. Pero casi nadie apoya la violencia de la ETA.
2. Para tener un trabajo mejor. La situación en España y Europa era muy difícil. Ella quería un poco de paz y seguridad.
3. Se refiere a la existencia de un País Vasco independiente. Esto es el sueño de muchos vascos: que su región sea de ellos y que no pertenezca a España.

Estrategia

Schwerpunkt: Einsprachiges Wörterbuch, Wortschatz
Sozialform: EA
Übungsform: Leseverstehen mittels einsprachigem Wörterbuch

Individuelle Lösungen je nach dem benutzten Wörterbuch.

Lösungsvorschlag (nachgeschlagen im Diccionario de la Real Academia Española):
El credo: conjunto de doctrinas comunes a una colectividad.
La procedencia: origen de donde nace algo.
El mozárabe: cristiano que vivía en territorio musulmán durante la dominación musulmana en España manteniendo su propia religión.
El muladí: cristiano que se convirtió al islamismo durante la dominación musulmana en España.
Netamente: claramente.
Incesantemente: que no cesa, que no para.

6 Mosaico de identidades

Schwerpunkt: Landeskunde – Al-Ándalus, Wortschatz
Sozialform: EA
Übungsform: Leseverstehen

origen / etnia / cultura	religión
árabes, bereberes, eslavos, negros e hispánicos (cristianos o mozárabes, muladíes y judíos)	musulmanes, cristianos, judíos

7 La Constitución española

Schwerpunkt: Landeskunde - Politisches System Spaniens
Sozialform: EA oder UG
Übungsform: Recherche sowie Vergleich mit der territorialen Gliederung des eigenen Landes, mündlicher Ausdruck

Lösungsvorschlag:
1. Existen 17 Comunidades Autónomas y dos Ciudades Autónomas y 49 provincias.
   En Alemania hay 16 *Bundesländer*, entre ellos tres ciudades forman un *Bundesland* para sí solos: Berlín, Hamburgo y Bremen. En algunos *Bundesländer* hay muchísimas ciudades, pero en otros no. También el tamaño es diferente.
2. En Alemania, hay dos cámaras de representantes, el *Bundestag* (que sería el Parlamento) y el *Bundesrat* (o Cámara alta). En cierto modo, el *Bundestag* parece ser algo como el Parlamento o Congreso de los Diputados de España, porque son los que hacen las leyes. Mientras que el *Bundesrat* y el Senado aceptan o no las leyes que hicieron el *Bundestag* y el Congreso respectivamente. En estas cámaras hay mucha gente, como diputados de diferentes partidos políticos y algunos representantes políticos. Todas estas personas tienen ese puesto de trabajo porque los alemanes votaron por ellos, por el partido político que parece ser el mejor. En Alemania las elecciones son difíciles de explicar, también depende de cada *Bundesland* cuándo se van a hacer. Con las elecciones los alemanes quieren tener un gobierno que se preocupe por ellos. Los partidos políticos son diferentes, tienen diferentes metas. Lo que es parecido en ambos países es que la gente habla de izquierda, derecha, de partidos «verdes».

8 El Rey de España

Schwerpunkt: Landeskunde – Politisches System im Ländervergleich
Sozialform: UG
Übungsform: Recherche, mündlicher Ausdruck

1. José Luis Rodríguez Zapatero del PSOE.
2. El correspondiente del Rey en Alemania es el *Bundespräsident*, y el correspondiente del Presidente del Gobierno es el *Bundeskanzler*. Pero con el rey es diferente, porque el rey es noble, nace como príncipe y se vuelve rey, el Bundespräsident no es noble, lo elige la *Bundesversammlung*. Los dos representan el país, pero no tienen poder ejecutivo.

Taller

Los partidos políticos

Schwerpunkt: Landeskunde - politische Parteien Spaniens, Wortschatz
Sozialform: UG und GA
Übungsform: Recherche, mündlicher Ausdruck

a Lösungsvorschlag:
Partido Socialista Obrero Español e Izquierda Unida son partidos de izquierda, que defienden políticas sociales fuertes y los derechos de los trabajadores.
Partido Popular es un partido de centro-derecha, que defiende más los derechos de los empresarios.
Convergencia i Unio, Esquerra Repu-

Unidad 5

blicana, Coalición Canaria, Partido Nacionalista Vasco y Bloque Nacionalista Galego defienden los derechos nacionales de sus respectivas regiones: Cataluña, Canarias, País Vasco y Galicia.

b Nach den Wahlen von 2008: PSOE 169, PP 154, CiU 10, PNV 6, ERC 3, IU 2, BNG 2, CC 2, NaBai 1, UpyD 1.

c Lösungsvorschlag:
1. Partido de los Superverdes
2. Somos un partido de gente joven que quiere un país con mucha naturaleza para recuperar los bosques y animales que existían antes y para que las emisiones de CO_2 sean menores.
3. Plantar diez árboles por cada habitante. Proteger a los animales que desaparecen poco a poco de las diferentes regiones. Apoyar la creación de bosques (silvicultura) y hacer de ahí un negocio para producir papel y también otras cosas, pero no debemos acabar con todos los bosques. Apoyar de verdad el uso de energías limpias.
4. Superverdes por un planeta verde y súper.

Lösungen CDA

1 Un poco de historia

Schwerpunkt: Nebensatzverkürzung mit Infinitiv
Sozialform: EA
Übungsform: Sätze umformen (a), Lückentext ergänzen (b)

a Siehe Tabelle oben.

Detalles sobre la Historia de España mencionados en el ejercicio
1. El pasado de España está atado a su fuerza naval y conquistadora: La Conquista de América marcó el inicio de la época dorada del Imperio español.
2. Con las guerras de sucesión empezó la lenta derrota de la fuerza imperial y España se volvió un poder de segunda clase.
3. España consiguió defender el trono contra Napoleón (y sus tropas) y volvió a ser independiente.
4. La pérdida de algunas de sus colonias que se hicieron independientes, marca otro paso más hacia la época moderna.
5. Bajo el reinado de Alfonso XIII (1902–1931), España logra mantener su neutralidad en tiempos de guerra mundial.
6. La Segunda República marca el puente entre el reinado de Alfonso XIII, el principio de la Segunda Guerra Mundial y la Guerra Civil Española.

Tabelle 1

1492:	**Cuando recibió dinero de la Reina de Castilla,**	Cristóbal Colón descubrió América.
1700:	**Como Carlos II de Austria murió sin tener hijos,**	su sobrino-nieto, Felipe V, se convirtió en el primer rey Borbón de España.
1808–1813:	Los españoles ganaron la guerra contra los soldados de Napoleón	**porque / cuando recibieron ayuda de Inglaterra.**
1898:	**Cuando se independizaron Cuba y Puerto Rico**	España perdió sus últimas colonias americanas.
1914:	**Cuando comenzó la Primera Guerra Mundial**	España se mantuvo neutral.
1931:	**Cuando se estableció la Segunda República**	Niceto Alcalá Zamora se convirtió en presidente.

b 1492 fue un año muy importante en la historia moderna de España: a partir de entonces, se habla de «España» como país y Cristóbal Colón descubrió América. Durante los años posteriores al Descubrimiento, España se convirtió en un imperio. La dinastía de los Austrias reinó hasta el año 1700, cuando Carlos II muere sin descendencia y Felipe V se convierte en primer rey [Borbón] de España. A finales del siglo XIX y principios del siglo XX reina el pesimismo en España debido a la pérdida de sus últimas colonias en Cuba, Puerto Rico y Filipinas, en 1898, y, por eso, España se mantiene neutral en la Primera Guerra Mundial. Después, en 1931, cuando cayó la monarquía de Alfonso XIII, comenzó la II República en España. En los últimos años de esta nueva etapa se produjeron muchos problemas políticos hasta que, en 1936, comenzó la Guerra Civil. Las tropas nacionales de Franco ganaron la guerra al bando republicano, Franco tomó el poder del país y convirtió a España en una dictadura. Fueron tiempos de mucha represión política y sólo se podía hablar castellano en las escuelas. Franco murió en el año 1975. Hasta 1977 se habla del Período de Transición, año en el que se celebraron las primeras elecciones. En 1978 se escribió la Constitución Española, vigente hasta hoy.

2 Otros intentos de unificación

Schwerpunkt: Bildbeschreibung
Sozialform: EA, GA
Übungsform: Bild beschreiben (a), Expertenrunde: Vorstellen von Kunstwerken aus dem Prado (b)

a Francisco de Goya y Lucientes: *El 3 de mayo de 1808 en Madrid: los fusilamientos en la montaña del Príncipe Pío*

b Individuelle Lösungen

> En la página 59 en el libro de alumno, puedes encontrar expresiones para describir a personas de un cuadro / una imagen.

3 Hacia Europa

Schwerpunkt: Hörverstehen und Inhaltserweiterung: Europa
Sozialform: EA
Übungsform: Hörverstehen

Hörtext (Track 28):
Hombre político:
Señoras y señores: Muchas gracias por asistir a este acto de celebración del vigésimo aniversario de la entrada de España en la Unión Europea. El 12 de junio de 1985 fue un día muy especial para mí y para España. Pero también para Portugal. Los entonces presidentes de ambos países firmamos los respectivos tratados de adhesión de los países a los que representábamos. Con ello, toda la Península Ibérica se volvía europea y comenzaba su proceso de modernización. Aunque las Comunidades Europeas se fundaron entre 1951 y 1957, en España y Portugal tuvimos que esperar más de treinta años para poder ser miembros. En el caso de España, las personas de mi generación sólo conocían la dictadura de Franco y una dictadura no era el modelo político deseado en Europa. Europa dio sus primeros pasos sin nosotros, que tuvimos que construir una democracia tras la muerte del general. Como responsable de las primeras negociaciones de 1977 con Europa y después de más de diez años de adaptaciones a los requisitos europeos, el 12 de junio de 1985, cuando llegué al Salón de Columnas del Palacio Real para firmar el Tratado, estaba muy nervioso. Pero también me sentía muy orgulloso.

5 Unidad

Por fin los españoles iban a ser europeos, podrían viajar por toda Europa sin problemas, vender sus mercancías a nuestros vecinos,… Y hoy me siento más orgulloso aún al comprobar que el proyecto europeo ha seguido adelante y ya cuenta con 20 años de edad. 20 años durante los cuales España, con Europa, ha seguido desarrollándose hasta el punto de pagar con una misma moneda en cualquier tienda de la Comunidad. ¡Quisiera brindar hoy por, al menos, otros veinte años más!

1. *¿Cuándo se unió España a la Unión Europea? ¿Lo hizo sola?*
   El 12 de junio de 1985 se unió España a la Unión Europea. No, lo hizo con Portugal.
2. *¿Cuántos años antes se fundó la Unión Europea?*
   Entre 1951 y 1957, más de treinta años antes.
3. *¿Por qué no participó España en su fundación?*
   Porque España era una dictadura y no una democracia y por eso no podía participar en la fundación de Europa. Su modelo político no cumplía los requisitos de Europa.
4. *¿En qué año se produjeron las primeras negociaciones de la entrada de España en la Unión Europea?*
   En 1977.
5. *¿Dónde se firmó el Tratado de Adhesión de España a la Unión Europea?*
   En el Salón de Columnas del Palacio Real.

Felipe González y su gobierno

Hombre político muy importante para «la Transición» – época en la que España se transformó de un régimen dictatorial en un gobierno democrático (democracia). Felipe González fue secretario general del Partido Socialista Obrero Español (PSOE) desde 1974 hasta 1997 y presidente del Gobierno desde 1982 hasta 1996.
En las elecciones de 1982 el PSOE obtuvo como primer partido democrático en España una mayoría absoluta. En los 14 años de su gobierno llegaron a tranformar España hacia un país con una economía liberal, hicieron reformas sociales y 1986 consiguieron la adherencia a la Unión Europea.

4 Una entrevista a los españoles

Schwerpunkt: Indirekte Rede mit Tempusverschiebung
Sozialform: EA
Übungsform: Sätze umformulieren (a), Sätze vervollständigen (b), eigene Meinung zum Thema (c)

a
1. «Creo que, al entrar España en Europa, todos los españoles encontrarán trabajo.»
2. «Me alegro de que los españoles puedan viajar por toda Europa sin problemas.»
3. «No quiero que España se convierta en un país únicamente turístico.»
4. «Pienso que seguramente los campesinos tendrán que vender parte de sus tierras y reducir el número de sus animales para poder entrar en Europa.»
5. «Deseo que vengan más europeos a trabajar a España y que haya más intercambio cultural entre los países europeos.»

b
1. «Pensé que todos los españoles **encontrarían** trabajo.»
2. «No creí que **llegáramos a tener** una moneda única.»
3. «Me habría gustado que el proceso **hubiera sido / fuera** más rápido.»
4. «Los españoles pensamos que Europa siempre nos **ayudaría** económicamente.»
5. «Nunca creí que se **terminara** la ayuda económica.»
6. «Nunca pensé que los europeos **fueran / fuéramos** tan parecidos.»

c Individuelle Lösungen

5 ¿Una misma lengua para todos o diferentes lenguas en Europa?

Schwerpunkt: Sprachendiskussion in Spanien
Sozialform: GA
Übungsform: zu dargelegten Thema Stellung nehmen und Meinung austauschen

Individuelle Lösungen

Con estas expresiones puedo…

… discutir en español

Ya veo.
Sí, yo también pienso así.
Tienes razón.
Es verdad que… + ind.

Bueno, pero…
Pienso que no es así.
Creo que no tienes razón.

No estoy de acuerdo contigo / con vosotros.
No veo las cosas como tú.
No es verdad que… + subj.
Yo también / tampoco pienso así / lo mismo.
El problema es que…
Tenemos que darnos cuenta de que…
Deberíamos pensar en…

6 Un gran momento para el pueblo español

Schwerpunkt: Sprachmittlung (Dolmetschübung)
Sozialform: EA
Übungsform: Dolmetschübung

Periodista: **Buenos días y muchas gracias por recibirnos.**
Tú: Guten Tag und vielen Dank, dass Sie uns empfangen.
Parlamentario: Bitte, bitte, das ist ja eine wichtige Gelegenheit für Ihr Land.
Tú: Acepta y dice que eso es una oportunidad importante para nuestro país.
Periodista: **Sí, hace 20 años que firmamos el Tratado de Adhesión a Europa y este año vamos a celebrarlo. ¿Cree usted que España ha cambiado mucho desde entonces?**
Tú: Ja, meine Kollegin fügt hinzu, dass es 20 Jahre her ist, seit Spanien die Beitrittserklärung zu Europa unterschrieben haben und dieses Jahr werden sie es feiern. Sie fragt, ob Sie glauben, dass sich Spanien seither gewandelt hat.
Parlamentario: Ja, Spanien hat sich sehr positiv entwickelt. Eine der Anforderungen war, dass es eine Demokratie werden sollte und Spanien hat es geschafft.
Tú: Dice que España se ha desarrollado muy positivamente en los últimos años, que uno de los puntos que España tenía que cumplir para entrar a Europa era que España fuera un país democrático y España logró serlo.
Periodista: **Pero eso sólo fue el comienzo. Desde entonces, ¿ha notado más cambios?**
Tú: Sie fügt hinzu, dass dies aber erst der Anfang war. Sie möchte weiter wissen, ob Sie seither weitere Veränderungen bemerkt haben?
Parlamentario: Natürlich. Europa verlangte damals von Spanien, dass es seine Wirtschaft an die europäische Wirtschaft anpasse: einige Bauern sollten die Anzahl ihrer Tiere begrenzen, andere einen Teil ihrer Felder verkaufen… Als Gegenleistung würden sie Geld von Europa bekommen, um weiter arbeiten zu können.
Tú: Además, dice que Europa pidió a España que adaptara su economía a la europea, que unos campesinos deberían limitar el número de animales y otros tendrían que vender parte de sus tierras. También dice que, a cambio, los campesinos españoles

recibirían dinero de Europa para que pudieran seguir trabajando.

Periodista: **Pero hoy ya no recibimos ayuda económica…**

Tú: Meine Kollegin bemerkt, dass Spanien aber heute keine wirtschaftliche Hilfe mehr bekäme…

Parlamentario: **Spanien ist heute ein entwickeltes und wichtiges Land in Europa. Deswegen bekommt es weniger wirtschaftliche Hilfe von der EU. Und das ist auch gut so. Natürlich möchten noch viele Spanier, dass Brüssel weiter zahlt, aber das Geld ist jetzt für die neuen Mitglieder.**

Tú: El parlamentario también piensa que España es hoy un país desarrollado e importante en Europa y que por eso recibe menos ayudas económicas de la Comunidad Europea. Piensa que a muchos españoles les gustaría que Bruselas continuara pagando pero que el dinero es ahora para los nuevos miembros.

Periodista: **Entonces, esperamos que estos nuevos miembros también consigan desarollarse como lo ha hecho España. Muchas gracias por su tiempo.**

Tú: Er fügt hinzu, dass er hoffe, dass es diesen neuen Mitglieder auch gelinge, sich so zu entwickeln, wie es Spanien getan hat und bedankt sich für unsere Zeit.

6 Nuevas sociedades

Übersicht

Themen	Kommunikative Fertigkeiten	Sprachliche Mittel	Methodenkompetenz
Primer paso • Migration	• Über Karikaturen sprechen		
Recursos • Immigraten in Spanien • Puerto Ricaner in New York	• Sich am Flughafen erkundigen	• Satzverkürzungen mit Gerundium	
Panorama • Die Grenze zu den USA • Lateinamerikaner in den USA • Spanglish	• Ein Gedicht und ein Lied interpretieren • Ein Gemälde interpretieren • Über einen Romanauszug sprechen		• Techniken der Umschreibung
Taller • Kulinarische Migration	• Sprachreflexion: Wörter aus dem Náhuatl und Arabischen		

Primer paso und Recursos	
1. Einstieg und Hinführung zum Thema: Hinführung zum Thema Migration anhand einer Weltkarte, Karikaturen und Hörtext, Folie 1	SB, L-CD, Folien
2. Textpräsentation und -erarbeitung in Abschnitten:	SB, S-CD (Track 29–31)
3. Inhaltssicherung: SB 1, 2	SB
4. Sicherung von Wortschatz und Redemitteln: SB 3, CDA 1, 2, 3 Wiederholung de neuen Vokabulars KV S. 113	SB, CDA
5. Übungen zur Erarbeitung und Festigung der Grammatik: Entdeckendes Lernen: Das *gerundio*: CDA S. 85 Nebensatzverkürzung mit *gerundio*: SB 5, 6, 7, 8, CDA 4	SB, CDA
6. Hörverstehen: SB Primer paso 4 SB Recursos 4	SB, L-CD (Track 43 und 44)

6 Unidad

7. Landeskunde / interkulturelles Lernen: Ceuta y Melilla: SB 7 Puerto Rico: SB 8 Immigration in Spanien: CDA 3	SB, CDA
8. Übungen zur Zusammenfassung und Wiederholung: CDA 5, Erweiterung / Intensivierung: Folie 2	SB Folien
9. Kommunikation: Umschreibungstechniken üben KV S. 115	Kopien
10. Methodenkompetenz: Wiederholung: Hörverstehenstechniken S. 80	SB, Download
11. Übungen zur Selbstkontrolle: CDA S. 86	CDA
Panorama und Taller	
1. Aufgaben zu den authentischen Materialien • Karten und Statistiken SB 1, hinterer Bucheinband • Gedicht (Spanglish): Where are you from, Gina Valdés SB 2 Globalverstehen (a), Detailverstehen (b), Stilanalyse (c), Interpretation / Reflexion (d) • Gemälde: History of the chicano movimiento, Frank Romero SB 3 Beschreibung (a), Interpretation / Reflexion (b), persönliche Beurteilung (c) • Romanauszug: Cuando era puertorriqueña, Esmeralda Santiago SB 5 Globalverstehen (a), Übersetzung Spanglish (b), Interpretation (c), Reflexion (d) • Statistik: Hispanos en EE. UU. Interpretation (a), Diskussion (b), Reflexion (c) • Sprachprobe Spanglish: El super, Claudia Williams Vorentlastung (a, b), Analyse (c, d), Transfer (e)	SB
2. Sicherung von Wortschatz und Redemitteln: Interpretation von Statistiken SB 6	SB
3. Methodenkompetenz: Lerntechnik: Techniken der Umschreibung: SB S. 83	SB
4. Hörverstehen • En la frontera de EE. UU. SB 1 Vorentlastung (a, b), Hörverstehen (c), Diskussion / Reflexion (d) • Lied: Jaula de oro SB 4 Vorentlastung (a), Globalverstehen (b), Reflexion (c), Diskussion (d)	SB, L-CD (Track 45–48 und 49)
5. Landeskunde / interkulturelles Lernen: Texte: Latinos / Hispanics in den USA (S. 82–84), Spanglish (S. 85) [La cocina mexicana SB 9, Erweiterung: Folie 3]	SB Folien
6. Projekte fürs Sprachenportfolio: Taller: Inmigrantes culinarios (freie Textproduktion), Folie 4–6	SB Folien

Hinweise zu den Bildfolien

Folie 1 – Nuevas sociedades
Einige Fotos der Einstiegseiten werden gezeigt. Dazu kann L die Übung 3a beim geschlossenen Buch durchführen.

Folie 2 – Lavapiés
Die Folie zeigt einige Straßenszenen des multikulturellen Viertels Lavapiés in Madrid. Folgende Informationen auf Spanisch kann der L dabei vorlesen.

Lavapiés es un antiguo barrio de Madrid. En un principio fue el barrio de los judíos de Madrid y hasta los años 80 del siglo XX. Lavapiés estaba habitado por gente mayor y había muchas casas baratas y abandonadas, con lo cual muchos jóvenes e inmigrantes – principalmente marroquíes y chinos –, se establecieron aquí. Hoy más de la mitad de los habitantes son de origen no español. Aquí se encuentra una especie de China Town con muchas tiendas y bazares; se puede ver la celebración del Fin de Año Chino o el Ramadán. Y también se puede visitar el tradicional mercado popular: el Rastro. Lavapiés ofrece con sus teatros alternativos y pubs de marcha nocturna un cierto ambiente bohemio.

Folie 3 – Inmigrantes «culinarios»
Die Folie kann zur Einführung des Tallers dienen und zeigt die Lebensmittel aus SB, S. 87. Die S sollen intuitiv und nach dem Ausschlussverfahren die Wörter mit den Bildern verbinden. Dann können sie die Wörter der entsprechenden historischen Epoche zuordnen.

Folie 4 bis 6 – ¿Qué plato es?
Die drei Folien zeigen drei Rezepte: tortilla española (Folie 4), pan tumaca (Folie 5) und empanada gallega (Folie 6). Die Bilder werden Schritt für Schritt aufgedeckt und die S sollen die Vorbereitung beschreiben und raten, um welches Gericht es sich handeln könnte.

Lösungen Schülerbuch

Primer paso

1 ¿Adónde emigrar?

Schwerpunkt: Hinführung zum Thema Migration
Sozialform: GA
Übungsform: Weltkarte zur Migration interpretieren

Folgende Redemittel können vor der Bearbeitung gesammelt werden:

Unidad 6

Europa
Asia
África
América del Norte
América del Sur
Centroamérica
Australia

Se encuentra en el (hemisferio)
– norte
– sur
– este
– oeste

Es más ...
grande
pequeño
delgado
estrecho *(schmal)*
ancho *(breit)*

Individuelle Lösungen

2 Fenómenos demográficos

Schwerpunkt: Weiterführung des Themas Migration
Sozialform: GA
Übungsform: Definitionen den Begriffen zuordnen (a); Erweiterung der Karteninterpretation von Aufgabe 1 (b)

a
A: Inmigración
Migración considerada desde el punto de vista del lugar de destino de los individuos desplazados.
B: Emigración
Migración consistente en dejar el propio país para establecerse, o trabajar temporalmente, en otro.

b Folgende Redemittel können vor der Bearbeitung gesammelt werden:

factores económicos:
la pobreza
las tierras
la agricultura
el latifundio
la industria
los sueldos bajos
ganar poco / mucho
trabajar pocas / muchas horas al día
trabajar duro / en el campo

factores políticos:
una dictadura
una guerra / guerra civil
la desigualdad
la censura
la discriminación de ciertas razas / religiones
los derechos humanos *(Menschenrechte)*
tener miedo de la policía / del militar
no tener libertad

Individuelle Lösungen

3 ¿Sólo con la maleta en mano?

Schwerpunkt: Vertiefung des Themas Migration
Sozialform: GA
Übungsform: Karikaturen interpretieren (a), in der Gruppe diskutieren (b)

a, b Folgende Wörter werden für die Beschreibung der Karikaturen gebraucht und sollten angegeben werden:

un ataúd	ein Sarg
un remo	ein Ruder
una escoba	ein Besen
un cerebro	ein Gehirn
una maleta	ein Koffer
un abismo	ein Abgrund

Folgende Redemittel können vor der Bearbeitung gesammelt werden:

el miedo	tener miedo
el peligro	ser peligroso
la esperanza	esperar que
la tristeza	estar triste
el dolor	doler(le) algo a alguien

Individuelle Lösungen

Hinweis: Die Karikaturen stammen aus 2. Internationalen Karikaturenwettbewerb der deutsch-türkischen Satirezeitschrift Don Quichotte. Weitere Karikaturen des Wettbewerbs können im Internet unter www.donquichotte.at eingesehen werden (Klick auf „exhibition").

4 La otra inmigración

Schwerpunkt: Konkretisierung des Themas (Immigranten aus Afrika), Hörverstehen
Sozialform: GA
Übungsform: Vermutungen über eine Karikatur aufstellen (a, b); seine Hypothesen am Hörtext überprüfen (c)

a Folgende Stichpunkte können als Anregung dienen:
– tener poco espacio
– tener un bote *(Boot)* muy viejo / muy pequeño
– viajar en un bote sin motor
– no tener nada de comer
– hacer un viaje muy largo y peligroso
– correr riesgos
– tener mucha esperanza

Individuelle Lösungen

b Lösungsvorschlag:
Vienen del norte de África, probablemente de un país árabe como Marruecos, Argelia o Túnez y van a las Islas Canarias, a España o a Italia (p. ej. a Sicilia).

c Hörtext (Track 43)
Ilustración trece. Esta caricatura muestra un grupo de hombres que ha salido de Marruecos y que intenta llegar a España por mar. Dos de ellos parecen felices porque ya casi han llegado a su destino. Los viajeros están lejos de Marruecos y muy cerca de España. En realidad, estos dos países están separados por catorce kilómetros en el Estrecho de Gibraltar, por eso muchos africanos piensan que es muy fácil llegar a Europa por ahí. ¿Será esto un viaje de vacaciones? No, este es un viaje diferente, pero cada vez más frecuente hoy en día. Los hombres que vemos son emigrantes que no tienen nada más que su deseo de llegar a otro país: ellos viajan sin motor, algunos ayudan con las manos y dos con escobas para moverse en el mar. El bote en el que van es en realidad el ataúd para un muerto.
Con esta caricatura Naji Benaji de origen marroquí obtuvo el segundo lugar en el concurso internacional de caricaturistas Don Quijote 2007. En ella, el artista resume de forma sarcástica algunos de los peligros que pasan los emigrantes africanos para llegar a Europa. Debido a que en sus países hay guerra, pobreza y falta de trabajo, buscan una alternativa para ellos y sus familias. Actualmente más de 50.000 personas de origen africano intentan emigrar ilegalmente cada año al continente europeo: 40.000 son enviadas a sus países de origen y cerca de 7.000 mueren en el camino. Algunos pierden la vida en el desierto, pues no llevan comida ni agua. Otros tantos mueren al cruzar la valla protectora de ocho metros de altura, cuando llegan por ejemplo a Ceuta y Melilla, ciudades españolas en la costa africana. Aquellos que pasaron la valla tienen todavía que evitar a la policía marroquí y a la Guardia Civil española. Ya en la costa salen al mar en barcos llenos de emigrantes, pero muy pocos llegarán a España, porque algunos de estos barcos se hundirán.

Recursos

1 Oksana, Oleksander, Pai y Ernesto

Schwerpunkt: Textarbeit
Sozialform: variabel (EA / PA)
Übungsform: Fragen zum Text (mündlich) beantworten (a-c); freie Texterstellung (d)

Lösungsvorschlag:
1. Oleksander y Oksana vinieron a España porque en Ucrania el sueldo de Oleksander era malo y apenas alcanzaba para comer, querían un mejor futuro. A Pai Llang la llama-

ron sus familiares que ya vivían en España. Le pidieron que ayudara en su restaurante. Ernesto vino a España porque quería ser independiente de su familia en México y hacer algo por sí mismo.

En los tres casos las razones por las que las personas dejaron su país son muy diferentes. Son razones económicas (Oleksander y Oksana), familiares (Pai Llang) o individuales (Ernesto).

2. Creo que a Oleksander y Oksana les ayudó su optimismo y que vinieron los dos juntos. Así se pueden apoyar el uno al otro. A Pai Llang le ayudó que ya estuviera su familia ahí y que consiguiera su permiso de trabajo sin ningún problema. A Ernesto seguramente le ayudó que ya hablara español porque es mexicano. Así no se tenía que enfrentar a problemas de idioma. Además, le ayudó su gran deseo de lograr algo propio.

3. Creo que Ernesto es el más feliz de los cuatro porque Oleksander y Oksana todavía tienen problemas con el visado de trabajo y Pai Llang dice que le gustaría regresar a China algún día. Ernesto tiene éxito en España y alcanzó lo que se había propuesto.

4. Me imagino que Oleksander y Oksana eligieron España porque es un país atractivo en muchos sentidos. Tiene buen clima, muy buena comida, tiene muchos lugares turísticos interesantes, playas, montañas y una cultura antigua. Pero lo más importante para los dos era conseguir un trabajo. Tal vez Oleksander vio un anuncio de trabajo en Internet cuando todavía vivían en Ucrania. Así decidieron ir a España.
En el caso de Pai Llang está bastante claro. Ella simplemente fue adonde estaban sus familiares que ya habían emigrado diez años atrás.
Ernesto creo que se decidió en el primer momento por Europa porque es el origen de una gran cultura muy antigua. Además, es un continente industrializado y muy desarrollado. Es parte del primer mundo. Primero Ernesto llegó a Alemania, pero después se fue a vivir a España. Seguramente lo hizo por el idioma.

2 Reflexionar acerca de la inmigración

Schwerpunkt: Wortschatz
Sozialform: EA
Übungsform: Vokabelnetz erstellen

Folgende Vokabeln sind beispielsweise bekannt. Die Anordnung kann individuell gestaltet werden.

establecerse / echar de menos / integrarse / encontrar trabajo / estar confrontado, -a con algo / (des)animarse / arreglar los papeles / resultar fácil/difícil / adaptarse a algo / identificarse / conservar algo

un visado / una valla / una frontera / la política / un extranjero, una extranjera / un ilegal, una ilegal / problemas económicos / políticos / sociales

3 ¿Me puede ayudar?

Schwerpunkt: Sprachmittlung (in beide Richtungen)
Sozialform: UG / EA
Übungsform: Dolmetschübung
Lösungsvorschlag:
Señor Roth: Entschuldigen Sie, sind Sie für die Gepäckausgabe zuständig? Eine Frage: ich bin gerade aus Nürnberg angekommen, aber mein Gepäck war nicht auf dem Fließband. Was muss ich tun?
Tú: **Éste es el Señor Roth. Quiere saber si usted es el responsable de los equipajes. Dice que acaba de llegar de Núremberg, pero su equipaje no ha llegado.**
Encargado de aeropuerto: Sí, soy yo el responsable de entrega de equipajes. ¿Me podría mostrar su billete, por favor?
Tú: **Der Herr möchte ihr Ticket sehen.**
Señor Roth: Hier haben Sie es.
Tú: **Aquí tiene.**
Encargado de aeropuerto: Gracias, déjeme ver… ¿Tal vez su maleta es demasiado grande y la dejaron en el departamento de equipajes. ¡Pregúntele a ese señor de ahí!
Tú: **Er sagt, dass ihr Gepäckstück vielleicht zu groß war und am Sperrgepäckschalter angekommen ist. Fragen Sie bitte dort drüben.**
Señor Roth: Aber den habe ich schon gefragt und er konnte mir nicht helfen.
Tú: **Dice que ya le ha preguntado, pero no pudo ayudarlo.**
Encargado de aeropuerto: Está bien. Pues… un momento, voy a mirar en el ordenador… parece que su equipaje no ha salido de Núremberg.
Tú: **Er sagt dass er im Computer sieht, dass ihr Gepäckstück Nürnberg gar nicht verlassen hat.**
Señor Roth: Und was bedeutet das?
Tú: **¿Y qué significa eso?**
Encargado de aeropuerto: Significa que va a llegar con el próximo avión… ah sí, aquí está… bueno, el próximo avión ya está a punto de salir, en dos minutos. Ya no es posible. Entonces, va a llegar con el avión de mañana.
Tú: **Normalerweise sollte es mit dem nächsten Flugzeug kommen, aber das war scheinbar zu knapp, also kommt ihr Gepäck erst morgen.**
Señor Roth: Muss ich dann nochmal herkommen?
Tú: **Quiere saber si tiene que volver al aeropuerto mañana.**
Encargado de aeropuerto: No, no hace falta. Si me deja su dirección le podemos mandar su equipaje. ¡Llene este formulario, por favor!
Tú: **Nein, es reicht, wenn Sie ihre Adresse angeben und dieses Formular ausfüllen, dann wird Ihnen der Koffer geschickt.**
Señor Roth: In Ordnung. Und wie lange dauert es?
Tú: **¿Y cuándo llega entonces el equipaje?**
Encargado de aeropuerto: Máximo tres días.
Tú: **Spätestens in drei Tagen.**
Señor Roth: Vielen Dank für die Information.
Tú: **Gracias por la información.**
Encargado de aeropuerto: De nada.

4 Inmigrantes chinos en España

Schwerpunkt: Hörverstehen
Sozialform: EA
Übungsform: Fragen zum Hörtext beantworten (Detailverstehen)

Hörtext (Track 44)
Fuente: 2. Hispanorama 353, 16. Juli 2007: China: una inmigración diferente (7:37)
Inmigrantes chinos en España
Minerva Oso: La mayoría llegaron a España en los años 90, de la China rural más deprimida, de una zona, Xintien, cerca de Shanghai. Emigran en familia, son emprendedores, junto con los paquistaníes, el colectivo extranjero que más empresas ha montado en nuestro país. Amelia Zaid, es socióloga de la universidad autónoma de Barcelona:
Amelia Zaid: Para las personas que vienen de Xintien y Wen Chao, digamos que su ideal, o su proyecto, migratorio y vital, es conseguir, bueno, ser dueños de sus propios negocios. Entonces, este es el modelo que se sigue. Cuando se acumula capital lo que se hace es invertir en nuevas tiendas. ¿No?

Unidad 6

Minerva Oso: Los diez mil negocios familiares, cada vez más variados, repartidos por toda la geografía. Felipe Chen es portavoz de la asociación de comerciantes chinos de España.
Felipe Chen: Objetivo es alcanzar la integración en la ciudad española; nos sentimos también como parte de España, somos, o sea, desarrollo de economía de España, somos parte de ellos.
Señora: Los China Town, es el barrio porque ya todo lo tienen los chino, es, antes, yo llevo aquí desde el 87, había cuatro, y ahora ya todas las tiendas que van cerrando, pues lo cogen ellos. Todos, todos los locales…
Minerva Oso: Hay varios China Town como dice esta vecina del barrio madrileño de Usera, también en Lavapiés y en Cataluña, en las ciudades de Santa Coloma y Olot. Tienen fama de cerrados y de que se integran mal. Ellos dan varias razones, el idioma sobre todo, dice Esperanza Liu, periodista china que vive hace cinco años en Madrid.
Esperanza Liu: Parece que es una comunidad muy cerrada, ellos no quieren tener el [!] vida social como los demás y solamente le[s] interesa trabajar y hacer negocios. Bueno, eso es una parte pero creo que fundamentalmente por el idioma, porque le[s] cuesta expresar sus ideas, sus mentalidades al público español.
Minerva Oso: Más razones: mucho tiempo dedicado al trabajo y una tradición cultural en nuestras antípodas que les dificulta las relaciones. Y nos impide cruzarnos con ellos en cines, discotecas o bares. Eligen bingos, karaokes y salones recreativos para divertirse.
Esperanza Liu: Los ocios no son iguales como en China y, por ejemplo la televisión, y cine y como no entiende[n] ya no le[s] llama mucho la atención. Y luego, los chinos parece que no valora[n] mucho el tiempo de descanso…

Lösung:
1. La mayoría de los inmigrantes chinos llegaron en los años 90.
2. Hoy en día hay unos cien mil ciudadanos chinos que viven en España.
3. Su mayor problema es que no entienden muy bien del español. Por eso les es difícil tener contacto con españoles e integrarse.
4. Los chinos piensan que los españoles son muy cariñosos, pero también que no les gusta trabajar porque salen mucho y disfrutan la vida.
5. La mayoría viene de una zona cerca de Shanghai y emigra en familia.
6. Los chinos que viven en España son comerciantes casi todos. Tienen tiendas de fruta, de ropa o de cualquier otra cosa. Su objetivo es tener su propio negocio o empresa.
7. Los chinos tienen intereses diferentes a los españoles. Prefieren ir a bingos, karaokes en vez de a cines, discotecas y bares. También por eso es difícil que tengan contacto con españoles.
8. Los chinos son un poco cerrados y se integran mal en la sociedad española porque no hablan español y les es difícil aprenderlo. Trabajan mucho y no les interesa tener mucha vida social. Lo más importante para ellos -porque así es su cultura- es trabajar y hacer negocios.

5 Un joven ruso en España

Schwerpunkt: Verbalperiphrasen mit *gerundio*
Sozialform: EA / UG
Übungsform: Transformationsübung

1. Ya vive diez años en España. **Sigue / continúa echando** de menos su país.
2. Habla muy bien el español. Con su familia **sigue / continúa hablando** ruso.
3. Le gustan los idiomas. En España **lleva tres años estudiando** francés.
4. No le gustan las matemáticas. Pero **va sacando** cada vez mejores notas.
5. Recibió un paquete de Ucrania. **Se quedó pensando** mucho tiempo en sus abuelos.

6 ¡Cuántas acciones a la vez!

Schwerpunkt: Nebensatzverkürzung mit *gerundio*
Sozialform: EA / UG
Übungsform: Sätze nach Bildimpulsen formulieren (a); Übersetzung (b)

a Lösungsvorschlag:
A Daniel hace la compra hablando al mismo tiempo por teléfono con su novia.
B La Señora Olivos toma café leyendo al mismo tiempo el periódico.
C El Señor Delgado Rodríguez espera el autobús leyendo el periódico y comiendo un bocadillo.
D Juana hace los deberes viendo la tele.

b Lösungsvorschlag:
A Daniel telefoniert beim Einkaufen mit seiner Freundin. / Miguel kauft ein und spricht dabei / gleichzeitig mit seiner Freundin am Telefon.
B Frau Olivos liest beim Kaffeetrinken Zeitung. / Frau Olivos trinkt Kaffee und liest dabei / gleichzeitig die Zeitung.
C Herr Delgado Rodríguez wartet auf den Bus, liest die Zeitung und isst (gleichzeitig) ein belegtes Brötchen.
D Juana macht beim Fernsehen die Hausaufgaben. / Juana macht die Hausaufgaben und sieht dabei fern.

7 Dos ciudades españolas en África

Schwerpunkt: Nebensatzverkürzung mit *gerundio*
Sozialform: variabel (EA / PA / UG)
Übungsform: Transformationsübung

1. Muchos aman su país, pero, **como hay / porque hay / cuando hay / si hay** pocas oportunidades de trabajo, deciden emigrar a Europa.
2. Muchos salen de su país, **pero saben / aunque saben** que no volverán a ver a sus familias.
3. **Aunque es** peligroso, muchos intentan entrar en Ceuta y Melilla.
4. Muchos mueren **cuando cruzan / mientras cruzan** la valla.
5. Emigran a Europa **y buscan** trabajo.
6. Hay gente que los ayuda **y ponen / aunque ponen** su propia vida en peligro.
7. **Si se apoyaran / si apoyáramos** proyectos sociales en África se evitaría que algunos decidieran emigrar.

8 Nuyoricans

Schwerpunkt: Sprachmittlung (spanisch – deutsch)
Sozialform: EA
Übungsform: Zusammenfassen eines spanischen Textes auf Deutsch anhand von Leitfragen

Lösungsvorschlag:
Puerto Rico hat seit der Unabhängigkeit von Spanien eine besondere politische Bindung mit den USA. Puerto Rico ist zwar in vielen Bereichen unabhängig, wird aber als „Estado Asociado de Estados Unidos" bezeichnet, also als ein den USA angegliederter Staat. Die Puertoricaner sind US-amerikanische Staatsbürger und die Außenpolitik des Landes wird von den USA gesteuert. Deshalb ist es für sie besonders leicht, in die USA auszuwandern. Obwohl Puerto Rico so klein ist, sind fast 10 % aller Latinos in den USA Puertoricaner. Die meisten leben in New York und nennen sich Nuyoricans, das ist eine Zusammensetzung aus New York + (Puerto) Rico.

6 Unidad

Panorama

1 En la frontera de EE. UU.

Schwerpunkt: Landeskunde (Einwanderung in die USA), Hörverstehen
Sozialform: GA (oder PA, UG)
Übungsform: Auswertung von Karten- und Bildmaterial (a); Recherche im *glosario cultural* (b); Hörverstehen (c); Diskussion (d)

a Lösungsvorschlag:
Emigran mayoritariamente a EE. UU. de México, de Cuba, de Puerto Rico y de la República Dominicana y El Salvador. En los EE.UU. hay más de 44 millones de hispanohablantes. Llegan allí cruzando la frontera entre México y EE. UU. por el mar, en aviones (Puerto Rico). Los peligros del viaje son la naturaleza (los ríos, el mar, el desierto) y los controles de la policía.

b Lösungsvorschlag:
Los Ángeles, San Francisco, San Diego, Las Vegas, San Antonio, Sacramento, San Luis, Santa Fe, El Paso, etc. Tienen nombre español porque en 1846 México perdió mucho territorio después de la invasión norteamericana. Este territorio hoy son los estados de California, Nuevo México, Arizona, Nevada y Utah.

c Hörtext (Track 45–48):
Reportero: México y Estados Unidos comparten una frontera terrestre de más de 3.000 kilómetros. Frontera que miles de latinoamericanos cruzan ilegalmente para alcanzar el sueño americano. Sin embargo este sueño se está volviendo una pesadilla de la que deben despertar ambos países. Estamos ahora en la frontera, frente al muro que separa a Tijuana y San Diego y que es protegido diariamente por decenas de policías. Se estima que en EE. UU. viven más de diez millones de personas de origen mexicano. Seis millones son indocumentados. Cada año medio millón intenta cruzar la frontera. En 1994, Estados Unidos decidió construir un muro fronterizo entre Tijuana y San Diego para evitar que pasaran inmigrantes ilegalmente. Aquello se llamó «Operación guardián» o «Operation Gatekeeper».
Migrante ilegal: Ya no se puede cruzar, no es tan fácil: con el muro, la policía y el desierto. Antes sólo había que soportar el desierto, caminar y caminar hasta salir de ahí. Pero ya no, los policías tienen todo, radios, armas, un montón de camionetas. Nos buscan incluso con helicóptero. Ellos no preguntan, ellos disparan sus pistolas y punto.
Migrante ilegal: Sólo hay dos opciones: Por el muro o por el río. Y luego queda el desierto. El año pasado hubo 400 muertos oficialmente, pero la verdad es que son muchos más. Todos aquellos que se murieron en el desierto o que se ahogaron, esos no se ven, pero existen.
Migrante ilegal: El muro está lleno de luces, es muy alto. Tiene sensores. Nos reconocen incluso de noche. Día a día esperamos frente a la frontera. La policía tiene que cansarse y cuando eso pase, nosotros vamos a cruzar. Antes de la «Operación Guardián» morían una o dos personas cada año. Ahora que la frontera está protegida por un muro mueren cada día dos personas. Pero los que estamos aquí vamos a seguir intentando cruzar para allá.
Reportero: Una vez llegado a los EE. UU. ¿qué les espera a los inmigrantes? ¿En qué suelen trabajar?
Analista económico: La mayoría de los inmigrantes trabaja en actividades en las que se paga muy poco por hora, por ejemplo en la construcción o el campo. Precisamente en el campo su presencia es importante. Debido a que cientos de inmigrantes legales o ilegales, trabajan ahí, los EE. UU. producen alimentos, que no existirían en el país y tendrían que ser importados. También aceptan trabajos donde es necesario cambiarse de casa por períodos cortos, eso pasa en la construcción. Cualquier migrante aceptaría trabajar dos meses en San Antonio, un mes en San Diego y así, pero esto no es fácil para un norteamericano que desea vivir con su familia o tiene otras razones para no mudarse. Gracias a los inmigrantes, los planes de construir calles, edificios o casas no se detienen. Además, no debemos olvidar que los mismos norteamericanos debido a su ritmo de vida necesitan para ciertas actividades a los migrantes: para cuidar de vez en cuando a sus hijos, limpiar la casa, lavar el coche. En fin, para hacer todas aquellas tareas que ellos no quieren hacer o que no tienen tiempo de hacer.
Migrante legal: Con la inmigración ilegal nos va mal a todos. Una hora de trabajo que las fábricas deberían pagar a 20 ó 25 dólares, lo pagan a ellos, a los ilegales, a 10 incluso a 5 dólares. Eso nos hace mal a todos. Incluso a los migrantes que tienen la *green card*.

Lösungsvorschlag:
Los EE. UU. luchan contra la inmigración con un muro, con la policía, radios, armas, camionetas, helicópteros. En los muros hay sensores para que se pueda ver a los ilegales de noche.
Por otro lado, los EE. UU. necesitan trabajadores baratos. Los migrantes trabajan en actividades mal pagadas, p. ej. en la construcción o en el campo y en la producción de alimentos. Además cuidan a los niños, limpian casas y coches.

d Individuelle Lösungen

2 «Where you from»: un poema chicano

Schwerpunkt: Landeskunde (Chicano-Identität, Zerrissenheit zwischen zwei Kulturen), Gedichtinterpretation
Sozialform: UG, GA
Übungsform: Gedichtsinterpretation (a-c); Standbilder erstellen (d)

Lösungsvorschlag:
a Gina Valdés nació en L.A. y creció en L.A y Ensenada. Cruzó varias veces la frontera.

b La autora hace alusión a los Estados Unidos con las palabras: aquí, here, L.A. de éste (lado), del norte, norteada así como con las palabras en inglés como this border, that halts me.
A México hace alusión con las palabras *allá, there, del otro lado, Ensenada, naranjas con chile, del sur*.

c La palabra frontera está escrita dos veces en dos partes (fron tera, fron teras) saltando de una línea a otra. Para la autora la frontera significa una separación entre sus dos orígenes y culturas.

d Gina Valdés no se ve norteamericana, ni mexicana, está entre dos culturas lo que se puede ver en los versos en inglés y en español que usa en el mismo poema. Valdés se siente una mezcla de estos dos mundos, no encuentra su verdadera identidad. Se siente tartamuda y mareada, la palabra frontera le causa dolor.

3 Frank Romero: «History of the chicano movimiento»

Schwerpunkt: Landeskunde (Chicano-Identität in der Kunst), Bildinterpretation
Sozialform: PA möglich, UG
Übungsform: Bildbeschreibung (a, b), Textproduktion (c)

a Lösungsvorschlag:
Elementos que representan a México: los mexicanos con sombreros, los caballos, la guitarra, las personas con cabezas de animales (hacen alusión a la mitología azteca), el corazón, la iglesia, el paisaje a la izquierda (un volcán). Elementos que representan a los EE. UU.: el autobús amarillo con estudiantes, los edificios altos, los monumentos como el palacio de deporte a la izquierda, los coches.

b Lösungsvorschlag:
La carretera en el centro del mural forma una cruz *(Kreuz)*, separa los dos mundos, pero también muestra que están muy cerca y se mezclan. El pintor quiere expresar así su identidad chicana en la que se encuentran las dos culturas.

c Individuelle Lösungen

4 Vivir en una jaula de oro

Schwerpunkt: Landeskunde (Integrationsproblematik der illegalen Einwanderer), Hörverstehen
Sozialform: UG, PA möglich, GA
Übungsform: durch Fragen gesteuertes Hörverstehen bei einem Lied ohne Textvorlage (a, b); Diskussion (c, d)

Landeskundlicher Hinweis: Julieta Venegas (*1970) ist eine mexikanische Sängerin und Songwriterin aus Long Beach (Kalifornien), die in Tijuana aufgewachsen ist. Sie ist in Mexiko sehr bekannt und wurde für ihre Musik bereits mit einem Grammy ausgezeichnet.

Hörtext (Track 49):
Julieta Venegas: Jaula de oro

Aquí estoy establecido
en los Estados Unidos
diez años pasaron ya.

En que crucé de mojado
papeles no he arreglado
sigo siendo un ilegal.

Tengo mi esposa y mis hijos
que me los traje muy chicos
y se han olvidado ya.

De mi México querido
del que yo nunca me olvido
y no puedo regresar.

De qué me sirve el dinero
si estoy como prisionero
dentro de esta gran nación.

Cuando me acuerdo hasta lloro
que aunque la jaula sea de oro
no deja de ser prisión.

Mis hijos no hablan conmigo
otro idioma han aprendido
y olvidado el español.

Piensan como americanos
niegan que son mexicanos
aunque tengan mi color.

De mi trabajo a mi casa
yo no sé lo que me pasa
que aunque soy hombre de hogar.

Casi no salgo a la calle
pues tengo miedo que me hallen
y me puedan deportar

De qué me sirve el dinero
si estoy como prisionero
dentro de esta gran nación.

Cuando me acuerdo hasta lloro
que aunque la jaula sea de oro
no deja de ser prisión.

De qué me sirve el dinero (oh, oh, oh)
De qué me sirve (eh, eh, eh)

Lösungsvorschlag:
a Una persona que vive en una jaula de oro no es pobre, tiene una vida agradable, pero no puede salir, es prisionera, no tiene libertad.

b Un hombre que vive en EE. UU. desde hace 10 años cuenta de su vida. Cruzó un río para llegar a EE. UU., sin papeles, luego consiguió que su familia se fuera para los EE. UU. Los niños ya se han olvidado de México, hablan inglés y se sienten americanos. No aceptan su origen mexicano y no hablan español, al menos parece que no lo quieren hablar. El padre se siente en una jaula de oro, porque está como prisionero en su casa. Aunque tiene dinero, no puede salir por miedo a la policía. Nunca va a regresar a su México querido. Ahora tiene una familia que vive bien, pero no tiene su libertad.

c Individuelle Lösungen

d Individuelle Lösungen

5 El primer día de clases

Schwerpunkt: Erste Schulerfahrungen einer jungen Puertorikanerin in New York, Leseverstehen
Sozialform: UG; PA; GA möglich
Übungsform: Textanalyse (a, c), Übersetzung (b), Textkommentar oder Diskussion (d), auch schriftlich möglich

Lösungsvorschlag:
a Negi es una chica de origen puertorriqueño, tiene aproximadamente 12 ó 13 años (sében gre / séptimo grado / tineyer / adolescente). En el colegio de Puerto Rico ha tenido buenas notas. Parece inteligente y un poco atrevida. Quiere trabajar mucho para tener éxito en el nuevo país. Se sabe poco de su familia. Su madre la acompaña aunque no habla inglés. Esto podría significar que su padre no está en Nueva York.

b ¿*Sében gré?* – ¿Séptimo grado?
Ay no guan sében gré. – Yo no voy al séptimo grado.
Ay eyt gré. Ay tineyer. – Yo estoy en el grado ocho/octavo grado. Soy adolescente.
Ay jab A in scul Puerto Rico. – Tengo la nota A en el colegio de Puerto Rico.
Ay lern gud. – Aprendo bien.
Ay no sében gré gerl. – No soy una chica del séptimo grado.
Ay go eyt gré six mons. – Voy al grado ocho/octavo grado por seis meses.
Iv ay no lern inglis, ay go sében gré. ¿*Okey?* – Si no aprendo inglés, voy al séptimo grado, ¿vale?
Ay gud studen. – Soy buena estudiante.
Ay lern quik. – Aprendo rápido.
Yu sí notas. – Mire las notas.
Ay pas sében gré. – He hecho/aprobado el séptimo grado.

c Negi es tan atrevida porque está en EE. UU. y se siente más libre que en Puerto Rico. Además su madre no entiende lo que Negi dice en inglés y ella se da cuenta de que puede hacer algo que su madre no.

d Individuelle Lösungen

6 El español en EE. UU.

Schwerpunkt: Verbreitung des Spanischen in den USA
Sozialform: UG, PA
Übungsform: Auswertung einer Statistik (a), Diskussion (c)

a Lösungsvorschlag:
La mayoría de los hispanos habla por lo menos un poco de español en casa. Creo que ven el idioma como parte importante de su identidad y por eso lo enseñan a sus hijos.
La estadística muestra también cuántos hispanos hablan inglés y si lo hablan bien. Muchos hispanos trabajan en actividades en las que no se necesita el inglés, p. ej. en los campos o las fábricas. Las mujeres muchas veces están en casa y tienen pocos contactos con los estadounidenses. Por eso tantos hispanos no hablan bien el inglés. Entre los que hablan bien o muy bien el idioma son los hispanos de segunda generación, los hijos que se fueron a EE. UU. muy joven o que nacieron allí.

6 Unidad

b Lösungsvorschläge:
Hablan bien porque…
– el idioma es importante para trabajar.
– tienen contactos y amistades con norteamericanos.
– alguien de la familia va al colegio o a la universidad.
– la familia quiere quedarse en el nuevo país para siempre.
– la familia ya tiene papeles.

Hablan mal porque…
– la familia sólo habla español entre sí.
– la familia es pobre y no tienen dinero para pagarse cursos de inglés.
– viven en un barrio de hispanos.
– la familia quiere regresar a México.
– la familia no tiene papeles y no quiere contacto con americanos.
– la familia trabaja en actividades mal pagadas.
etc.

c Individuelle Lösungen

7 Entre dos idiomas: el «spanglish» o «espanglés»

Schwerpunkt: Sprachreflexion: Spanglish
Sozialform: PA, UG
Übungsform: Aufbau und Beispiele des «spanglish» erkennen (a, c); Zusammenfassen von Informationen (b); Übersetzung von «spanglish» ins Englische oder Spanische (d); Vergleich mit anderen Sprachen/Diskussion (e)

a La palabra «spanglish» se compone de «Spanish» e «English». La palabra «espanglés» se compone de «español» e «inglés».

b Ficha técnica del «spanglish»: hablantes: los latinos, sobre todo los que viven en EE. UU.
formas/características:
1. el inglés de los latinos que es una mezcla de palabras, expresiones y pronunciaciones españolas con el idioma inglés.
2. el español influenciado por el inglés en el léxico o en la gramática, sobre todo en EE. UU.

c p. 82: … *my mouth still tastes of naranjas*, p. 83: *History of the chicano movimiento*

d Siehe Tabelle 1.

e En alemán existe el fenómeno del «Denglish» (p. ej. downloaden, canceln, chillen), en Francia el fenómeno se llama «franglais» (p. ej. updater, un break, flirter).

8 En un futuro lejano

Schwerpunkt: Fertigkeit Schreiben (Zukunftsvision eines Auswandererschicksals)
Sozialform: UG
Übungsform: schriftliche Textproduktion

Individuelle Lösungen

9 La cocina mexicana

Schwerpunkt: Landeskunde (Mexikanische Küche in USA und Deutschland)
Sozialform: PA, UG
Übungsform: Auswertung von Bildermaterial und Menükarte (a, b), Grammatikübung anhand eines Kochrezeptes (c)

a A1 Tacos; B2 Guacamole; C4 Pollo con mole; D3 Tortillas; E6 Arroz con leche; F5 Tamales

Individuelle Lösungen

b Hinweis:
Falls die S selbst keine Erfahrungen mit mexikanischen Gerichten oder mexikanischen Restaurants haben, können sie als Hausaufgabe im Branchenverzeichnis mexikanische Restaurants suchen, auf deren Homepage gehen und die Speisekarte anschauen. Die wohl bekannteste mexikanische Restaurantkette in Deutschland ist Enchilada (www.enchilada.de). Auf dieser Seite kann man auch kurze Erklärungen zur mexikanischen Küche finden.

Lösungsvorschlag:
Los tacos, el guacamole y las tortillas son muy conocidos en Alemania. El arroz con leche también es parte de la cocina alemana. Casi nunca se ven tamales en las cartas de restaurantes mexicanos de Alemania.
Otros platos mexicanos que se comen en Alemania son p. ej. el «chili con carne» que no forma parte de la cocina mexicana sino de la cocina tex-mex de EE. UU., también las tortilla chips con salsa picante que los alemanes comen mucho.

c Se preparan los aguacates partiéndolos por la mitad y quitándoles el hueso. En un bol se hace un puré de aguacate mezclándolo bien con un tenedor. Después hay que pelar los tomates y el chile, picar la cebolla y añadirlo todo al puré. Al final se añaden el jugo de limón, la sal, el cilantro, la pimienta removiéndolo todo cuidadosamente. Se sirve con nachos.

d Individuelle Lösungen

Taller

Inmigrantes culinarios

Schwerpunkt: Landeskunde und Sprachreflexion (Typische Lebensmittel der spanischen Küche und ihre Herkunft, Arabismen, Nahuatlismen)
Sozialform: UG; PA möglich
Übungsform: Auswertung von Bild- und Kartenmaterial, Textproduktion (a); Sprachbetrachtung, Ableitung von Wortbildungsregeln (b), Anwendung von Wortbildungsregeln (c)

a Lösungsvorschlag:
La cocina española es una mezcla de muchas influencias. Con los romanos llegaron a España unas frutas como la

Tabelle 1

spanglish	englisches Ursprungswort	español
lonch break	lunch break	hora de comer
yipeta	jeep	coche de todo terreno
chequeen (chequear)	to check	revisar, controlar
la computer	computer	ordenador
estoqueado	to be stuck	parado
setear	to set	ajustar, reparar
taimin	timing	el control (distribución por válvulas, *Motorsteuerung*)
tunop	tune up	una revisión
draiba	driver	conductor, chófer, taxista
laqueada	locked	cerrado
parkeadero	parking	aparcamiento (*esp.*), estacionamiento (*lat.am.*)
guerlfrend	girlfriend	novia
januando	to hang about / around	vagar, no hacer nada
chiteando	to cheet	engañar

Unidad 6

pera, la manzana, la oliva, la cereza y el albaricoque. Todavía hoy en día, la fruta y los productos de oliva tienen mucha importancia no sólo para la industria sino también para la cocina española: muchos platos se preparan con aceite de oliva y los zumos y postres de fruta son muy populares. Unos siglos después, a partir del siglo VIII, los árabes trajeron a España el azúcar, el azafrán, la naranja y el arroz, entre otros. Estos productos hoy forman parte de la comida típica de España, como por ejemplo la paella y los postres de origen árabe. Con el descubrimiento del Nuevo Mundo entraron en España el tomate, el maíz, la patata, el cacao, el chile y el chocolate. Hoy en día no se puede imaginar la cocina española sin tortilla de patatas y ¿quién no ha comido alguna vez por la mañana una tostada con tomate o unos churros con chocolate?

b Siehe Tabelle 1.

Regularidades:
Palabras que terminan en **-te** y **-le** muchas veces son nahuatlismos. Las palabras que empiezan con **a-/al-** muestran muchas veces el origen árabe. Consonantes típicas de los arabismos son la zeta y la jota.

Hinweis:
Nicht zwangsläufig wurden die ursprünglichen Bezeichnungen der Lebensmittel auch von der einheimischen Bevölkerung direkt übernommen. Sprachetymologisch interessant ist z. B. *albaricoque*: ausgehend vom lateinischen *praecox* (frühreif) gelangte das Wort über das Byzantinisch-Griechische ins Arabische (*al-barquq*) woraus es wiederum in die romanischen Sprachen entlehnt wurde (*abricot, albaricoque*).

c ajedrez (arabismo); coyote (nahuatlismo), chicle (nahuatlismo), alcalde (arabismo), albañil (arabismo), almohada (arabismo), cacahuate (nahuatlismo), alfombra (arabismo), alquimia (arabismo), algodón (arabismo)
Provienen de los campos semánticos de la vida cotidiana, de la comida, de la política, de la naturaleza.
Otras palabras de origen árabe: guitarra, mezquita, álgebra, Guadalquivir, jabalí, jarra.
Otras palabras de origen náhuatl: Quetzal, ocelote, México, tiza

Lösungen CDA

1 Pues, lo tengo en la punta de la lengua…

Schwerpunkt: Wortschatzumwälzung
Sozialform: EA
Übungsform: Wörter umschreiben, Synonyme finden

a

HORIZONTAL
2 esposa: mujer
5 empezar: iniciar
6 pedir: solicitar

VERTICAL
1 unidad: lección
2 hallar: encontrar
4 relativamente: bastante

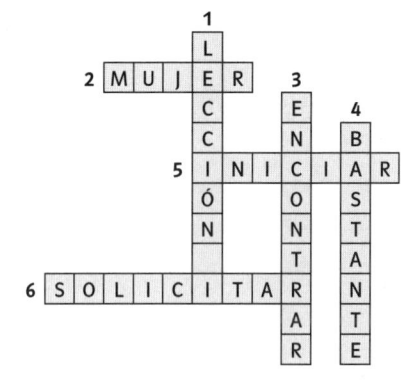

```
          1
          L
    2 M U J E R       3
          C           E
          C           N       4
          5 I N I C I A R
          Ó           O       B
          N           N       S
                      T       T
                      R       A
    6 S O L I C I T A R       N
                      A       T
                      R       E
```

b
1. un documento para rellenar: **un formulario**, 2. el dinero que alguien gana: **el sueldo**, 3. parte de la boca: **los labios**, 4. bastante rico: **acomodado,-a**, 5. el chófer: **una persona que conduce por ejemplo un taxi**, 6. la visa / el visado: un documento que necesitas para poder trabajar o vivir en un país, 7. repetir: **hacer otra vez**, 8. graduarse: **terminar la carrera / los estudios**

2 Las entrevistas con Oleksander, Pai Llang y Ernesto

Schwerpunkt: Inhaltssicherung
Sozialform: GA
Übungsform: zu Text Fragen formulieren. Siehe Tabelle 1, S. 69.

3 ¿Viaje de placer? Los menores en España

Schwerpunkt: Leseverstehen
Sozialform: EA, PA
Übungsform: Leseverstehen (a), Informationen gewichten (b)

a Cada año llegan inmigrantes menores de edad a las costas de Cataluña y Andalucía. La mayor parte de ellos viene de Marruecos, del Sáhara y de Rumanía. Llegan solos, no tienen familia. Expertos hablan de la cuarta fase de las migraciones. Hoy por día podemos hablar de 7000 inmigrantes menores de edad.

b Individuelle Lösungen

c Hörtext (Track 32–24):
Reportero: Esta noche tenemos en nuestro programa a las trabajadoras sociales de una ONG, «Accem», que trabaja ayudando a inmigrantes que vienen de diferentes países de África. Ellas nos acercarán a estas realidades. Cada una nos contará el caso con el que está trabajando.

Tabelle 1

nahuatlismos	En otros idiomas	arabismos	en otros idiomas	latinismos	en otros idiomas
el tomate	tomato / Tomate / la tomate	el arroz	Reis, rice, le riz	la manzana (< mattiana)	
el maíz	Mais, le maïs	el azúcar	sugar, Zucker, le sucre	la cereza (< cerasium)	la cérise
la patata	potatoe	el azafrán	saffron, Safran, le safran	la oliva (< oliva)	olive, Olive, l'olive
el chocolate	chocolate, Schokolade, le chocolat	la berenjena	Aubergine, l'aubergine	la pera (< pera, lat. vulg.)	la poire
el aguacate	avocado, Avocado, l'avocat	la naranja	orange, Orange, l'orange		
el cacao	cacao, Kakao, le cacao				
el chile	chili pepper, Chili				

6 Unidad

Trabajadora social 1: Nuestra ONG trabaja con inmigrantes de muchos países. Yo hoy voy a contar el caso de Murat, un chico de un pueblo de Marruecos. En su pueblo no hay trabajo y el único futuro para él y su familia es emigrar. Ya no quedan jóvenes en el pueblo. Sus padres vendieron animales para que él pudiera hacer el viaje y así saliera de su país. El viaje fue muy difícil y largo, pero no lo hizo solo, porque otros dos chicos de su pueblo también venían con él. Para pasar la frontera se subieron a un camión y se escondieron para que nadie los viera. Al llegar a España fueron directamente a la policía porque sabían que aquí les ayudarían, porque tenían menos de 18 años y no tenían familia. Hay casos muy parecidos al de Murat.

Reportero: ¿Llegan el mismo número de mujeres que de hombres?

Trabajadora 2: Normalmente son más chicos, pero también llegan chicas como Nwaeka. Ella tiene 17 años y es de un pueblo muy pequeño de Nigeria. Ahora tiene una niña que nació aquí en España. El viaje por mar fue muy duro y tenía mucho miedo, no sólo por ella, sino también por su hija. Nwaeka estaba embarazada como otras chicas que vienen de este país. Muchas piensan que tienen más oportunidades para quedarse en España en este estado, o sea, embarazadas. Quería darle a su hijo más oportunidades, un futuro, una educación que en su país no eran posibles. En Nigeria hay mucha violencia y las mujeres no tienen muchos derechos. No le importaba tener que trabajar en cualquier cosa. Sabía que era peligroso el viaje, la vida en un país nuevo y tenía miedo a volver a su pueblo. En su pueblo no tenía a nadie, pues ella no tiene familia. Lo vendió todo para pagar a la mafia, para tener un lugar en la barca. Las mafias son las que ganan. Ahora no puede regresar a Nigeria, no tiene nada. Aquí vive en una casa para mujeres, casa de acogida, con otras chicas con hijos. Quiere trabajar y quedarse aquí y que su hija sea española.

Reportero: ¿De qué otros países son los chicos? ¿Qué información tienen de España antes del viaje?

Trabajadora 3: Ahora llevo el caso de un chico de Senegal, Ousmane. Ellos normalmente no saben mucho de España, pero para ellos es la puerta para Europa. En Senegal se habla francés y normalmente quieren ir a Francia para trabajar y algún día volver a su pueblo. Tienen otra mentalidad, ellos con 16 años ya no son niños, a su edad en su país ya son hombres. Ousmane sabía que el viaje era muy peligroso porque muchos otros chicos viajaron y sus familias no supieron más de ellos. A los menores no los devuelven a su país si no tienen familia allí, pero él antes del viaje no lo sabía. El viaje hasta España es por mar. Normalmente son barcas donde sólo pueden estar sentados. Así viajaron varios días. Hizo muy mal tiempo y dos chicos que iban con él murieron en el camino. Ninguno sabía nadar. Cerca de la costa la policía española los encontró y los llevó al centro de menores en Andalucía donde ahora viven. Ousmane está aprendiendo una profesión para trabajar con madera.

Reportero: Muchas gracias a las tres por venir a hablarnos de su trabajo y acercarnos a la vida de estos chicos.

1. Siehe Tabelle 1, S. 70.
2. Al llegar a España fueron directamente a la policía porque sabían que aquí les ayudarían, porque tenían menos de 18 años y no tenían familia. = Los menores de origen extranjero no acompañados por ningún adulto están protegidos por ley.

Enlace

Real Decreto 2393/2004, de 30 de diciembre, en el que se aprueba el Reglamento de la Ley Orgánica 4/2000, de 11 de enero, sobre derechos y libertades de los extranjeros en España y su integración social, Título VIII: Menores extranjeros.
http://noticias.juridicas.com/base_datos/Admin/rd2393-2004.html

d Murat
1. Teniendo menos de 18 años, pude ir a la policía para pedir ayuda.
2. Mis padres ganaron el dinero para mi viaje vendiendo animales.
3. Aun viajando con dos amigos, me sentí a veces muy solo.

Nwaeka
4. La vida de las mujeres en Nigeria era muy difícil habiendo tanta violencia.
5. Aun sabiendo que el viaje era peligroso, decidí hacerlo.
6. Viviendo en una casa con otras muje-

Tabelle 1

	¿Cuáles eran tus motivos para immigrar a España?
Oleksander y Oksana:	En mi país no ganaba suficiente con mi trabajo.
Pai Llang:	Visité a familiares en España y ellos me propusieron quedarme.
Ernesto:	Buscaba la aventura en otros países y no quería depender de mis padres.
	¿Cuál fue tu mayor problema al principio?
Oleksander y Oksana:	Las costumbres diferentes, los formularios que teníamos que rellenar.
Pai Llang:	No fue difícil ya que tenía permiso de trabajo. Para mi hija Pem Pu fue otra cosa y al principio tenía dificultades de adaptarse a una cultura diferente a la nuestra.
Ernesto:	Los años que trabajé sin papeles siempre con miedo de que alguien me descubriera.
	¿Quieres contarnos algo de tu familia?
Oleksander y Oksana:	Claro, al principio me faltaba mucho la familia que había dejado. Por suerte estuve con mi mujer.
Pai Llang:	Pues, alguien de mi familia me invitó a España.
Ernesto:	Quería ser independiente de mi familia, por eso me fui.
	¿Tienes papeles?
Oleksander y Oksana:	Tengo visa de trabajo en España por un año.
Pai Llang:	Desde el principio tenía permiso de trabajo.
Ernesto:	Llegué con un visado de turista, después de cinco años en España conseguí el permiso de trabajo y residencia.
	¿Cómo es tu situación actual?
Oleksander y Oksana:	Trabajo en la construcción. Algún día quiero casarme y tener hijos.
Pai Llang:	Tengo mi propio negocio.
Ernesto:	Soy jefe de una tienda.

Unidad 6

Tabelle 1

	Murat	Nwaeka	Ousmane
País de origen	Marruecos	Nigeria	Senegal
Edad	menos de 18 años	17 años	16 años
¿Por qué emigró?	En su pueblo no hay trabajo, no hay futuro.	Estaba embarazada y quería darle a su hija más oportunidades, un futuro y una educación que en su país no eran posibles.	Quiere trabajar en Francia para ganar dinero y volver después a su pueblo.
¿Cómo hizo el viaje?	Pasó la frontera escondido en un camión.	En barca, en un viaje organizado por la mafia.	llegó por mar
¿Qué planes tiene para el futuro?	Quieren tener un futuro mejor.	Quería darle a su hijo una oportunidad, un futuro y una educación que en su país no eran posibles; espera encontrar trabajo y quedarse en España.	Quiere trabajar y por eso está aprendiendo una profesión.

res estoy ahora muy bien.

Ousmane
7. Hablando francés, quería ir a Francia.
8. Aprendí una profesión esperando tener un futuro mejor.
9. Mis compañeros y yo, siendo menores, no teníamos/tenemos que volver a nuestro país.

e Murat
1. Da ich jünger als 18 Jahre alt war, konnte ich zur Polizei gehen und um Hilfe beten.
2. Meine Eltern verdienten sich das Geld für meine Reise indem sie Tiere verkauften.
3. Obwohl ich mit zwei Freunden reiste, fühlte ich mich manchmal sehr allein.

Nwaeka
4. Das Leben der Frauen in Nigeria war sehr schwer, da es viel Gewalt gab.
5. Obwohl ich wusste, dass die Reise gefährlich ist, entschied ich mich dafür, sie zu unternehmen.
6. Da ich in einem Haus mit anderen Frauen lebe, geht es mir ganz gut.

Ousmane
7. Da ich Französisch sprach, wollte ich nach Frankreich gehen.
8. Ich lernte einen Beruf, weil ich hoffte / und hoffte, (damit) eine bessere Zukunft zu haben.
9. Da meine Freunde und ich minderjährig sind, mussten / müssen wir nicht in unser Land zurückkehren.

f Individuelle Lösungen

4 ¡Libertad y justicia para todos!

Schwerpunkt: Vertiefung des Themas („Immigration")
Sozialform: EA (a, b, c, d, f), PA (e)
Übungsform: Vermutungen anstellen (a), Hörverstehen (b, c), mit Hilfe von Abbildungen Sätze vervollständigen (d), Diskussion (e), freie Texte erstellen (f)

a En la foto se ve una manifestación cerca del Capitol en Washington. Vemos a inmigrantes de Haití con carteles en las que piden justicia para sus compañeros que han inmigrados a los EE. UU. A lo mejor esos compañeros son «inmigrantes sin papeles» que están en la cárcel (véase por ejemplo la palabra «amnesty» en un cartel).

b Hörtext (Track 35):

Reportero:
Buenas noches querido público. Una noticia de última hora desde EE. UU. Después del éxito de las protestas de cientos de miles de inmigrantes en varias ciudades norteamericanas, el pasado 10 de abril, el colectivo de los hispanos sin papeles de Estados Unidos prepara para mañana, 1 de mayo, un boicoteo general en todo el país. Se cree que en EE. UU. existen entre 11 y 12 millones de indocumentados, lo que representa el 5% del total de los trabajadores. El gobierno quiere proponer una solución para que la legalización de los *sin papeles* que llevan más de cinco años en EE. UU. sea posible y, además, quiere ofrecer un programa de trabajadores sin contrato permanente para el resto de la población ilegal. Nosotros nos preguntamos, señoras y señores: ¿Será el 1 de mayo el día en que Estados Unidos se despierte sin inmigrantes hispanos? Nadie para atender las mesas de los restaurantes; nadie para estacionar los coches en las grandes ciudades; nadie que limpie los hogares y las oficinas; nadie que construya las casas; nadie que trabaje en el campo... Lo será si triunfa la iniciativa de varias organizaciones que han hecho una llamada para «un día sin inmigrantes», un boicoteo nacional que va a afectar a millones de personas y con el que los latinos quieren mostrar el poder hispano en la economía estadounidense. La fecha elegida es el 1 de mayo, festivo en casi todo el mundo menos en Estados Unidos. Mañana continuaremos informando sobre esta noticia aunque para nosotros, el día uno de mayo sea festivo. ¡Hasta mañana y muy buenas noches!

1. *¿Qué solución propone el Senado?*
El gobierno quiere crear una solución para legalizar a los inmigrantes «sin papeles» que se encuentran ya por más de cinco años en EE. UU. Además, quiere ofrecer a los inmigrantes ilegales un programa de trabajadores que les permita trabajar sin contrato permanente de residencia.
2. *¿Qué podría pasar el 1 de mayo?*
Varias organizaciones optan por «un día sin inmigrantes», eso que significa un boicoteo en todo el país. Ese día, los inmigrantes latinos no harían nada, no trabajarían como camareros, hombres de hogar o obreros, así que el resto de la población se daría cuenta de que los EE. UU. necesitan a sus inmigrantes sean legales o ilegales.

d
1. Algunos inmigrantes trabajan en hoteles limpiando las habitaciones.
2. Son también **camareros y camareras en bares o restaurantes.**
3. Muchos latinos son felices **si pueden trabajar como vendedores, por ejemplo en aeropuertos o lugares públicos.**
4. Trabajan también **en el campo ayudando con la cosecha.**

e Lösungsvorschlag: Siehe Tabelle 1.

f Individuelle Lösungen

6 Unidad

Los inmigrantes trabajan en…	Los inmigrantes son…	Tabelle 1
– una panadería	– médicos	
– una charcutería	– banqueros	
– una tienda de ropa	– intérpretes	
– la industria	– chóferes	
– una fábrica	– empleadas de hogar	
	– enfermeras	
	– guías	
fakultativer Wortschatz: – la industria automovilística – el campo – en el transporte – en la agricultura		

Para hacer una entrevista…
- Antes de comenzar la entrevista, preséntate y di de qué revista o institución eres y por qué haces esta entrevista.
- Da un saludo también a los telespectadores.
- No interrumpas a la persona entrevistada.
- Deja hablar a la persona, no interrumpas lo que dice.
- No cortes las frases.
- ¡Sé amable pero decidido!
- Después de haber conversado, no olvides dar las gracias a la persona.

5 México: frontera y destino

Schwerpunkt: Vertiefung des Themas
Sozialform: EA
Übungsform: Bildergeschichte, selbstständige Erweiterung

a G – F – B – A – H – C – E – D

b Esperanza Gutiérrez nació en México en 1981. Vivió con sus padres y sus dos hermanos en una pequeña ciudad mexicana. Su vida era muy feliz hasta que en 1994 murió su padre, José Gutiérrez. Siendo muy joven, Esperanza tuvo que trabajar. Ayudaba a su madre con la tienda y, de ese modo, ganaba dinero para ella y para su familia. Al principio, no estaba mal. Esperanza y su madre vendían alimentos y tenían muchos clientes. Pero había cada día menos que vender y tenían cada vez menos clientes. Entonces, Esperanza decidió irse de México. Tenía miedo de separarse de su familia, pero pensó que en los EE. UU. tendría mejores oportunidades para ganar dinero. Entonces, guardó lo más necesario en una mochila y se despidió de su madre. Atravesó la frontera a pie, así entró a los EE. UU. Allí encontró trabajo en un hotel y ganó dinero durante años como camarera. Se alegraba de tener un buen sueldo. Como ganaba bastante dinero, lo llevaba cada mes a la Caja para enviarlo a México.

c Esperanza Gutiérrez nació en México en 1981. Viviendo con sus padres y sus dos hermanos en una pequeña ciudad mexicana. Su vida era muy feliz hasta que en 1994 murió su padre, José Gutiérrez. Siendo muy joven, Esperanza tuvo que trabajar. Ayudando a su madre con la tienda, ganaba dinero para ella y para su familia. Al principio, no estaba mal. Esperanza y su madre vendían alimentos y tenían muchos clientes. Pero había cada día menos que vender y, por eso, tenían cada vez menos clientes. Entonces, Esperanza decidió irse de México. Aun teniendo miedo de separarse de su familia, pensó que en los EE. UU. tendría mejores oportunidades para ganar dinero. Entonces, metió lo más necesario en una mochila y se despidió de su madre. Entró en los EE. UU atravesando la frontera a pie. Allí encontró trabajo en un hotel y ganó dinero durante años como camarera. Se alegraba de tener un buen sueldo. Como ganaba bastante dinero, lo llevaba cada mes a la Caja para enviarlo a México.

d Individuelle Lösungen

Repaso 3

Übersicht

1. Wiederholung der Pensen und Themen der Lektionen 5 und 6 Gebrauch des *Gerundio*: CDA 6, SB 4, 6 *Estilo indirecto*: CDA 2, SB 3 10 Formen des *Imperativo*: CDA 3	SB, CDA,
2. Wiederholung ausgewählter Pensen aus Línea verde 2 *Imperfecto, indefinido, pluscuamperfecto*: SB 1	SB
3. Hörverstehen: CDA 1	S-CD (Track 36)
4. Sprachmittlung / Übersetzung: CDA 4, SB 2, 9 con otras palabras: CDA 5, SB 5	SB, CDA
5. Wortschatz: KV S. 116	Kopien

Unidad 7

7 Jóvenes y medios

Übersicht

Themen	Kommunikative Fertigkeiten	Sprachliche Mittel	Methodenkompetenz
Primer paso • Der Film «Machuca»	• Über einen Film sprechen		
Recursos • Filmkritiken • Raubkopien • Filmplakate	• Über Kino und Filme sprechen	• Substantivierung von Adjektiven • Wortbildung • *Futuro compuesto* • fakultativ: *Pretérito anterior*	
Panorama • Fernsehen und Internet • Der Kurzfilm «10 minutos» • SMS und Chat	• Vermutungen über einen Film anstellen • Über Fernsehen und andere Medien sprechen • Kreativer Umgang mit Sprache in elektronischen Medien		• Hör-/Sehverstehen
Taller • Dein Lieblingsfilm	• Einen Kommentar zu einem Film abgeben		

Primer paso und Recursos	
1. Einstieg und Hinführung zum Thema: a) Szenenstandbilder aus dem Film Machuca von Andrés Wood b) Ausdrücke, die helfen über Filmausschnitte zu sprechen	
2. Textpräsentation und -erarbeitung in Abschnitten: SB S. 94	SB, S-CD (Track 37–39)
3. Inhaltssicherung: SB 1, Erweiterung: Folie 1 und 2, CDA 1	SB, Folien, CDA
4. Sicherung von Wortschatz und Redemitteln: Redemittelkasten zur Filmanalyse: SB S. 95 SB 2, 8 Wiederholung des neuen Vokabulars KV S. 118	SB
5. Übungen zur Erarbeitung und Festigung der Grammatik: Entdeckendes Lernen: CDA S. 87 Zusammengesetzte Wörter: SB 2, CDA 2 Präfixe und Suffixe: SB 4, CDA 2 Substantivierung mit lo: SB 5 Bildung und Gebrauch des Futurs II: SB 7, CDA 24 [Bildung und Gebrauch des *pretérito anterior*: SB 6]	SB, CDA
6. Hörverstehen: SB 2, CDA 4	SB, L-CD (Track 50), S-CD (Track 40)
7. Landeskunde / interkulturelles Lernen: La película Machuca Spanische Werbung interpretieren CDA 7	SB, CDA
8. Übungen zur Zusammenfassung und Wiederholung: CDA 5	SB, CDA
9. Übungen zur Selbstkontrolle: CDA S. 88	CDA

7 Unidad

Panorama und Taller	
1. Aufgaben zu den authentischen Materialien • Filmsynopsen (vom Autorenteam verfasst): Retrospectivas cine español SB 1 Analyse der Textsorte (a), Analyse der Filmplakate, Reflexion (b) • Kurzfilm: 10 minutos, Estrategia S. 99 Vorentlastung (a), Hör-/Sehverstehen (b), kreatives Schreiben (c) • Filmkritik: Free Rainer SB 2 Sprachmittlung • Statistik: Minutos de visionado SB 3 Interpretation und Diskussion • Das spanische Fernsehprogramm: SB 4 Analyse und Diskussion (a-c) [• Zeitungsbericht: Dicnario xat (vom Autorenteam verfasst): SB 5 Leseverstehen (a), Wortschatz (b), Transfer (c), Interpretation (d)]	SB
2. Transfer: Folie 3	Folien
3. Sicherung von Wortschatz und Redemitteln: Über Fernsehsendungen sprechen: SB S. 101 Die Sprache von chat, SMS und E-Mail	SB
4. Methodenkompetenz: Lerntechnik: Hör-/Sehverstehen SB S. 99	SB, L-CD (Vídeo 2)
5. Hörverstehen Hör-/Sehverstehen SB S. 99	SB, L-CD (Track 51 und Vídeo 2)
6. Landeskunde / interkulturelles Lernen: Texte: [Diccionario chat Panorama 5]	SB
7. Projekte fürs Sprachenportfolio: Taller: Tu película favorita (Lieblingsfilm vorstellen)	SB

Hinweise zu den Bildfolien

Folie 1 – Los planos y ángulos de tomas
Hier werden die *planos (Kameraeinstellungen)* aus dem Kästchen auf S. 95 am Beispiel Comic visualisiert. Die Illustrationen bilden eine Geschichte, die für mehrere Interpretationen offen steht. Die verschiedenen Interpretationen können durch die *planos* begründet werden.

Folie 2 – Planos
Die S analysieren einige Zeichnungen zum Rap der Unidad 2 (S. 24–25) bezüglich der *planos*. Neu ist hier der sogenannte *picado* (Bild D) und die sogenannte „Froschperspektive" (*contrapicado*, Bild G)

Lösung:
Bild A   plano aéreo
Bild B   primer plano
Bild C   picado (la cámara está sobre el objeto filmado)
Bild D   plano entero
Bild E   contrapicado
Bild F   plano general

Folie 3 – Werbeanalyse
Hier werden die Plakate C und D, S. 21 der Unidad 2 wieder aufgegriffen und nach der AIDA-Formel analysiert:

Atención; Interés; Deseo; Acción

Bei dieser Art Kampagne gilt der Punkt *deseo* natürlich in negativer Hinsicht: Ziel ist es, den Wunsch zu erwecken, die dargestellten Umstände abzulehnen.

Lösungen Schülerbuch

Primer paso

1 Una película

Schwerpunkt: Hör-/Sehverstehen, Wortfeld: Film
Sozialform: EA / UG
Übungsform: Vermutungen über Standbilder aus einem Film formulieren (a), Vermutungen mit dem Trailer vergleichen (b), Vermutungen über die Handlung des Films formulieren (c)

Hinweis: Das Drehbuch zum Film Machuca ist als Zusatzmaterial zu Línea verde erhältlich (Klett-Nr. 535543). Sie können an dieser Stelle eine Lektürephase einbauen und dafür beispielsweise auf die Behandlung des Romanausschnitts von *Ardiente paciencia* (Skármeta) in Unidad 8 verzichten. Der Film ist bei Lingua-video (lingua-video.com) auf DVD erhältlich.

a   Individuelle Lösungen

Lösungsvorschläge zu den Standbildern aus *Machuca*:

1. En el colegio, el profesor está delante de la clase con un alumno, parece una persona estricta.
2. Una mujer / madre con su hijo en el coche, parecen un poco aburridos.
3. Una manifestación: parecen trabajadores.
4. Dos chicos en la clase, uno está escribiendo algo, el otro mira lo que está escribiendo.
5. Dos chicos juntos, alegres, están jugando.
6. Dos jóvenes (un chico y una chica) están sentados, allí toman algo, a lo mejor tienen hambre o están cansados de caminar.
7. Muchos chicos todos en uniforme, sólo uno de ellos lleva otra ropa, todos lo miran y se ríen de él.
8. En el patio hay muchos chicos. Uno de ellos está en el suelo. Tal vez se peleó con otro chico.
9. En un barrio pobre hay militares que atacan a los habitantes. Tal vez estén en guerra.
10. Un chico muy triste y serio, tiene miedo.

Unidad 7

lugar posible: puede ser en un pueblo en América Latina
la época: durante la guerra o una dictadura militar.

b Lösungsvorschlag:
Es la historia de dos chicos. Uno es un niño pobre, moreno, tiene más o menos 13 años, que va a una escuela nueva, que es una escuela para niños ricos. Entre los niños hay uno que se vuelve su amigo, es rubio, parece un empollón. Entre los dos chicos se desarrolla una amistad muy fuerte.

c Lösungsvorschlag:
Dos chicos estudian juntos en la misma escuela. Uno parece más pobre que el otro (por la ropa que lleva). Es una época política difícil y hay muchas manifestaciones. El chico rico se enamora de una chica, pero al final todo termina mal porque unos soldados matan al chico pobre o alguien de la familia del chico.
Género: Drama.

2 Nuevos amigos

Schwerpunkt: Hörverstehen
Sozialform: EA / UG
Übungsform: Fragen nach einer Höraufgabe beantworten

Transkription des Filmausschnitts (Track 50):
Fuente: *Machuca*, Chile / España / Francia / Gran Bretaña: Andrés Wood, SUNFILM Entertainment, 2004.

Todos los alumnos: Good morning father McEnroe!
Father McEnroe: Buenos días, boys.
Profesora: Good morning father.
Father McEnroe: Aquellos que hayan reparado que el «bulletin board» es para leerlo, se habrán dado cuenta que hay algunos cambios en el colegio. Tenemos nuevos compañeros, estos amigos viven muy cerca de aquí. Muchos de ustedes se habrán cruzado con más de alguno en el camino. ¿Mh? ¿Cómo? Si viven a unas cuadras de aquí. ¿Sí?
Un alumno: Yo lo conozco a él, es el hijo de la señora que lava la ropa en mi casa. Hola Cristiano.
Father McEnroe: Mira qué bien, ahora son compañeros. Espero que los recibamos correctamente, como se recibe a un hermano, a nuevos amigos. Ok? Good. Bien, por favor niños, vayan a sus asientos, pasen. Un momento, no quiero que los nuevos se sienten juntos. Usted, sí, sí usted, tome sus cosas y vaya a sentarse allá. Ah, más ánimo. Y usted, ¿cómo se llama?
Pedro: Pedro Machuca.
Father McEnroe: No escucho, más fuerte.
Pedro: Pedro Machuca.
Father McEnroe: Más fuerte.
Pedro: Pedro Machuca.
Father McEnroe: Así está mejor, hay que hacerse escuchar, Machuca. Toma tu lugar. Allá. Usted, ahí. Usted, allá. Usted, aquí, y usted, allá. Bien. Good bye children.
Todos los alumnos: Good bye, father McEnroe!

Hinweis: Die Bilder helfen dabei, diese Fragen zu beantworten. Zur Erleichterung des Hörverstehens kann L angeben, dass die Szene zu Standbild 1 gehört.

Lösungsvorschlag:
Son un profesor y varios alumnos que están en un aula.
El señor quiere decir que los nuevos alumnos, aunque son personas de otra clase social, tienen que ser tratados como iguales. Los dos chicos de la foto, el rubio y el moreno, se conocen y se hacen amigos.

Recursos

1 Una película agridulce

Schwerpunkt: Wortschatz zum Thema Film einschließlich seiner Bewertung
Sozialform: EA oder UG
Übungsform: Leseverstehen, mündlicher oder schriftlicher Ausdruck, Mind Map zur Filmbeschreibung bilden, Vermutungen ausdrücken

a Lösungsvorschlag:

Historia: no es objetiva; un rollo patatero; refleja el momento histórico; agridulce; típica historia de buenos y malos para gente llorona; de lo más asqueroso; de amistad

Actores: interpretar a la perfección; Interpretación alucinante

Aspectos formales: escenas manipuladoras y sentimentaloides; sabe combinar aspectos; fotografía preciosa; éxito de crítica; analiza muy bien; fantástica; escenas y diálogos dinámicos; una porquería; evita lo maniqueo; uso óptimo de los planos

b Plano medio: fotogramas 1, 2, 4, 5, 6, 7; Plano general: fotograma 3, 9; Primer plano: -; Plano aéreo: fotograma 8

c **Plano general:** muestra el entorno, lo que hay alrededor de los personajes: si es un restaurante o un parque, etc.
Plano aéreo: también muestra al personaje en su entorno pero, con la altura, nos da una sensación de distancia y el personaje aparece como un ser en manos del destino.
Plano medio, americano y entero: muestra al personaje solo o interactuando con una o dos personas más. El contexto pierde importancia, la situación y los diálogos son más importantes.
Primer plano, primerísimo primer plano y plano detalle: Se usa para transmitir con más fuerza las emociones o falta de ellas del personaje como mucho miedo, sorpresa, tristeza profunda, soledad.

2 Diálogos de cine

Schwerpunkt: Interpretation einer transkribierten Filmszene mit Standbildern (Machuca)
Sozialform: PA oder UG (a); EA (b); PA (c)
Übungsform: über die Filmszene diskutieren (a); einen Dialog schreiben (b); den Dialog vorspielen (c)

a Lösungsvorschlag:
Creo que Gonzalo trabaja en la empresa de su padre y es posiblemente un niño rico. Es posible que Pedro busque modos para conseguir un buen trabajo y para no ser pobre toda su vida. Me parece que el padre de Pedro solamente habla de cómo le han ido a él las cosas, pero creo que el futuro de Pedro va a ser mejor.

b, c Individuelle Lösungen

7 Unidad

3 Formación de palabras

Schwerpunkt: Wortbildung: Komposita
Sozialform: EA oder UG
Übungsform: Schriftliche Übung, die Struktur der Wortbildung erkennen, verstehen und anwenden

a Verbo + sustantivo: rompecabezas, pasatiempo; Preposición + sustantivo: sinfín, subtítulos; adjetivo + adjetivo: agridulce, sordomudo

b A: telaraña; B: coliflor; C: cascanueces; D: paraguas; E: matamoscas; F: sacacorchos; G: espantapájaros; H: abrelatas

4 Prefijos

Schwerpunkt: Wortbildung mit Präfixen
Sozialform: EA oder UG
Übungsform: Struktur der Wortbildung mit Hilfe von Präfixen verstehen und anwenden. (Lehrer entscheidet inwieweit die Übung ganz oder teilweise schriftlich bzw. mündlich bearbeitet wird.)

a Hinweis: bei vielen Beispielen kann man die Bestandteile nicht mehr so klar erkennen und sie sind nur etymologisch zu erklären. Aber die Bedeutung des Präfixes bleibt erhalten.

– **em- / en-** significa *rodear* o *introducir*: empaquetar, enlatar, enjaular; también puede significar *volverse*: enloquecer, engrandecer, engordar
– **e- / ex-** significa *extraer* o *sacar*: exprimir, expulsar
– **i- / im- / in-** puede significar *negación, no*: ilimitado, impedir; también significa *meter, introducir*: incorporar, ingresar, implantar
– **inter-** significa *entre*: intercambio, interdependencia, interponer
– **pos- / post-** significa *después*: pos(t)moderno, pos(t)guerra
– **sobre-** significa *encima*: sobrevolar, sobretodo, sobresalir
– **sub-** significa *debajo de*: subterráneo, submarino

b
– **a-:** atípico, apolítico, anormal
– **de- / des-:** desmotivar, descargar, deshacer, desanimar, desagradable, desaparecer, descubrir, desigualdad
– **i- / in- / im-:** inusual, imposible, inolvidable, inseguro, intolerancia, independencia, informal, injusticia

c
re- significa volver a, hacer otra vez, repetir

d
re- / rete- / requete- bedeutet in diesen Wörtern muy: rebueno - muy bueno, retecaro – muy caro etc.

5 Lo especial de cada cosa

Schwerpunkt: Grammatik Struktur *lo + adjetivo*
Sozialform: EA (Aufgabe a) PA oder UG (Aufgabe b)
Übungsform: Neue Strukturen aus einem Text heraussuchen, verstehen, anwenden und umformulieren können, Teil a schriftliche Übung, Teil b mündliche Übung

a Lösungsvorschlag:
Lo raro es que aquí haya llegado tan tarde. – Es algo raro que… / La cosa rara es que…
Evitando lo maniqueo – Evitando los elementos maniqueos. *Lo peor, el final, pero no os lo cuento.* – La peor cosa, el final, … *La escena de los besos con leche condensada me pareció de lo más asqueroso.* – …me pareció de las cosas más asquerosas del mundo.

b Lo malo de mi casa es que está en una calle muy ruidosa. Lo peor del último libro que he leído es el final. Lo mejor de la película es el final. Lo bueno de mi familia es que hablamos de todo. Lo triste de la película es la muerte de… Lo absurdo de mi casa es que solamente hay un baño y somos cinco hijos. Lo fenomenal de mi horario son las clases de deporte.

[6 Un nuevo tiempo]   opcional

Schwerpunkt: Pretérito anterior
Sozialform: EA
Übungsform: Erkennen der Verbform im Text und Umformulierung

a Se sustituye por el indefinido: «… nada más la estrenaron.»

b Apenas se conocieron, Gonzalo y … Nada más Pinochet dio el golpe de estado, la situación …

[7 Futuro perfecto]   opcional

Schwerpunkt: *Futuro compuesto* (Futur II)
Sozialform: EA
Übungsform: Schriftliche Anwendungsübung

1. Ya habrá llegado a casa.
2. … el rodaje habrá terminado ya.

8 Herramientas de Internet

Schwerpunkt: Diskussion über Produktpiraterie
Sozialform: GA oder UG
Übungsform: Recherche, mündlicher Ausdruck (Gespräch), schriftlicher Ausdruck (Blog selber erstellen)

a-d Individuellen Lösungen
Hinweise: Una plataforma P2P es una forma de intercambiar datos a través del Internet. Estas plataformas son muy populares porque permiten la mayoría de veces cualquier tipo de archivo, sea grande o pequeño y no importa mucho de qué formato se trate. Muchas de ellas son gratis.
Es ist empfehlenswert, vor der Übung an der Tafel gemeinsam eine Mind Map zum Wortschatz zu erarbeiten. Mögliche Wörter und Ausdrücke:

la piratería: de películas, de música, de otros productos (ropa de marca, libros), bajarse algo de Internet, pedir algo en una página para comprar o alquilar, más / menos barato / caro, ahorrar dinero, (no) gastar dinero en …, dañar a la industria, copiar ilegalmente, grabar cedés piratas, ofrecer plataformas legales para grabar / copiar productos, etc.

Panorama

1 El cine español

Schwerpunkt: Landeskunde – Kino in Spanien, Begriffe aus den Bereichen Werbung und Film
Sozialform: EA oder UG
Übungsform: Leseverstehen, Textanalyse, Analyse der Formen der Werbung

a Lösungsvorschlag:
Se suele emplear el tiempo presente. Se cuenta el inicio de la película y un poco del desarrollo al principio. El final siempre se presenta como algo abierto, como un interrogante para atraer la atención del lector. También el final de la sinopsis, en la que se hace una valoración de la película, tiene esa función de ganar la atención del lector y despertar su interés por ver la película.

b Hinweis: Im Fall von Filmplakaten ist es nicht immer einfach zu trennen, was die Aufmerksamkeit oder das Interesse weckt, da das Motto fehlt. Daher sollte man lieber die einzelnen Elemente des Plakates analysieren, die die vier Absichten AIDA erfüllen. Auch wenn man das hier nicht lesen kann, gibt es immer kurze Sätze auf Plakaten, die das Interesse des Zuschauers wecken. Auch berühmte Schauspieler oder Regisseure sind immer eine Verlockung.

Lösungsvorschlag:
En el primer cartel destaca la tipografía del título y la posición en vertical, en contraste con la cara del niño, que ocupa la otra mitad del cartel, y que es especialmente expresiva, sobre todo la mirada. Es importante para provocar la acción de ver la película la información superior sobre la cantidad de premios Goya que ha ganado la obra. En el segundo cartel, el elemento principal es la figura fantástica (que identificamos, gracias al título, con un fauno). Como es algo fantástico y desconocido llama la atención del lector y despierta seguramente su interés. También es importante la información en la esquina superior izquierda sobre el Festival de Cannes, que puede ser una garantía de la calidad de la película. En el tercer cartel, lo importante es el elemento estético, el contraste de la foto de la protagonista en el fondo con la mariposa negra de un ala rota sobre la imagen. Está dirigido a un tipo de público al que le guste el cine más intimista y estético.

Estrategia

Schwerpunkt: Hör-/ Sehverstehen
Sozialform: UG
Übungsform: Filmausschnitt (ohne/mit Ton) sehen, Fragen beantworten und Vermutungen formulieren

Hinweis: Zum hier vorgestellten Filmausschnitt wird eine Begleitlektüre angeboten (*Diez minutos - Drehbuch*, Klett-Nr. 535546). Sie können an dieser Stelle eine Lektürephase einbauen und dafür beispielsweise auf die Behandlung des Romanausschnitts von *Ardiente paciencia* (Skármeta) in Unidad 8 verzichten. Den Film auf DVD bekommen Sie bei Lingua-video (lingua-video.com).

Transkription des Filmausschnitts (Track 51):
Fuente: Fragmento del cortometraje «Diez Minutos»
Nuria: Air Phone, buenas noches, mi nombre es Nuria, ¿en qué puedo ayudarle?
Enrique: Hola, buenas noches, quería hacer una consulta, por favor.
Nuria: Facilíteme usted su número de teléfono si es tan amable.
Enrique: 637546189
Nuria: Su nombre por favor, para dirigirme a usted.
Enrique: Enrique González Martín.
Nuria: Indíqueme su número de DNI, si es tan amable.
Enrique: 3356477658
Nuria: ¿La dirección donde recibe nuestro correo?
Enrique: Príncipe Vergara, 41, 4º dcha.
Nuria: Muy bien, don Enrique, dígame ¿qué consulta deseaba realizar?
Enrique: Vamos a ver, es muy sencillo. A las 19:35 de esta tarde se ha hecho una llamada desde este teléfono, quería saber a qué número se ha realizado.
Nuria: Entiendo don Enrique, dice usted que a las 19:35 realizó una llamada desde su terminal a otro número, ¿es correcto?
Enrique: Bueno, se hizo desde mi teléfono, sí.
Nuria: Un momento. *(Música)* Gracias por esperar, don Enrique. Indicarle que puede usted comprobar en su teléfono las diez últimas llamadas realizadas.
Enrique: Eso ya lo sé, pero el problema es que no hay manera de que salga el número porque ya he hecho más de diez llamadas.
Nuria: En ese caso indicarle que yo no puedo darle esa información.
Enrique: Pero, ¿por qué?
Nuria: Porque no me consta.
Enrique: Vamos a ver. Ahí se quedan registradas todas las llamadas que yo hago, ¿no? Luego yo en casa recibo la factura donde vienen especificados el número, la duración de la llamada y la hora a la que se ha hecho la llamada, ¿no es así?
Nuria: Efectivamente, usted podrá consultar esa información cuando reciba la factura.
Enrique: Ya, pero es que la necesito ahora.
Nuria: Don Enrique, le estoy indicando que no le puedo facilitar esa información.
Enrique: Pero vamos a ver, ¿estoy hablando con un ordenador o con una persona?
Nuria: Está usted hablando con el servicio de atención al cliente de Air Phone.
Enrique: Simplemente quiero saber si esto es un ordenador o una persona, nada más que eso.
Nuria: Don Enrique, está hablando con una persona.
Enrique: Vale, pues entonces no me vuelva a repetir lo de que no me puede dar esa información, ¿vale? ¿Me pones con un supervisor, por favor?
Nuria: Indicarle que no nos está autorizado transferir llamadas.
Compañera de Nuria: ¿Quieres algo? Voy a la máquina.
Nuria: Don Enrique, si desea hacerme otra consulta…
Enrique: Sí, sí, quiero saber qué llamada se ha hecho a las 19:35 de esta tarde desde mi móvil. Simplemente esto.
Nuria: Comprendo, pero creo que le estoy…
Enrique: Lo que le estoy pidiendo no es ningún capricho, es una información muy importante para mí, ¿entiende? Mire, mi novia me ha dejado, se ha ido esta tarde. ¿Usted tiene novio o novia?
Nuria: No nos está autorizado dar ningún tipo de información personal.
Enrique: Ya, ya, da igual, da igual, era solo para que me entendiera, porque usted habrá estado enamorada alguna vez…

a Individuelle Lösungen

b El chico quiere recuperar el número de teléfono de su novia, que lo acaba de dejar. La chica dice que no le puede dar el número porque la política de la empresa no lo permite.

c Individuelle Lösungen

2 La televisión manipuladora

a Schwerpunkt: Sprachmittlung – Filminhalt wiedergeben, Argumentieren
Sozialform: EA
Übungsform: Mündlicher Ausdruck (Inhalt des deutschen Textes wird auf Spanisch und mit persönlichen Kommentaren wiedergegeben, um den Gesprächspartner zu überzeugen den film anzusehen)

a Lösungsvorschlag
Oye, ¿por qué no vamos al cine a ver una película de la que acabo de leer la sinopsis? Se titula «Free Rainer» y trata de la televisión y las cuotas de audiencia. Es la historia de un tío que hace telebasura para tener cuotas muy altas de televisión y para ello todo le vale. Entonces conoce a una chica cuyo abuelo se ha suicidado por culpa de su programa. Esto hace que el protagonista reflexione y, entonces, hace otro tipo de programa, más serio, pero es un fracaso y tiene que aceptar que la gente solamente quiere ver basura. En ese momento se va a un hotel abandonado de un pueblo y empieza a manipular las cuotas de audiencia y hace que programas supercultos aparezcan como los que tienen más audiencia. Y a partir de ahí creo que se monta un lío. ¿Qué te parece?

7 Unidad

3 El consumo de televisión

Schwerpunkt: TV-Quoten, Diagramme interpretieren und Vermutungen formulieren
Sozialform: UG
Übungsform: Diagramme werden interpretiert und die Ergebnisse kommentiert

Lösungsvorschlag:
Es posible que durante el fin de semana los jóvenes salgan más y por eso las cuotas de audiencia sean tan bajas el sábado y el domingo.
En mayo quizás haya cuotas tan bajas porque muchos jóvenes tienen que estudiar para los exámenes de junio. En diciembre probablemente la audiencia es la más alta del año porque el tiempo es peor y hay vacaciones de Navidad y la gente pasa más tiempo en casa. También es una época con muchos programas especiales que pueden parecer interesantes a la gente, etc.

4 Programas y canales

Schwerpunkt: Landeskunde - Spanische Fernsehkanäle und Wortschatz zu den verschiedenen Sendungen
Sozialform: UG
Übungsform: Programme analysieren

a **Hinweis:** Wichtig ist, dass der Lehrer den Schülern den Unterschied in der Bedeutung von (dt.) Programm und (sp.) programa bewusst macht, und die Entsprechung gibt: (dt.) Programm – (sp.) canal, cadena. (dt.) Sendung – (sp.) programa

Lösungsvorschlag: La programación es parecida a la de Alemania. Incluso algunas series son las mismas (Los Simpson, Smallvill). Pero parece que en España hay muchos más programas de crónica rosa y los telediarios duran mucho más. A los jóvenes seguramente lo que más les interesa son las películas, algunos concursos de casting y los programas de música.

b Parece que TVE1, Antena 3 y Tele 5 tienen una visión de la televisión como entretenimiento pues casi todos sus programas son series, crónica rosa, películas o concursos. La 2 parece tener una visión más educativa porque tiene documentales y programas culturales.

c
Schwerpunkt: Wortschatz: Fernsehen, Diskussion
Sozialform: GA u. UG
Übungsform: Diskussion, die in Gruppen vorbereitet wird

Individuelle Lösungen

5 Nuevos lenguajes

Schwerpunkt: SMS- und Chatsprache
Sozialform: EA oder UG
Übungsform: Leseverstehen, Synonyme suchen, Meinungsäußerung

a Es más económico y se puede decir mucho en poco espacio. Es rápido y divertido.

b sorprendidos – medios saltones; divertido – entretenido; reducido – abreviado; innovador – novedoso; un móvil – celular; fácil – sencillo; una letra – un carácter

c Llamar por teléfono fijo. Escuchar música en un mp3 normal. Caminar hasta la casa de los amigos directamente para hablar con ellos. Etc.

d :-)) Muy feliz :-P Sacar la lengua :-(Triste :-x Un beso.

6 Diccionario Chat

Schwerpunkt: SMS- und Chatsprache
Sozialform: EA od. UG
Übungsform: Eine Nachricht in *lenguage chat* zu entschlüsseln und selber verfassen

b (@ wird benutzt um ein Wort gleichzeitig als männlich und weiblich auszudrücken, z.B. anstatt los chicos y las chicas, l@s chic@s) Pepe dice que podemos comprar un dvd, «12 Monos» porque a A (Ana, Alicia, etc.) le gusta mucho Brad Pitt. / Hola, ¿qué tal? Fiesta de cumpleaños mañana en casa de Ana. ¿A qué hora quedamos para comprar el regalo? Llámame. Avisa también a los/las chicos/chicas.

c Individuelle Lösungen

Taller

Tu película favorita

Schwerpunkt: Film
Sozialform: EA und UG
Übungsform: Gestaltung eines Filmplakates mit kurzen Informationen, Filmsynopse und persönlichen Kommentar verfassen, Präsentation in der Klasse.

Individuelle Lösungen

Lösungen CDA

1 Cómo se hizo Machuca...

Schwerpunkt: Inhaltssicherung
Sozialform: EA
Übungsform: Vokabelerweiterung (a), Inhalt der Lektion aus eigener Perspektive wiedergeben (b)

a
1. Andrés Wood, director: A la hora de escribir el **guión** de la película, basé el **argumento** en mi propia experiencia personal: yo había vivido una historia parecida a los ocho años. La verdad es que los **personajes** de la película podrían haber sido mis antiguos compañeros de escuela...
2. Manuela Martelli, actriz: Me siento muy orgullosa de haber podido **actuar** en esta película. Pienso que el **director**, Andrés Wood, ha sabido muy bien mostrar al **público** la situación política de Chile en aquella época, a través de los ojos de unos niños. Espero que la película llegue a muchos países, ya sea **doblada** o con **subtítulos**.
3. Matías Quer, actor: Machuca fue mi primer **largometraje**. Antes sólo había actuado en funciones de teatro de mi colegio y, al comenzar a **rodar**, sentía un gran respeto por la **cámara**. Sin embargo, desde el primer momento, mi personaje, «Machuca», me pareció muy interesante y me esforcé mucho por aprender bien mi **papel**.
4. Ariel Mateluna, actor: La película es de género **dramático**. Por eso la fotografía y los **primeros planos** eran muy importantes. La verdad es que Fernando ha hecho un trabajo estupendo con el **montaje**.

b Lösungsvorschlag:
Me llamo Gonzalo y vivo en Chile. Ayer, escuché decir a un profesor de mi colegio que la próxima semana vendrán nuevos alumnos. ¡Qué sorpresa! ¿Quiénes serán? ¿Conoceré ya a algunos de ellos? Espero que haya algunos entre ellos que sean amables. En mi clase no tengo amigos, ni compañeros. Los otros son todos unos empollones. Sólo piensan en estudiar. Eso no me gusta a mí. Ahh, no me gusta mucho ir a la escuela. Todos los días estoy solo durante los recreos, y no tengo a ninguna persona con quien pasar las tardes. Mi madre está muy ocupada y se interesa sobre todo en la política. Mi padre es muy severo. No tienen tiempo ni para mí ni para mis problemas.

Unidad 7

Me gustaría tener un amigo con el que pudiera leer mis libros favoritos, charlar, ir de paseo, jugar. Es muy aburrido estudiar, ser amable y bien educado y decir «buenos días» a los amigos de mis padres de los cuales no sé ni siquiera el apellido. Por eso, me gustaría saber lo más pronto posible quiénes serán los nuevos compañeros. Espero que el Father McEnroe venga mañana a presentarlos a la clase.

2 Tele-visión

Schwerpunkt: Wortbildung mit Präfixen und Suffixen
Sozialform: EA
Übungsform: unbekannte Wörter erschließen

1. Die Suche nach dem Schatz verlief erfolglos. (in = verneinende Bedeutung, fructus = Frucht)
2. Auch hier gibt es ein Museum der zeitgenössischen Kunst. (com = mit, tempus = Zeit)
3. Der Film ist schlecht, er handelt von Außerirdischen, die die Erde zerstören wollen. (extra = außerhalb von, tempus = Zeit)
4. Sei nicht so untergeben, kämpfe um das, was dir zusteht. (sub = unter, mittere = werfen)
5. Ich glaube nicht, dass ich diese Stelle annehmen kann, ich habe keine Erfahrung. (ad = an, sumere = nehmen)
6. Auf der Reise erlegten uns die Lehrer sehr strenge Regeln auf. (in = in, hinein, mittere = werfen)
7. Danach musst du links abbiegen, du kannst schon den Blinker setzen. (inter = zwischen, mittere = schicken, werfen)
8. Um die Straße zu überqueren nehmen wir lieber die Unterführung. (sub = unter, terra = Erde)

3 Compañeros de colegio

Schwerpunkt: Bildung und Gebrauch des *futuro compuesto*
Sozialform: EA
Übungsform: Lückentext

1. ¿Ves a aquella chica a la derecha? Es Paqui. Creo que tenía familia en Inglaterra. ¿**Habrá ido** al extranjero?
2. No sé nada de ella. Y Gabriel, el novio de Paqui, ¿te acuerdas de él? ¿**Habrá continuado** con la guitarra después del colegio?
3. ¿También te acuerdas de Paul? Siempre contaba chistes y nos hacía reír. ¿**Habrá cambiado**?
4. Y Felipe, ¿has oído algo de él? ¿**Seguirá** con María?
5. Seguro que sí. Los dos **se habrán casado** y **tendrán** una casa y muchos hijos y Felipe **trabajará** en la televisión. Siempre decía que quería hacer eso.

4 El nacimiento de la televisión

Schwerpunkt: Hörverstehen
Sozialform: EA, PA
Übungsform: selektives Verstehen (a), Inhaltserweiterung (b)

a Hörtext (Track 40):
El invento de la televisión no se debe a una única persona, sino que fueron muchos los investigadores que, a lo largo del tiempo, experimentaron por separado con la transmisión de imágenes por ondas electromagnéticas, es decir, con la «fototelegrafía». Entre ellos, cabe destacar al ingeniero alemán Paul Nipkow, quien patentó su conocido disco de Nipkow de exploración lumínica en 1884; al escocés John Logie Baird, que desarrolló y perfeccionó este disco en el año 1923; a los norteamericanos Ives y Jenkins, que basaron también sus investigaciones en Nipkow y al ruso inmigrante a EE. UU., Vladimir Sworykin, que trabajó con el tubo iconoscopio. Sin embargo, la palabra «televisión» sería utilizada por primera vez en el año 1900 y no sería hasta julio de 1928, cuando Jenkins comenzara a transmitir, de manera regular, imágenes de películas desde la estación experimental W3XK de Washington. Un año después, en 1929, la BBC de Londres se interesa por las investigaciones de Logie Baird, quien durante este año había conseguido ya transmitir imágenes de Londres a Nueva York y comenzaba a establecer las bases de la televisión en color, la televisión exterior con luz natural y la televisión en estéreo. Aunque, en un principio, la BBC se mostrara un tanto escéptica en cuanto a la utilidad práctica del invento, el 30 de septiembre de 1929, comienza a transmitir de manera oficial.

Siehe Tabelle 1.

b Lösungsvorschlag:
¿Cómo se llamaba la primera transmisión de imágenes por ondas electromagnéticas? – La «fototelegrafía».
¿Qué era el alemán Paul Nipkow de profesión? – Ingeniero.
¿Tomaron los norteamericanos Ives y Jenkins las ideas de Nipkow? – Sí, basaron sus investigaciones en Nipkow.
¿Cómo se llamaba el investigador ruso? – Vladimir Sworykin.
¿Qué cadena se interesó por las investigaciones de Logie Baird? – La BBC.
¿La BBC estaba a favor de ese nuevo invento? – No, se mostraba escéptica al principio.

5 Reality shows

Schwerpunkt: Vertiefung des Themas, Sprachmittlung
Sozialform: PA, EA
Übungsform: Sprachmittlung deutsch-spanisch, Leseverstehen, Erweiterung mittels Internetrecherche

Tabelle 1

		V	F
1.	En 1890 ya se hablaba de televisión.		X
2.	Fueron varios los investigadores que experimentaron con la transmisión de imágenes por ondas electromagnéticas.	X	
3.	El alemán Paul Nipkow patentó en 1884 su disco de exploración lumínica.	X	
4.	Después, en 1923, el norteamericano John Logie Baird perfeccionó este disco.	X	
5.	Otros investigadores fueron Ives Jenkins y Vladimir Sworykin.	X	
6.	Las primeras transmisiones experimentales se realizaron desde EE. UU.	X	
7.	En 1938, Jenkins comenzó a transmitir imágenes sacadas de películas.		X
8.	La cadena WDR se interesó en 1929 por el trabajo de Logie Baird: transmisión de imágenes de Londres a Nueva York, de mostrar la TV en color, la TV exterior con luz natural y la TV en estéreo.		X
9.	Las transmisiones oficiales comenzaron el 30 de septiembre de 1929.	X	

7 Unidad

Tabelle 1

No apoyan a los jovenes artistas. Los que producen la emisión sólo se interesan en los niveles de audiencia.	"Es geht bei DSDS nicht darum, junge Künstler zu unterstützen, sondern nur um die Einschaltquote." (l. 14)	**apoyar a alguien** – jdn. unterstützen **las cuotas de audiencia** – die Zuschauerquote
No tratan bien a los participantes del espectáculo, quienes tienen que cumplir un papel desde el principio. Martin, por ejemplo, era el tipo aburrido y sentimental.	„Die Kandidaten fertig zu machen, das gehört zur Show" (l. 16) / „Das ist schlimm, aber so ist eben das Konzept." (l. 18) / „Und er habe das Image gehasst, das ihm in der Sendung verpasst wurde." (l. 20)	**el espectáculo / el show** – die Show **el yerno** – der Schwiegersohn
Además, prometen muchas cosas que no hacen.	„Sie haben mich die ganze Zeit im Glauben gelassen, eine Single mit mir zu machen. Was aber nie passiert ist." (l. 26)	**prometer algo a alguien** – jdn. etw. versprechen **hacer falsas promesas** – leere Versprechungen machen
Puede ser que en algunas cosas, como en la votación de los cantidatos, se hiciera trampa desde el principio.	„Außerdem hatte ich das Gefühl, dass die Zuschauer-Votings Fake sein könnten" (l. 33)	**la evaluación** – die Auswertung **hacer trampa** – mogeln

Tabelle 1

a Lösungsvorschlag:
El texto trata de un joven de 17 años, Martin Stosch, que participó en un «reality show» muy conocido en Alemania que se llama «Deutschland sucht den Superstar». A pesar de su éxito en el concurso, quedó muy insatisfecho al final. Durante una entrevista con la revista Bravo dice por qué. Llegó a la conclusión de que nunca más se presentaría como candidato a una emisión como ésa.

b Martin Stosch critica lo siguiente: Siehe Tabelle 1.

c fórmulas de saludo: ¡Hola, …!, Querido/-a…, fórmulas de despedida: Hasta pronto, Hasta luego, Muchos saludos, Un saludo, Un abrazo, Besos, Adiós

Lösungsansatz:

Querido Jorge:
Ayer he pensado en ti. Encontré un artículo sobre el reality show aleman «Deutschland sucht den Superstar» en un periódico. Ese show es muy parecido al espectáculo que tenéis vosotros en España: «Operación Triunfo». En ese artículo que encontré Martin Stosch, un participante que tuvo mucho éxito en la cuarta temporada, critica el formato de la emisión. Es muy interesante, voy a contarte lo que dijo. Según lo que dice, le prometieron muchas cosas que, al final, no se hicieron. Imagínate…
Creo que… / En mi opinión…
¡Hasta pronto!
Jennifer

d Links siehe Kasten unten

¿Quién es David Bisbal?
David Bisbal es un cantante español que nació en 1979 en Almería. Desde que tenía 18 años dedicó su vida a la música. Lo descubrieron cuando, en 2001, fue segundo en el concurso «Operación Triunfo». Su primer álbum llegó en 2002 y se llamaba «Corazón Latino». Vende sus discos en España y América con mucho éxito.

¿Qué es «Operación Triunfo»?
Es un espectáculo de televisión de John de Mol. En 2001, el canal de televisión español TVE1 comenzó a realizarlo. Al principio, la meta fue buscar a un cantante para el concurso de Eurovision de la Canción 2002 (European Song Contest). Pero como ese formato de emisión tuvo mucho éxito, decidieron realizarlo otras tres veces más.
Para comparar, el tipo parecido a esa emisión en Alemania «Deutschland sucht den Superstar» se realizó por primera vez en 2002 en el canal de televisión RTL.

6 Estoy por ti

Schwerpunkt: sich mit Fernsehformaten auseinandersetzen
Sozialform: GA
Übungsform: Rollenspiel: an einer Fernsehshow teilnehmen, sich mit dem Format auseinandersetzen

a programa alemán: Herzblatt
http://de.wikipedia.org/wiki/Herzblatt_(Fernsehsendung)

1. Lösungsansätze:

Sí	No
– es una buena ocasión para conocer a alguien que normalmente no encontraría	– no es serio, es un juego.
	– lo más importante es que el juego sea divertido, no importan los sentimientos de los participantes.
	– no es auténtico: preguntas y respuestas ya están ensayadas, los chistes están ya preparados.
	– lo que cuenta es el nivel de audiencia.

2. Individuelle Lösungen

Enlaces

http://de.wikipedia.org/wiki/David_Bisbal
http:// www.davidbisbal.com/
http://de.wikipedia.org/wiki/Operaci%C3%B3n_Triunfo http://www.telecinco.es/operaciontriunfo/

8 Chile: literatura y política

Übersicht

Themen	Kommunikative Fertigkeiten	Sprachliche Mittel	Methodenkompetenz
Primer paso • Landschaften Chiles	• Über Klima und Geografie sprechen		
Panorama • Von der Demokratie zur Diktatur • Das Referendum in Chile • Antonio Skármetas «Ardiente paciencia»	• Über politische Inhalte sprechen • Einen Romanausschnitt interpretieren • Über Stilmittel sprechen	• fakultativ: *Futuro de subjuntivo* in Redewendungen	
Taller • Beispiele lateinamerikanischer Lyrik	• Stilmittel erkennen und interpretieren		

Primer paso und Panorama político	
1. Einstieg und Hinführung zum Thema: Hinführung zum Thema Chile durch Fotos, Hörtext und ein Gedicht von Pablo Neruda: SB Primer paso, Folie 1	SB L-CD (Track 53) Folien
1. Aufgaben zu den authentischen Materialien • Transkription einer Filmszene aus Machuca SB 2 Analyse und Interpretation vor dem historischen Hintergrund • Sachtext: La protesta social SB 3 Vorentlastung (a), Wortschatz (b), Leseverstehen (c), Reflexion / Diskussion (d) • Rede: Discurso de Patricio Aylwin SB 4 Vorentlastung, Vermutungen (a), Leseverstehen (b, c), Stilanalyse (d) KV S. 129 • Interview: Entrevista a Michelle Bachelet SB 5 Leseverstehen (a), Recherche (b)	SB Kopien
2. Sicherung von Wortschatz und Redemitteln: SB 3a	SB
3. Übungen zur Erarbeitung und Festigung der Grammatik: [*futuro de subjuntivo* SB 6]	SB
4. Übungen zur Zusammenfassung und Wiederholung: Juego CDA 4,5	CDA
4. Hörverstehen • SB Primer paso: Romanauszug von Isabel Allende als Hörtext • SB 1	SB, L-CD (Track 52–54 und 55)
6. Landeskunde / interkulturelles Lernen: Geografie Chiles: S. 104–105 Texte: Chiles politische Entwicklung von Salvador Allende bis zur Gegenwart (S. 106–109)	SB
Panorama literario und Taller	
1. Aufgaben zu den authentischen Materialien • Romanauszug: Ardiente paciencia, Antonio Skármeta SB 7 Vorentlastung (a), Leseverstehen (b), Interpretation (8a-c) [• Gedichte: José Martí, Alfonsina Storni Inhaltsangabe (a), Stilanalyse (b-c), kreatives Umschreiben (d), Gedichteabschnitte ordnen: KV S. 121]	SB Kopien
2. Sicherung von Wortschatz und Redemitteln: SB 3a Literarische Stilmittel SB 9	SB
4. Hörverstehen • Romanauszug als Hörtext: Ardiente paciencia, Antonio Skármeta SB 10 Hörverstehen (a), kreatives Weitererzählen (b-d), Transfer (e)	SB, L-CD (Track 56)
6. Landeskunde / interkulturelles Lernen: Texte: Neruda, Skármeta, Storni, Martí	SB
7. Projekte fürs Sprachenportfolio: Taller: Llegó la poesía (Gedichtinterpretation) Taller 2: Un poema para Beatriz (kreatives Schreiben)	SB

8 Unidad

Hinweise zu den Bildfolien

Folie 1 – Chile
Die Folie zeigt die Karte Chile mit den Fotos unterschiedlicher Landschaften aus SB, S. 104 und kann alternativ zum Schülerbuch eingesetzt werden. Die S sollen sagen, wo die Landschaften sich auf der Karte befinden.

Lösungen Schülerbuch

Primer paso

Schwerpunkt: Landeskunde: Geographie Chiles
Sozialform: EA (a, b); PA (c)
Übungsform: Bilder versprachlichen (a, b); Rollenspiel (c)

1 Chile entre el fuego y el hielo

a Siehe Tabelle unten.

b La región en la que hace más frío es la Patagonia porque allí se encuentran los fiordos y los glaciares. Los meses de invierno son julio, agosto y septiembre. Los meses de verano son enero, febrero y marzo.

c Escena diálogo en una agencia de viajes.

Lösungsvorschlag:
Cliente: Hola, buenas tardes. Quisiera ir de vacaciones a un lugar interesante. El único problema es que no tengo vacaciones en agosto ni septiembre, o sea, aquí en Alemania en el verano. Mis vacaciones serían en los meses de enero y febrero, y me gustaría un lugar donde el paisaje, la naturaleza y el clima fueran agradables.
Agente: Pues, que le diría, una opción es Sudamérica. Tenemos un plan a Chile que se llama «Disfrute el invierno con el calor del verano».
Cliente: Suena bastante bien.
Agente: Mire, mientras en Alemania estamos a 3°C grados o –3°C, allí las temperaturas están entre 25°C y 30°C. Allí podrá encontrar muchas cosas diferentes: en la zona Norte Grande; el desierto, un paisaje único y que no tenemos en Alemania. En la zona Norte Chico, el clima es del tipo mediterráneo y el ámbiente es de playa y balnearios. En el centro está la zona de las montañas, los valles, los ríos, la capital: Santiago. En la zona sur está la zona de los archipiélagos y la fantástica isla de Chiloé. Por último, está la Patagonia, allí está Punta Arenas y Tierra del Fuego, podrá ver pingüinos. ¿No le parece algo diferente?
Cliente: Todo suena muy interesante, pero a mí me gustaría que fuera un viaje organizado porque no me gustaría perderme nada.

2 Mi país inventado

Schwerpunkt: Landeskunde
Sozialform: EA
Übungsform: Hörverstehen (a), Gedicht erklären

a Hörtext (Track 52–54):
Fuente: Isabel Allende: *Mi país inventado*.
Narradora: País de esencias longitudinales
Empecemos por el principio, por Chile, esa tierra remota que pocos pueden ubicar en el mapa porque es lo más lejos que se puede ir sin caerse del planeta. «¿Por qué no vendemos Chile y compramos algo más cerca de París…?», preguntaba uno de nuestros escritores. Nadie pasa casualmente por esos lados, por muy perdido que ande, aunque muchos visitantes deciden quedarse para siempre, enamorados de la tierra y la gente. Es el fin de todos los caminos, una lanza al sur del sur de América, cuatro mil trescientos kilómetros de cerros, valles, lagos y mar. Como dice Neruda:

Noche, nieve y arena hacen la forma de mi delgada patria,
todo el silencio está en su larga línea,
toda la espuma sale de su barba marina,
todo el carbón la llena de sus misteriosos besos

Este esbelto territorio es como una isla, separada del resto del continente al norte por el desierto de Atacama, el más seco del mundo, según les gusta decir a sus habitantes.
A grandes rasgos se puede decir que cuatro climas muy distintos existen a lo largo de este mi espigado Chile. El país está dividido en provincias de nombres hermosos, a los cuales los militares, que posiblemente tenían cierta dificultad en memorizarlos, agregaron un número. Me niego a usarlos, porque no es posible que una nación de poetas tenga el mapa salpicado de números, como un delirio aritmético.

Lösungsvorschlag:
¿Por qué dice Isabel Allende que Chile es el fin de todos los caminos?
Porque Chile está geográficamente al final de Sudamérica, es un país muy delgado y largo. Además, es una lanza al sur del sur de América y tiene cuatro mil trescientos kilómetros de montañas, valles, lagos y mar.
¿Según vosotros, le gusta a la escritora su país?
Claro que sí, le gusta mucho su país y lo conoce muy bien.
¿Creéis que vive en Chile? Informaos en el glosario cultural.
Isabel Allende vive desde algunos años fuera de Chile. Hoy en día vive en California en los Estados Unidos.

b Lösungsvorschlag:
nieve: Por la zona de los nevados.
delgada: Chile es un país que por su ubicación es muy estrecho y delgado.
larga línea: Chile es una larga línea que va desde el norte en la frontera con Perú y Bolivia hasta la Patagonia.
espuma: Es la equivalencia a los fiordos congelados.
barba marina: pelos o filamentos por la forma de los fiordos.
carbón: El carbón es uno de los minerales que más se produce en Chile. Los yacimientos de carbón se localizan en las áreas de Concepción, Arauco, Valdivia y Magallanes.

Tabelle 1

El clima	Los paisajes	Naturaleza
– clima mediterráneo en el centro	– tierras	– el desierto de Atacama es el más árido del mundo
– clima seco en el desierto	– la costa	– volcanes
– clima de nieve en la Patagonia	– las playas	– ríos
	– lugares para esquí en el cordillera	– lagos
	– bosques	– fiordos
	– volcanes	– glaciares
	– islas y archipiélagos	– la Antártida

Unidad 8

[Panorama Político] opcional

Schwerpunkt: Landeskunde
Sozialform: EA
Übungsform: Hörverstehen

1 Chile ayer y hoy

Hörtext (Track 55):

locutora de radio: Buenas tardes, queridos oyentes: mi nombre es Irene Gómez y estoy hoy aquí para darle la bienvenida a una nueva edición del programa «revivamos nuestra historia». Como todos los martes hablaremos del tema de la política, y hoy el turno es para Chile, hermoso país de contrastes, no sólo geográficos sino políticos…

El 24 de octubre de 1970 el Congreso Pleno de Chile aprobó la victoria de Salvador Allende como presidente y representante del partido político de la Unidad Popular, UP. Allende soñaba con un Chile socialista, pero quería llegar a este ideal a través de un proceso democrático. Entonces empezó una época de grandes cambios económicos, políticos y sociales.

Bajo el gobierno de Allende los sueldos de los obreros mejoraron. Las escuelas públicas y la asistencia médica eran gratuitas y cada vez había menos desempleados. La economía empezó a crecer.

El gobierno tomó las tierras de muchos latifundistas y las repartió entre comunidades de campesinos. En diciembre de 1970 transformó las empresas de carbón y cobre en empresas del estado. Así muchas empresas extranjeras, sobre todo de Estados Unidos, perdieron sus fábricas, que quedaron en manos chilenas…

El gobierno de Allende fue un gobierno popular… de cambios, que nació como consecuencia del pensamiento de un hombre político, humanista y revolucionario…Pero las presiones y la oposición tampoco tuvieron límites… Chile sufrió restricciones y embargos económicos por parte del extranjero y entró en una fuerte crisis económica. Cada vez había más gente que protestaba contra la política de Allende.

El 11 de septiembre de 1973, los militares ordenaron que el palacio de gobierno debía ser abandonado ya que sería bombardeado en un plazo de pocos minutos por la Fuerza Aérea…

Así comenzó la historia del Golpe de Estado; en el que el general Augusto Pinochet asumió el poder. No se sabe si uno de los militares mató a Salvador Allende o si éste se suicidó.

Desde ese momento en Chile se marcó una nueva etapa; para unos de esperanza y para otros de dolor. El gobierno de Pinochet castigó severamente a sus enemigos políticos, los socialistas, seguidores de Allende. Policías y militares detenían y torturaban a decenas de miles de personas. Muchos prisioneros desaparecieron y nunca más se supo nada de ellos. Cientos de miles de chilenos optaron por el exilio… mientras que en ese momento la economía de Chile se hacía próspera y creciente…

Bueno, estimados oyentes esto ha sido todo por hoy y hasta el próximo martes. Les habló Irene Gómez de la Radio Informativa de la Juventud.

a ¿Quienes eran Salvador Allende y Augusto Pinochet?

Lösungsvorschlag:

Salvador Allende
Fue elegido presidente de Chile el 4 de noviembre de 1970. Primer presidente marxista en el mundo elegido democráticamente. Allende quería llevar a Chile al socialismo.

Augusto Pinochet
Militar que peleó contra el Gobierno de Allende. Dirigió el Golpe de Estado. Después se volvió un dictador. Tomó a muchos prisioneros políticos.

b Informaciones ciertas o falsas.

1. cierto	1. cierto
2. cierto	2. cierto
3. falso	3. cierto
4. falso	4. falso
5. cierto	5. cierto
6. cierto	

2 En el colegio de Machuca

Schwerpunkt: Landeskunde
Sozialform: EA
Übungsform: Informatinen aus einem Text entnehmen
Lösungsvorschlag: Siehe Tabelle unten.

3 La hora del cambio

Schwerpunkt: Landeskunde
Sozialform: PA/GA/UA
Übungsform: Leseverstehen (a); Wörter erklären (b); Fragen beantworten (c); freie Textproduktion

Hinweise: los alumnos pueden hacer también búsquedas en internet. Las palabras del ejercicio b pueden ser definidas a través de ejemplos.

a Hipótesis del contenido del texto.

Lösungsvorschlag:

Las personas están protestando por algo. / Las personas están buscando ayuda. / Estas personas quieren que se dé una respuesta NO. / Están felices porque recibieron un NO. / Buscan que digan un NO.

b
Plebiscito: llamada al pueblo. Cuando hay decisiones muy importantes para un país y los políticos tienen muchos problemas para ponerse de acuerdo, a veces se hace un plebiscito, donde el pueblo da su opinión, así el pueblo dice si aceptaría o no un proyecto. Es decir, se quiere saber si el pueblo diría SÍ o NO.

Oposición política: Es un grupo de políticos o partido político que no está de acuerdo con el partido dominante. Su proyecto y sus ideas son diferentes a las del partido político en el poder.

Tabelle 1

	Madre de Gonzalo	Madre de Pedro
Su vida y su pasado	Es blanca, de una familia acomodada.	Es una chica que es hija de un campesino muy pobre.
Su clase social	Es una mujer de clase alta, es rica.	Es una mujer de la clase trabajadora.
Su opinión sobre los niños pobres	Los niños pobres no deben ir a clases con los niños ricos porque son diferentes.	Es una oportunidad para salir adelante y para que los pobres no sigan siendo siempre los culpables de todo.
¿Apoya a Allende o a Pinochet? ¿Por qué?	Apoya la política de Pinochet porque va en contra del socialismo marxista de Allende.	Apoya la política socialista de Allende porque su hijo puede aprender en un colegio privado y no viva lo mismo que ella ha vivido.

8 Unidad

Dictadura militar: forma de gobierno autoritario en la cual las instituciones son controladas por las fuerzas armadas, es decir, por el ejército. Una dictadura militar normalmente es violenta y no respeta la opinión del pueblo.

Derechos humanos: son las libertades básicas que toda persona tiene, no importa si la persona es de una minoría, si es pobre o rica.

Crisis económica: Cuando un país tiene problemas con su economía y esto dura mucho tiempo tiene una crisis económica.

Clase media y acomodada: son las personas que ni son pobres, ni son ricas. Tienen un buen nivel de vida, y pueden comprar lo necesario para vivir de forma cómoda. También es gente que tiene un nivel educativo bueno.

Papelera de voto: Papel que se usa para hacer elecciones. Lista oficial de candidatos en una elección política.

Sistema político: Conjunto de ideas, reglas o principios sobre cómo debe gobernarse un pueblo.

c
1. Porque la gente quería protestar contra la dictadura militar. La gente quería su libertad, ya nadie quería la dictadura. La dictadura además dejó problemas como el desempleo.
2. La presión de la clase media hizo que los opositores formarán un grupo con los partidos de izquierda. Este grupo obligó a Pinochet a hacer un plebiscito.
3. Con una papeleta de voto y un lápiz los chilenos dijeron NO al gobierno militar.
4. Porque a partir del plebiscito comenzó un cambio en la política chilena.

d Lösungsvorschlag:
Después del plebiscito Chile inició una nueva era política. Los chilenos tuvieron la oportunidad de decidir acerca del gobierno militar. Pinochet reconoció su derrota y se retiró de la Moneda (palacio de gobierno). Los cambios políticos y sociales se notaron desde un comienzo, mucha gente regreso a Chile después del exilio y políticamente entró en una etapa de democracia y nuevos proyectos. Muchos chilenos al principio tenían miedo, pero con el tiempo fue cambiando todo.

4 Un paso hacia la democracia

Schwerpunkt: Landeskkunde
Sozialform: UG (a); GA (b, c)
Übungsform: Vermutungen anstellen (a); Textarbeit (b, c, d)

a Lösungsvorschlag:
El nuevo presidente querrá cambiar el sistema de gobierno, la imagen del país interna e internacional. El nuevo presidente tendrá que ganar la confianza del pueblo.

b Siehe Tabelle 1.

c Individuelle Lösungen

d Siehe Tabelle 2.

5 La política de hoy

Schwerpunkt: Landeskunde
Sozialform: PA (a); EA (b)
Übungsform: Informationsentnahme (a); eine Biografie schreiben

Parte (1)	Parte (2)	Parte (3)
– El Chile que todos anhelamos: libre, justo, democrático. – Una nación de hermanos. – El significado del estadio nacional donde antes fue escenario de torturas y hoy es escenario de alegría y esperanza.	– Recostrucción de la democracia. – Restablecer el clima de respeto y confianza entre los chilenos. – La convivencia entre los habitantes sin importar sus creencias, ideas o actividades ya sean civiles o militares, trabajadores o empresarios.	– Todo en la vida toma su tiempo. – Por más que el gobierno sea democrático no significa que los problemas se vayan a solucionar de un momento a otro. – Para lograr los objetivos se requieren esfuerzo y participación de todos.
Hechos históricos: Exiliados y torturados después y durante el golpe militar.	Hechos históricos: Lucha de las diferentes clases sociales.	Hechos históricos: Los años del gobierno militar Recuperación de la democracia.

Tabelle 1

a
1. Es un problema difícil. La pobreza ha disminuido del 44 % al 18 %, pero se mantiene una relación de 14 a uno en los ingresos autónomos de los más ricos y más pobres. Trabajará en un plan de igualdad de oportunidades para generar más empleos y sacar a la gente de la pobreza.
2. Se ve como una mujer fuertemente pluralista porque considera la diversidad política como una riqueza.

b Breve ficha:
Nombre: Michelle Bachelet.
Nacimiento: 29 de septiembre de 1951.
Lugar de nacimiento: Santiago de Chile.
Presidente desde: 23 de mayo 2008.

El padre de la presidenta fue militar, él apoyó la política de Allende. Fue a la cárcel en la dictadura de Pinochet y murió ahí. Su mamá fue arqueóloga, hablaba muchas lenguas. Tanto la presidenta como la madre fueron interrogadas por los militares. Después fueron a Australia y vivieron ahí. También estuvieron en el exilio en Alemania. La presidenta Bachelet es la primera mujer presidente de Chile, además es socialista. Ella creció en una familia que desde siempre tuvo problemas, pero creo que por eso ella busca que los demás chilenos no los tengan.

El Chile de la dictadura	El Chile democrático
Un recinto de predominio de la fuerza sobre la razón …el Chile por el cual tantos, a lo largo de la historia, han entregado su vida. ¡Nunca más atropellos a la dignidad humana! ¡Nunca más violencia entre hermanos!	Una nación de hermanos …restablecer un clima de respeto y de confianza en la convivencia entre los chilenos.. ¡Chile es uno solo! ¡Las culpas de las personas no pueden comprometer a todos! …desde ahora mismo nos vamos a poner a trabajar…

Tabelle 2

6 Sea como fuere, terminaré el ejercicio

Schwerpunkt: *futuro del subjuntivo*
Sozialform: EA
Übungsform: Lückentext

a pudiere-poder / fuere-ser / detuviere-detener / hubiere-haber

84

b
1. Podrá ser detenido el que **fuere** sorprendido en delito flagrante.
2. Si la autoridad **detuviere** a alguna persona, deberá dentro de las 48 horas siguientes avisar al juez.
3. Un ciudadano podrá dirigirse al Ministerio Público si no **hubiere** ninguna fiscalía en el lugar en el que vive.
4. Si una persona no **pudiere** firmar, podrá dejar sus huellas digitales

c
1. *Sea quien fuere,* no le voy a mostrar mi carnet de identidad.
2. Saldré del país *sea como fuere.*
3. *Digan lo que dijeren*, no podrán callar a todos los chilenos.
4. *Sean cuales fueren* nuestros problemas, estaremos juntos.
5. *Hagan lo que hicieren,* muchos asesinatos de la dictadura nunca se resolverán.

Panorama literario

7 Ardiente paciencia

Schwerpunkt: Informationen über Dichter auswerten, Lektüre eines Romanausschnitts
Sozialform: PA
Übungsform: Textarbeit, Lektüre

a Pablo Neruda es un poeta chileno que es muy famoso y que los chilenos quieren mucho. Neruda escribió poemas de amor, pero también escribió sobre su Chile y otros países de Latinoamérica. También fue político. Apoyaba la política de Allende.

8 El poeta y el cartero

Schwerpunkt: Beziehung zwischen Charakteren herausarbeiten (a), ein Bild herausarbeiten (b), Vermutungen anstellen (c)
Sozialform: GA/UG/PA
Übungsform: Textarbeit, Literaturinterpretation

a Mario trata a Neruda con respeto, sabe que es una persona importante de la cual ha leído y aprendido por lo menos algunos versos (ll. 1–8). Lo llama «Don Pablo» (l. 2, 89) y le habla de usted. Mario ve a Neruda como una persona mucho más educada que él, un poeta de fama mundial al que admira, un maestro al que quiere imitar, y por eso le pide ayuda sin darse cuenta que a veces molesta a Neruda. Neruda tiene mucha paciencia con Mario aunque a éste le cuesta comprender: «Déme un ejemplo.» (ll. 22,60).
Neruda tutea a Mario: «¿Qué te pasa?» (l. 1), «te quedas ahí…" (l. 3). Quizás le cae bien a Neruda este simple cartero que se interesa por la poesía.

b Neruda nos parece muy simpático. Skármeta lo describe como una persona muy amable y muy paciente (geduldig). De cierto modo Neruda es el modelo de cómo deseamos que sean nuestros políticos, o artistas, que no sean unos pesados, sino personas normales.

c Le gusta leer poemas y, después de leer y aprender muchos, quiere escribir algunos. / Quiere ser poeta porque ya no le gusta ser cartero. / Quiere ser famoso y vivir bien como Neruda. / Le encanta la naturaleza. / Quiere aprender a decir lo que piensa de una forma bonita.

9 El lenguaje de la poesía

Schwerpunkt: Wesen und Funktion der Metapher beschreiben (a) und ihre Bedeutung erkennen (b, c)
Sozialform: UG/PA/GA
Übungsform: Textarbeit, Paraphrasieren, Hörverstehen, Fragen beantworten

a Metáforas «son modos de decir una cosa comparándola con otra» (p. 110, l. 20). Así se pueden decir cosas o describir cosas (por ejemplo: sentimientos) que sin compararlos con otras cosas no se podrían decir.

b Tiene un nudo en la garganta.
= C: Uno no puede hablar porque tiene miedo, está emocionado, etc. porque tiene que hablar delante de mucha gente, de su jefe, de una persona importante, en clase delante de los otros alumnos.
Decidieron tomar caminos distintos.
= D: Decidieron separarse. Se dice por ejemplo de una pareja que se separa porque ya no pueden o no quieren estar juntos.
Siente mariposas en la panza/en el estómago. = B: estar emocionado/-a, estar un poco nervioso/-a. Por ejemplo pasa cuando un chico tiene la primera cita con una chica.
Rompecorazones. = A: Lastimar a alguien que nos quiere. Cuando los chicos lastiman a las chicas, porque ya no las quieren entonces son unos rompecorazones.
Tiene un corazón de oro. = E: Es una persona muy buena. Persona que tiene un buen carácter, que siempre ayuda a los otros.

c Hinweis: Streng genommen handelt es sich bei Vergleichen mit den Vergleichswörtern *wie* oder *als* um „comparaciones" (und nicht um Metaphern). Metapher ist also eigentlich nur:
el cielo está llorando = está lloviendo (weitere "echte" Metaphern in 9b).

Z. B.: te quedas ahí parado <u>como</u> un poste = sin moverte
clavado <u>como</u> una lanza = sin moverte
quieto <u>como</u> torre de ajedrez = no decir ni pío, no abrir la boca, no decir nada en absoluto
más tranquilo <u>que</u> gato de porcelana = muy tranquilo, despreocupado
iba <u>como</u> un barco temblando en sus palabras = se sentía como en un barco

d Hinweis: Bei dem Gedicht im Romanausschnitt handelt es sich um den Anfang von Nerudas «Oda al mar» aus den «Odas elementales».

Beispiele für die verschiedenen Stilmittel im Gedicht:
aliteración
se sale de sí mismo
onomatopeya
los siguientes versos imitan el sonido de un barco:
dice que sí, que no,
que no, que no, que no.
anáfora
en espuma, *en* galope
paralelismo
con siete lenguas verdes
de siete perros verdes,
de siete tigres verdes,
de siete mares verdes,
elipsis
dice que sí, [dice] que no
antítesis / contraste
dice que sí, que no
personificación
el mar (…) dice que sí (= el mar habla)

10 Entre hombres

Schwerpunkt: Informationen eines Hörverstehens vier abgebildeten Personen zuordnen (a), Vermutungen anstellen (b)
Sozialform: UG/PA
Übungsform: kreatives Schreiben (oder mündlich bei leistungsstärkeren Klassen)

Hörtext (Track 56):
Fuente: Antonio Skármeta, *Ardiente paciencia*

Mario: ¡Estoy enamorado, Don Pablo!
Neruda: Eso tiene remedio. ¿De quién estás enamorado?
Mario: Se llama Beatriz.
Neruda: ¡Dante, diantres!
Mario: ¿Don Pablo?

8 Unidad

Neruda: Hubo una vez un poeta que se enamoró de una tal Beatriz. Las Beatrices producen amores inconmensurables. Pero, ¿qué haces?
Mario: Escribo el nombre del poeta ese. Dante.
Neruda: Dante Alighieri.
Mario: Con «h»?
Neruda: No, hombre, con «a».
Mario: Don Pablo, estoy enamorado.
Neruda: Eso ya lo dijiste. ¿Y yo en qué puedo servirte?
Mario: Tiene que ayudarme.
Neruda: ¡A mis años!
Mario: Tiene que ayudarme porque no sé qué decirle. La veo delante de mí y es como si estuviera mudo. No me sale ni una palabra.
Neruda: ¡Cómo! ¿No has hablado con ella?
Mario: Casi nada. Ayer estuve paseando por la playa como usted me dijo. Miré el mar mucho rato y no se me ocurrió ninguna metáfora. Entonces entré en la hostería y me compré una botella de vino. Bueno, fue ella la que me vendió la botella.
Neruda: Beatriz.
Mario: Beatriz. La quedé mirando y me enamoré de ella.
Neruda: ¿Tan rápido?
Mario: No, tan rápido no. La quedé mirando como diez minutos.
Neruda: ¿Y ella?
Mario: Y ella me dijo: «¿Qué mirái, acaso tengo monos en la cara?»
Neruda: ¿Y tú?
Mario: A mí no se me ocurrió nada.
Neruda: ¿Nada de nada? ¿No le dijiste ni una palabra?
Mario: Tanto como nada no. Le dije cinco palabras.
Neruda: ¿Cuáles?
Mario: Le dije: «¿Cómo te llamái?»
Neruda: ¿Y ella?
Mario: Ella me dijo «González».
Neruda: Le preguntaste «cómo te llamas». Bueno, eso hace tres palabras. ¿Cuáles fueron las otras dos?
Mario: «Beatriz González».
Neruda: Beatriz González.
Mario: Sí. Ella me dijo «Beatriz González» y entonces yo repetí «Beatriz González».
Mario: Si no fuera mucha molestia, me gustaría que me escribiera un poema para ella.
Neruda: Pero si ni siquiera la conozco. Un poeta necesita conocer a una persona para inspirarse. No puede llegar a inventar algo de la nada.
Mario: Mire, poeta. Si se hace tantos problemas por un simple poema, jamás ganará el Premio Nobel.

a Mario se enamoró de una camarera. Sólo logró preguntarle su nombre y repetirlo. Ahora le pide ayuda a Neruda porque no sabe qué decirle a esta chica.
Pablo Neruda: El nombre de Beatriz le recuerda a Dante y a su amante Beatriz. Le habla a Mario de Dante y de la Beatriz italiana. Le dice que para escribirle un poema a Mario para Beatriz necesita inspirarse, es decir verla. Si no, no puede ayudarlo.
Beatriz: Es la camarera de la que se enamoró Mario. Parece ser guapísima porque Mario se enamoró de ella sólo al verla. Tiene el mismo nombre que la amante del poeta italiano Dante.
Dante Alighieri: un poeta que también se enamoró de una Beatriz. Mario no lo conoce, Neruda sí.

b Lösungsvorschlag:
Neruda: Mario, cuidado de lo que dices. Tienes que aceptar que los poetas necesitamos conocer las cosas de las que hablamos en nuestros poemas. Un pintor tampoco puede pintar cosas que no conoce. Quiero conocer a Beatriz. Cuando la vea, podré escribir un poema.
Mario: Perdone, Don Pablo. Estoy muy enamorado y necesito su ayuda. Entonces vamos ahora a ver a Beatriz.

c Lösungsvorschlag:
Beatriz: No me gusta más trabajar en la hostería. Siempre vienen hombres que me miran y miran sin decir nada. Yo también soy una persona. Quiero que me hablen.
Amiga: Tú eres muy guapa y por eso los hombres tienen miedo. Tal vez pienses que son tontos, pero tienen miedo de ti.
Beatriz: No me importa. ¿No pueden decirme qué quieren?
Amiga: Pero Beatriz, no todos los hombres son así.

d Hinweis: Die Schüler können dazu animiert werden unterschiedliche Lösungen zu entwerfen: eine romantische Lösung mit Happy End, eine ohne Happy End, eine Lösung mit Beatriz als von ihrer Schönheit (hermosura) und von den vielen Verehrern (admiradores) genervten Xanthippe, eine Lösung mit Beatriz als einer nüchternen, von altmodischen Gedichten gelangweilten / „abgetörnten" Geschäftsfrau, die bei Männern nur aufs Geld schaut, etc.

Lösungsvorschlag:
Neruda va al restaurante donde trabaja Beatriz para verla y después escribirle un poema. El poema es muy romántico. Así Mario conquista el corazón de Beatriz. Cuando Mario nota que Beatriz se está enamorando de él, pierde el miedo de hablar, y empieza una gran historia de amor.

e Individuelle Lösungen

11 Cómo ligar

Schwerpunkt: Ausgehend von Bildern Vor- und Nachteile verschiedener Möglichkeiten der Kontaktaufnahme vergleichen
Sozialform: GA, US
Übungsform: Gruppenarbeit, Brainstorming, Gedichtinterpretation

a chat:
Algunas ventajas: Podemos conocer a muchas chicas. Es cómodo, no tenemos que pagar el café de la chica, ni pagar la entrada del cine. / Los chicos nos ven primero como somos por dentro, qué sentimos y cómo pensamos y después nos conocen por fuera. Es mejor así porque muchos chicos sólo quieren una chica bonita, pero no les interesa cómo piensa esa persona. Es posible conocer a gente de todo el mundo.
Desventajas: tal vez esa persona es muy muy diferente. Muchas personas no dicen la verdad por el chat. No es tan romántico por el chat. Puede ser peligroso.

en persona:
ventajas: uno realmente sabe si la persona es joven o no, gorda o delgada. También puede ver los ojos de esa persona. Es mucho más interesante conocer a alguien en persona.
Desventajas: Uno está nervioso. A veces sale todo mal. Muchos chicos no hablan porque no saben qué decir y por eso la chicas piensan que son tontos.

12 Los poetas y el amor

Schwerpunkt: Lektüre von zwei Gedichten lateinamerikanischer Autoren, Einstieg in die Gedichtinterpretation
Sozialform: je nach Vertrautheit der Schüler mit der Aufgabenform (Fach Deutsch, andere Fremdsprachen) ggf. zuerst UG, sonst/dann GA / PA, Lösungsvergleich: UG
Übungsform: Textaufgabe Literatur, kreativer Umgang mit Gedichten

a Dos palabras: es un poema de amor. A la chica le habían dicho dos palabras al oído, tal vez estas palabras son: «te quiero» o «te amo». Ahora ella está en otro mundo. Está muy feliz. Para ella la vida ahora es mejor.
La niña de Guatemala: el yo es alguien de un pueblo. Cuenta que una chica se murió. La chica se enamoró de un señor, pero el señor tenía mujer. Ella se puso

muy triste. Se metió al mar y murió. Para el doctor, la muerte es por frío. Para el yo, la muerte es por amor. Porque la chica estaba tan triste que ya no quería vivir.

b El poema de Storni es mucho más pequeño y es muy feliz. Usa palabras bonitas para mostrar felicidad como: tan, dulces, bella. El otro es un poco triste y cuenta más sobre la chica muerta. Storni juega más con los versos, Martí tiene una estructura más constante.

c aliteración: la luna que andaba (la "a"); anáfora: tan… tan…, dos palabras; contraste: Palabras que de viejas son nuevas; metáfora: aceites olorosos sobre el cuerpo derraman, mis dedos quisieran cortar estrellas; paralelismo: dicen que murió de frío / yo sé que murió de amor.

d Individuelle Lösungen
Hinweis: Diese Übung ist u. a. als Vorübung für Taller Aufgabe 2 denkbar.

Taller

1 Llegó la poesía a buscarme

Schwerpunkt: Lektüre eines Gedichts, Verständnissicherung und Interpretation
Sozialform: PA/GA
Übungsform: Textarbeit Lektüre

Hinweis: Es sind hier prinzipiell zwei Typen von Antworten möglich:
a) mit Bezug auf den Roman / Film El Cartero
b) unabhängig vom Roman / Film
In beiden Antworttypen sind der Phantasie der Schüler kaum Grenzen gesetzt, denn die Anhaltspunkte im Text sind gering. Statt konkrete Hinweise zu geben, wird stets das Nicht-Wissen betont und bereits Genanntes wieder relativiert:

fue a esa edad ↔ no sé cuándo
no sé de dónde salió ↔ desde una calle me llamaba
no eran voces, no eran palabras, ni silencio ↔ me llamaba
entre los otros entre fuegos violentos ↔ regresando solo

Festzuhalten bleibt also lediglich, dass die Poesie zu ihm kommt und nicht umgekehrt (er sucht sie also nicht!), dass die Poesie selbst aus der Nähe betrachtet „ohne Gesicht" ist, also auch keine Aussagen über ihr Wesen gemacht werden können.
Innerhalb dieses weiten Rahmens sind alle Arten von Antworten möglich.

2 Un poema para Beatriz

Schwerpunkt: Schreiben eines Gedichtes für Mario, Umformen / Abändern der gelesenen Gedichte
Sozialform: PA/GA
Übungsform: kreatives Schreiben

a Lösungsvorschlag:
*Ante tu hermosura me quedo parado como un poste.
Ante tu sonrisa, clavado como una lanza.
Cuando me hablas, me quedo quieto como un gato de porcelana.
Cuando me susurras, voy como un barco temblando en tus palabras.*

b Lösungsvorschlag:
*Dos palabras de Beatriz necesito para ser feliz.
dos palabras, tan cortas y tan mansas.
Dicen que moriré de frío, yo sé que moriré de amor.*

c
Hinweis: Für diese Aufgabe sollten die Schüler auch das Diccionario am Ende des Schülerbuchs verwenden dürfen, da es für einzelne Buchstaben (vor allem für das Z) schwierig ist, passende bekannte Vokabeln zu finden.
Aus diesem Grund auch hier ein eher humorvoller Lösungsvorschlag:

*Belleza tienes mucha
Enamorarse de ti es fácil
Amor es lo que quiero
Tristeza es lo que siento y
Remedio es lo que busco. Pero a la
Iglesia no quiero llevarte, porque mis
Zapatillas de deporte no me dejarás llevar.*

Lösungen CDA

1 Poemas

Schwerpunkt: sich mit literarischen Texten auseinandersetzen, kreatives Schreiben
Sozialform: EA
Übungsform: ein Gedicht analysieren und vergleichen (a+b), eigenes Gedicht nach vorgegebenem Schema verfassen

Generación de posguerra

La Guerra Civil española marcó un cambio radical de los modelos culturales anteriores. El panorama cultural quedó profundamente empobrecido, debido tanto a la muerte y el exilio de numerosos escritores, como al clima de censura, aislamiento y desconfianza hacia las expresiones culturales. Dentro de la poesía se pueden destacar tres corrientes: la poesía desarraigada, la poesía arraigada y la poesía social.

http://www.spanisharts.com/books/literature/posguerra.htm

Gabriel Celaya (1911–1991)
Autor y poeta español de la generación literaria de posguerra española. Su obra tiene influencias existencialistas, sin embargo es uno de los representantes más importantes de la poesía social.

http://www.gabrielcelaya.com/albumfotografico.php

a Lösungsvorschlag: Siehe Tabelle 1.

b En el poema hay muchos imperativos que transmiten consejos de otras personas que dicen lo que hay que hacer y lo que no hay que hacer. No se sabe exactamente quién está hablando, pero me imagino que es la conversación de una madre con su hijo. El diálogo refleja toda la vida lo que se anuncia también en el título «biografía».
La primera estrofa refleja la niñez ya que la última frase es: «para empezar» (l. 5), es decir: en los primeros años.
La segunda estrofa representa la etapa escolar («para seguir», l. 9): ahora habla el profesor que pregunta al niño muchas cosas de diferentes asignaturas: de las matemáticas, de la geografía y de la literatura. El profesor va a castigar al niño si éste no se comporta bien.

Celaya	Neruda
– En el poema de Gabriel Celaya dominan los imperativos («no cojas», «no pongas», «dobla»…). – La palabra «no» se repite mucho. – El ritmo del poema acelera cada vez más. Al final hay frases muy cortas con palabras cortas («Sé educado. Sé correcto. No bebas. No fumes. No tosas…»). – El poema se compone de 4 partes (estrofas), cada una tiene 4 líneas. La última línea de las tres primeras estrofas comienza cada vez con la palabra «eso».	– El ritmo del poema de Neruda es muy suave. Nos recuerda el ritmo del mar. – Consiste en 6 líneas, tres de ellas comienzan con «todo / toda». Eso da una regularidad en el poema. – También tiene palabras abstractas e imágenes poéticas («patria», «silencio», «barba marina», «misteriosos besos»).

Tabelle 1

8 Unidad

La tercera estrofa refleja su juventud. Ahora tiene novia lo que a los padres no les gusta. Los padres lo van a castigar («cerrar la puertas», l. 12) si no hace lo que quieren.

En la última estrofa dominan las frases cortas llenas de imperativos. Suena como un resumen de la vida del niño que está llena de prohibiciones y órdenes. Sólo la muerte (el «no respirar», l. 16) es una liberación de las órdenes que le fueron dadas durante toda su vida. Para el «yo» lírico la vida es como una cárcel, llena de prohibiciones, órdenes e indicaciones. En el poema no se transmiten los sentimientos del niño. Tenemos la impresión que el «yo» lírico es una marioneta que tiene que hacer lo que dicen los otros. Es decir: los otros marcan desde el principio el camino a seguir.

c Individuelle Lösungen

2 Yo acuso a Pinochet

Schwerpunkt: Vertiefung des Themas des Schülerbuchs
Sozialform: EA
Übungsform: Leseverstehen und Inhaltssicherung (a), Hörverstehen (b)

a El objetivo de la comisión «Verdad y Reconciliación» es de documentar las violaciones de los derechos humanos cometidas durante la dictadura chilena, entre 1973 y 1990.
La comisión constató que durante la dictadura de Pinochet 1.192 chilenos **fueron desaparecidos de las cárceles.**
La «Comisión Valech» certificó que, después de la dictadura, 28.000 personas **fueron enviadas a la cárcel por causas políticas y fueron torturadas.**
Según la ley aprobada en 2005, las víctimas **recibieron dinero y otros beneficios del Estado chileno por haber estado encarceladas durante la dictadura.**

b Hörtext (Track 41):
Fui una militante de las Juventudes Comunistas de Chile cuando era adolescente y tenía las ideas de todo adolescente. Fui incluso presidente del Centro de Estudiantes del Liceo y apoyé de forma activa el gobierno de la Unidad Popular. Estudiaba cuarto año de Enseñanza Media y en poco tiempo iba a hacer la Prueba de Aptitud Académica para entrar en la Universidad, cuando el 11 de Septiembre de 1973 me enteré del golpe. A los 24 días aproximadamente, al regresar del Liceo, encuentro que habían entrado en mi casa. Uno de mis hermanos me dijo que no regresara porque habían preguntado por mí. Días después, estando yo en el Liceo, dos militares entraron a buscarme a la sala de clases y me llevaron a una escuela en la cual había varios estudiantes activos políticamente. Un oficial de la Marina me preguntó sobre cuántos grupos comunistas funcionaban en mi liceo. Como eso no se confiaba a nadie y no quise contestar, por eso dije que no sabía de qué me hablaban. Me golpearon y así me di cuenta de la realidad. Tenía apenas 17 años. Me dejaron en libertad diciéndome de forma violenta que dejara mis estudios. Creyendo que no era tan grave, pensando sólo que debíamos irnos a otra provincia, quedamos a la espera de los resultados de la prueba de ingreso en la universidad. Dos meses después, una mañana temprano mi padre llamó a la puerta de mi dormitorio y me dijo: «Hija… la vienen a buscar…» En febrero de 1974 me detuvieron por tercera vez. El 2 de septiembre de 1974 me presenté por última vez a una Comisaría en Valparaíso (lo hacía ya desde hacía más de 6 meses y era como estar presa en la casa), no sabiendo que no volvería durante doce años a la ciudad que me había visto nacer. El 5 de septiembre salimos de Chile en avión, junto con otras personas, que también habían sido detenidos, y las parejas de los mismos, con destino a Mendoza, Argentina, en donde conseguimos las visas a Canadá. Con mi historia acuso al Gobierno del golpista Augusto Pinochet, por mis catorce años de exilio; acuso a quienes llevaban entonces la Academia de Guerra Naval, por las torturas recibidas, y acuso finalmente a quienes destruyeron a mi familia dejando sin empleo a mis tres hermanos.

1. El 11 de septiembre de 1973 hubo el Golpe de Estado y así comenzó la dictadura chilena.
2. Rosa era una mujer adolescente como otras. Estudiaba cuarto año de Enseñanza Media, poco antes de entrar en la universidad. Tenía apenas 17 años.
3. Fue miembro de las Juventudes Comunistas en Chile y apoyó el gobierno de la Unidad Popular. Como apoyó los grupos comunistas de forma activa los militares la buscaron, la interrogaron sobre los grupos comunistas y la golpearon. Después, le dejaron en libertad, pero tuvo que dejar sus planes de carrera universitaria. Dos meses después, la detuvieron otra vez. En septiembre de 1974 salió de Chile en avión y tuvo que vivir durante catorce años en el exilio.
4. Salió de Chile en avión, primero con destino a Mendoza, Argentina, después a Canadá.
5. Estuvo fuera de su país durante catorce años.

3 Las aventuras de Miguel Littín, clandestino en Chile

Schwerpunkt: Vertiefung des Themas „Chilenische Diktatur", kreatives Schreiben
Sozialform: PA, EA
Übungsform: Vorentlastung: Vermutungen über das Thema äußern (a), Leseverstehen und Sprachmittlung spanisch-deutsch (b), eigene Meinung zum Thema (c), ein „Relato" über das Thema verfassen (d)

a
1. Intentaría volver en barco o escondido/-a en una camioneta. Otra posibilidad sería también que entrara en el país bajo el nombre de algunos amigos. De ese modo evitaría que me descubrieran fácilmente.
2. Viviría bajo un nombre falso en una casa vieja en el campo donde nadie me conociera.
3. Si me descubrieran, iría a la cárcel. A lo mejor me preguntarían muchas cosas y tendría que contar toda mi historia. De ninguna manera me dejarían libre.

Siehe Tabelle 1, S. 88.

b El texto podría encontrarse en una enciclopedia, por ejemplo en Wikipedia o en el anexo del libro de Gabriel García Márquez «La aventura de Miguel Littín clandestino en Chile».

Buchtipp: Gabriel García Márquez, La aventura de Miguel Littín clandestino en Chile, Random House Mondadori, 1998.

Eine mögliche Aufgabe wäre:
La parte titulada «El drama de convertirse en otro» explica con detalle todos los cambios que tuvo que sufrir Littín. Describe todos los cambios físicos, de personalidad (pp. 13–16), y la necesidad de acostumbrarse a vivir con otra persona, Elena (pp. 17–18).

c Der Artikel handelt von Miguel Littín, einem chilenischen Filmproduzenten. Er muss im Jahre 1973 nachdem Pinochet die Diktatur errichtete, das Land verlassen. Er kehrt mit falschen Papieren und mit einer vorgegebenen Identität als uruguayischer Geschäftsmann 12 Jahre später nach Chile zurück. In Wirklichkeit

Unidad 8

Tabelle 1

Para que no me descubrieran...	Para protegerme...	Si me descubrieran...
– viviría bajo un nombre falso y sería otra persona. – cambiaría mi aspecto: tendría el pelo corto/largo, rubio/negro, una barba, tendría más/menos peso, me pondría unas gafas. – no saldría por la calle, saldría de casa sólo de noche.	– no indicaría mi apellido o mi dirección a la administración – no contaría a nadie mi historia personal. – no diría nada de mis amigos de entonces. – cuidaría que nadie me reconociera	– no indicaría ni nombre ni apellido de mis familiares para que no les pasara nada. – inventaría otra historia para que no supieran la verdad. – esperaría a que la política cambiara mientras estuviera en la prisión.

aber unterhält er Kontakt zu widerständischen Untergrundbewegungen und dreht einen Dokumentarfilm über Chile unter der Diktatur. Miguel Littín gelingt es gerade noch, sein filmisches Projekt zu Ende zu bringen, bevor er entdeckt wird. Er geht nach Spanien zurück und bekommt von Gabriel García Márquez das Angebot, sein Leben in einem Buch zu behandeln. Dieses wird unter dem Namen «La aventura de Miguel Littín clandestino en Chile» veröffentlicht.

d
1. Me sentiría muy incómodo/-a, tendría mucho miedo de que me hallaran y me torturaran o me castigaran con la muerte. Al momento de entrar en el país estaría muy nervioso/-a y temería que me descubrieran.
2. Tendría el pelo corto, liso y rubio. Llevaría una gafas enormes y cambiaría el color de mis ojos. Me vestiría de otra manera y subiría de peso.
3. La expresión de mi cara, el color de mi pelo, mi nariz, mis ojos.
4. Le habrían ayudado a vivir más cómodo y, por ejemplo, le habrían ayudado a arreglar cosas o a hacer la compra. No podemos negar que algunos de ellos lo hubieran podido haber traicionado / lo hubieran traicionado.
5. Estoy seguro de que mi familia me ayudaría siempre cuando los necesitara.
6. Miguel Littín tenía una meta muy importante: quería hacer una documentación sobre la vida en Chile bajo la dictadura para que el mundo supiera lo que pasaba en Chile y para que generaciones futuras conocieran qué pasó en esa época de la dictadura. En este caso, es un riesgo que vale la pena, en otros casos, sería más fácil quedarse en el extranjero y vivir con toda tranquilidad. Depende también de la situación personal.

e Individuelle Lösungen

Cómo se escribe un relato...

En general, un relato es resultado de la inspiración inmediata y su estructura contiene una cierta heterogeneidad, es decir, hay cierta lógica en historia.
Escribir un relato significa contar lo más importante de la historia y no contar muchos detalles.

4 ¿Conoces el mundo hispánico?

Schwerpunkt: Wiederholung der Themen des Schülerbuchs
Sozialform: EA
Übungsform: Kreuzworträtsel zu Schlüsselbegriffen aus Geschichte, Politik und Kultur der spanischsprachigen Welt
Siehe Gitterrätsel, S. 89.

Lösungswort:

F	E	L	I	C	I	D	A	D	E	S
1	2	3	4	5	6	7	8	9	10	11

Lösung:
1. Asturias; 2. Camino de Santiago; 3. Guerra Civil; 4. Mayas; 5. mural; 6. Zapata; 7. Reconquista; 8. Kahlo; 9. Menchú; 10. Tenochtitlan; 11. Franco; 12. Estadio Azteca; 13. Ceuta; 14. Allende; 15. chicano; 16. Monarca; 17. UNAM; 18. Skármeta; 19. Puerto Rico; 20. Malinche

5 Un viaje por el curso

Schwerpunkt: Wiederholung der Themen des Schülerbuchs
Sozialform: PA / GA
Übungsform: Würfelspiel zu Wiederholung ausgewählter grammatischer Pensen und Themen der Landeskunde

Lösungsvorschläge:
1. Dos quintos son chicos, tres quintos son chicas. Más de la mitad tienen más de 15 años.
2. El Camino de Santiago es un camino de peregrinación muy antiguo. Existe desde la Edad Media. Ahora muchos lo hacen por tradición, por deporte y no sólo por religión. El Camino termina en Santiago de Compostela, en la catedral. La gente cree que ahí se encontraron los restos del apostol Santiago.
3. Si fuera el profe, yo pondría más películas en clase. No haría tanta gramática. Aprendería más expresiones para las vacaciones.
4. Miguel, cuyo padre es español, va en mi clase.
5. Me parecen muy interesantes. Tal vez lo haría con mis amigos. Pero en mi ciudad no hay botellones. / Eso lo veo muy mal. No está bien que los chicos beban en la calle. Pero es una manera fácil de reunirse.
6. El medio Ambiente están muy mal. Ahí hay mucho tráfico. Hay mucha contaminación. La Ciudad de México es un valle y por eso no circula bien el aire.
7. (yo) pusiera, (tú) pusieras, (él/ella) pusiera, (nosotros) pusiéramos, (vosotros) pusiérais, (ellos/ustedes) pusieran.
8. En mi país hay miles de migrantes. En mi país hay cientos de ciudades grandes. En mi país se hablan decenas de dialectos. En mi país hay cientos de fans de fútbol.
9. Mi cantante favorito es Juanes. Me gusta mucho porque entiendo lo que canta. Sus canciones son muy guays y me las sé todas. / Mi grupo favorito es Tokyo Hotel. Me fascina cómo visten. Sus canciones son muy interesantes. El grupo toca muy bien. Los he visto en un concierto.
10. Zapata fue asesinado.
11. Me gustaría que mis vacaciones fueran más largas, que fuéramos a la playa y que hiciera mucho sol. Me gustaría que mis amigos y yo pasáramos nuestras vacaciones juntos en Barcelona.
12. Es una persona a la que no le gusta la globalización. / Alguien que odia la globalización.
13. Aztecas, mayas, incas, mapuches, olmecas, etc.
14. ajedrez, almohada, algodón, albañil, alfombra, etc.

8 Unidad

Gitterrätsel

```
       ⁴M A Y A ¹⁸S
              K
       ¹⁴A    Á
   ⁵M U R A L R      ⁸K
       L   ¹⁷U N A M  A
¹F R A N C O    E     H
  E    N  ¹²E  T      L
 ²C A ¹⁶M I N O D E S A N ¹⁰T I A G O
  O   O    E    E
  N   N   ²⁰M A L I N C H E
  Q   A    D    O     ⁹M
 ³G U E R R A ¹³C I V I L  C    E
  I   C     O  ¹³C H I C A N O
  S  ¹A S T U R I A S  T    C
  T         Z    I     H
  A       ⁸Z A P A T A T    U
              E        L
        ¹⁰P U E R T O R I C O
                       A
                       N
```

15. Porque los árabes estuvieron muchos años en España. Ellos llevaron su cultura y muchas cosas a Europa, por eso se quedaron los nombres de estas cosas.
16. Sí, porque la población no tiene problemas para entenderse y comunicarse cuando todos hablan la misma lengua. / No, porque en muchos países hay más de una lengua, pero todos se respetan y no tienen problemas si unos hablan una lengua y otros no.
17. Als ich aus der Schule kam, habe ich dich gesehen.
18. Mis padres me prohibían que jugara a la play. Me prohibían que durmiera tarde. Me prohibían que tomara coca cola.
19. Un chico habla al servicio a clientes, porque quiere saber qué número fue marcado desde su móvil. La chica del servicio no le puede dar ese número, porque esa información es personal y no se puede dar por teléfono. El chico la intenta convencer.
20. Sacacorchos, cascanueces, pelirrojo, etc.
21. Chile es un país de Sudamérica. Su capital es Santiago de Chile. Tiene tres climas: desértico, templado y ártico. Chile tiene miles de kilómetros de costa.
22. Ella dijo que la esperara, que iba por su chaqueta.
23. Sí, porque millones lo hablan./ No, porque fuera de los Estados Unidos nadie entiende el spanglish. Y porque es mejor que las lenguas se queden como dos lenguas diferentes.
24. Antes eran los migrantes de Puerto Rico en New York. Ahora son todos los puertorriqueños que viven en Estados Unidos.
25. En África, en la costa del Mediterráneo.
26. Ich hab sie beim Kaffeetrinken gesehen.
27. Al pagar, me di cuenta que había perdido la cartera. / Cuando quise pagar, me di cuenta que había perdido la cartera.
28. Sí, porque quiero conocer y vivir una cultura muy diferente a la mía. Quiero aprender muy bien otra lengua. / No, porque aquí en mi país tengo todo lo que necesito: mi familia, una casa, mis amigos.
29. Camino a la escuela comiendo un bocadillo. / Leo escuchando música.
30. Inmigrante es la persona que llega a vivir a un país extranjero. Emigrante es el que sale de su país a vivir otro lugar.
31. País, bandera, himno, raza, lengua, cultura, religión, costumbres, etc.
32. Sea lo que sea, voy a ganar este juego.
33. einen Kloß im Hals haben / die Kehle zugeschnürt haben

Repaso 4

Übersicht

1. Modelltest: DELE, nivel intermedio	SB
2. Hörverstehen	S-CD (Track 42)
3. Verbentraining: KV S. 122	Kopien
4. Methodenkompetenz: Wiederholung: Texte schreiben S. 117	SB, Download

Unidad 1

1 ¿Indicativo, subjuntivo o infinitivo?

Bildet Gruppen zu je 4 oder 5 Personen, schneidet die Kärtchen aus, legt die Antwortkärtchen aufgedeckt auf den Tisch und teilt die Fragekärtchen aus. Jeder bekommt gleich viele. Spielt dann reihum. Der erste Spieler liest den Satzanfang auf seinem ersten Kärtchen vor und würfelt dann. Jetzt sucht er unter den Antwortkärtchen, die die gewürfelte Zahl anzeigen, eine passende Ergänzung zu seinem Satzanfang. Er liest sie vor und die anderen kontrollieren. Wenn er es richtig gemacht hat, darf er Frage- und Antwortkärtchen auf seinen Stapel legen. Wenn sich keine passende Antwort unter den Kärtchen mit der gewürfelten Zahl befinden, muss er es in der nächsten Runde noch mal versuchen. Wer zuerst keine Fragekärtchen mehr hat, hat gewonnen.

Preguntas

Espero que…	Tenemos que…	No creo que…	Creo que…
Me alegro de que…	Vamos a…	No es verdad que…	Pienso que…
Os interesa que…	Te gusta…	No pienso que…	Dice que…
Te importa que…	Quieres…	No me parece que…	Me parece que…
Le molesta que…	Hay que…	Puede ser que…	Sé que…
Os preocupa que…	Me fascina…	Quiere que…	Me ha contado que…
Es fácil que…	Nos interesa…	Es normal que…	A lo mejor…
Es genial que…	Es necesario que…	Es una lástima que…	Tiene miedo de que…

Kopiervorlage

Respuestas

...Javier sea de Barcelona. (1)	...Juan es de Madrid. (2)	...visitar a Pilar en Granada. (3)	... me duche todos los días. (4)	... aprendas español. (5)	... ducharnos antes de salir. (6)
... vayamos a Málaga. (1)	... vamos a Alicante. (2)	... ir a Córdoba. (3)	... vaya con ella. (4)	... conozcan otras culturas. (5)	... aprender español. (6)
... sepáis la verdad. (1)	... sabéis la verdad. (2)	... saber la verdad. (3)	... se acuerde de mí. (4)	... se encuentren en el cine. (5)	... ir con ella. (6)
... le den dinero a Rebeca. (1)	... le van a dar dinero a Sofía. (2)	... darle dinero a Martín. (3)	... vaya a ser aburrido. (4)	... salgas esta noche. (5)	... salir esta noche. (6)
... tengas tiempo. (1)	... tienes tiempo. (2)	... tener tiempo. (3)	... estemos enfadados. (4)	... se vayan tan pronto. (5)	... comer mucho. (6)

Kopiervorlage

… haya mucha gente en la fiesta.	… hay mucha gente en el centro.	… tengas razón.	… divertirnos muchísimo.	… encontrar mucha gente en la fiesta.	… la tarea sea difícil.
… compartan sus cosas.	… comparten sus cosas.	… me escriba muchos e-mails.	… compartir nuestras cosas.	… vemos películas juntos.	… veamos películas juntos.
… te pones ese jersey.	… te pongas ese jersey.	… ponerte ese jersey.	… quieran disfrutar de la playa.	… pasemos más tiempo juntos.	… quieren disfrutar del sol.
… hace mal tiempo.	… haga mal tiempo.	… entiendes mi problema.	… aprendan otro idioma.	… hables tanto.	… pasamos más tiempo juntos.
… os lo pasáis bien.	… os lo paséis bien.	… pasárnoslo bien.	… puedas venir.	… venís con nosotros.	… celebrar el cumple de Carla.

Kopiervorlage

Unidad 1

2 De viaje

Trabajad en parejas. Repartid las tarjetas: cada uno recibe una con A, B y C. Leed vuestra tarjeta A y después jugad con vuestro compañero / vuestra compañera la situación. Luego continuad con B y luego con C.

A

9:45	Hannover ★
10:00	Dortmund ◆
10:20	Stuttgart o
10:45	Hannover ●

● SO   ◆ täglich   O MO–FR   ★ werktags

Hoy es domingo. Son las 10:30. Tú eres un chico alemán / una chica alemana y estás en la estación de trenes. Un español / una española te pregunta por un tren. Con ayuda de la información del horario explícale cuál es el problema y cuándo puede tomar el tren.

A

9:45	Hannover ★
10:00	Dortmund ◆
10:20	Stuttgart o
10:45	Hannover ●

● SO   ◆ täglich   O MO–FR   ★ werktags

Tú eres español / española y estás en una estación de tren en Alemania y quieres ir a **Hannover**. Hoy es domingo. Según la información que has visto en el horario, el tren para **Hannover** sale a las 10:20, pero ya son las 10:30 y el tren todavía no ha llegado. A tu lado delante del horario está un chico alemán / una chica alemana. Explícale tu problema y pídele ayuda.

B

Tú eres un alemán / una alemana y estás yendo en coche a Madrid. En la carretera ves la siguiente señal:

Al lado de la carretera hay un chico / una chica. Pregúntale en español qué pasa y cómo puedes continuar tu viaje.

B

Tú eres la persona (española) al lado de la carretera. La carretera está cerrada por obras *(wegen Bauarbeiten gesperrt)*. Explica a la persona en el coche qué pasa y cómo puede continuar su viaje.

C

Tú eres un español / una española que estás en Alemania. Quieres comprar sellos *(Briefmarken)* y preguntas a un alemán / una alemana. Él / ella no entiende la palabra «sello». Explícale con palabras y mímica qué buscas.

C

Tú eres un alemán / una alemana. En tu ciudad encuentras a un español / una española que te pregunta algo. Intenta comprender y ayudar a esa persona.

Unidad 1

3 Hechos y más hechos

Aquí tenéis algunas afirmaciones sobre el mundo. ¿Cuáles creéis que son correctas, y cuáles falsas? Formad frases con «creo que» o con «no creo que». Ojo, después de «no creo que» tenéis que usar perfecto de subjuntivo. Jugad en parejas y repartid las fichas, decidid quién comienza a preguntar. Podéis hacer más fichas con otras afirmaciones. Por cada ficha bien contestada, recibís un punto. Gana quien tenga más puntos al final del juego.

Afirmación: Los primeros Juegos Olímpicos (...Olympische Spiele...) del mundo fueron en Macchu Picchu.

Respuesta: Sí, creo que los primeros Juegos Olímpicos fueron en Macchu Picchu.
No, no creo que los primeros Juegos Olímpicos hayan sido en Macchu Picchu. (1 punto)

1	2	3	4	5
Shakira participó en una telenovela colombiana.	Napoleón llegó a Madrid en el 1850.	Picasso pintó tres cuadros en toda su vida.	Los Incas vivieron en Sudamérica.	Los romanos tomaban chocolate con agua.
6	**7**	**8**	**9**	**10**
Los egipcios tenían contacto con los aztecas.	Los celtas cocinaban con tomate.	En el siglo XVI España tenía un rey alemán.	Almodóvar nació en los Estados Unidos.	El autor del Don Quijote fue francés.
11	**12**	**13**	**14**	**15**
Barcelona fue la primera capital de España.	España compró Mallorca a Italia en el XX.	Colón descubrió las Islas Canarias en su 2° viaje a América.	Los españoles hicieron las reglas del ajedrez.	Los árabes se quedaron en España muchos siglos.
16	**17**	**18**	**19**	**20**
España perdió sus últimas colonias en 1898.	La Primera Guerra Mundial comenzó en 1914.	Alexander von Humboldt visitó México.	Neil Armstrong caminó en la Luna en 1969.	Marie Curie ganó dos premios Nobel.

Unidad 2

1 Quedar en las vacaciones

a La lengua hablada se caracteriza por el uso de muletillas (*Füllwörter*) que nos ayudan a ganar tiempo y así ordenar mejor nuestros argumentos, para provocar la reacción del otro, para mostrar que estamos escuchando atentamente o para expresar sorpresa.
Ordenad estas muletillas en las siguientes categorías.

A ver, ... ¡No puede ser! Bueno, Es que...

Ya ¿Y? Oye, ..., o sea, ...

¿No crees? ¿Qué te parece? Oye, ¿y no te gustaría...?

Espera, ... ¿Y qué tal si...?

¿Y por qué no ...? Ajá ¿Y entonces?

¿Y LUEGO? Entiendo. Hombre, ... ¿Qué pasó?

¡No me digas! ¡Hombre! Déjame ver, ...

¡No es verdad! ..., este, ... ¡No lo puedo creer!

ganar tiempo	provocar la reacción / pedir la opinión del otro	mostrar atención y pedir que el otro siga hablando	expresar sorpresa

Kopiervorlage

b Haced un juego de rol en parejas con base en las siguientes tarjetas. Poneos espalda contra espalda y simulad con la mano que estáis hablando por teléfono. Usad las muletillas del ejercicio 1a.

✂--

Estás de vacaciones, pero has suspendido dos materias: Historia e Inglés. Por eso tienes que tomar clases de apoyo *(Nachhilfestunden)* en las vacaciones. Pero también quieres divertirte un poco y encontrar a tu amigo Fernando. Lo llamas por teléfono para quedar con él. Ponte de acuerdo con él sobre el día, la hora y el lugar de vuestro encuentro. Explícale también tu situación, o sea, que has suspendido dos materias y que tienes ya varios planes para esta semana.

lunes	martes	miércoles	jueves	viernes	sábado	domingo
clase de apoyo: Historia 14:00–15:30	cuidar a mi hermanita, toda la tarde		clase de apoyo: Inglés	voleibol 18:00–20:00		excursión con la familia (todo el día)

✂--

Eres Fernando:
Estás de vacaciones, pero has suspendido tres materias: Matemáticas, Química e Historia. Por eso tienes que tomar clases de apoyo *(Nachhilfestunden)* en las vacaciones. Pero un poco de diversión te haría bien. Tu amigo Nacho te llama por teléfono para quedar contigo. Ponte de acuerdo con él sobre el día, la hora y el lugar de vuestro encuentro. Explícale también tu situación, o sea, que has suspendido tres materias y que tienes ya varios planes para esta semana.

lunes	martes	miércoles	jueves	viernes	sábado	domingo
clase de apoyo: Historia 16:00–17:30	fútbol 18:00–20:00	clase de apoyo: Matemáticas 18:00–19:30	clase de apoyo: Química 10:00–11:30		comida en casa de los abuelos 12:00–15:00	maratón de la ciudad 8:00–12:00

Unidad 2

2 Entradas para el teatro

a Leed la siguiente llamada telefónica.

Marcos: Hola, buenos días. ¿Es la taquilla del Teatro Calderón?
Dependienta: Sí, ¿en qué le puedo ayudar?
Marcos: Mire, me gustaría saber cuánto cuestan las entradas para «No hay mal que por bien no venga».
Dependienta: Tenemos cuatro categorías, de 15, 25, 30 y 40 euros.
Marcos: En la categoría de 15 euros, ¿dónde están los lugares?
Dependienta: Son lugares para estar de pie atrás de los asientos. Luego, los de 25 son asientos arriba en el segundo piso, los de 30 en el primer piso, y los de 40 abajo.
Marcos: Bueno, entonces voy a hablarlo con mi novia. ¿Habrá entradas mañana todavía?
Dependienta: Mañana tiene que ir al teatro directamente y comprarlas en la taquilla. O las reserva hoy todavía por teléfono.
Marcos: Entiendo, mañana en la taquilla o bien, hoy por teléfono. Muchas gracias por la información.
Dependienta: De nada, adiós.

una taquilla eine Kasse – **un asiento** ein Sitz

b ¿Qué notas toma Marcos? Comparad vuestros resultados.

3 Pedir información por teléfono

Con ayuda de estas notas preparad una llamada telefónica y representadla.

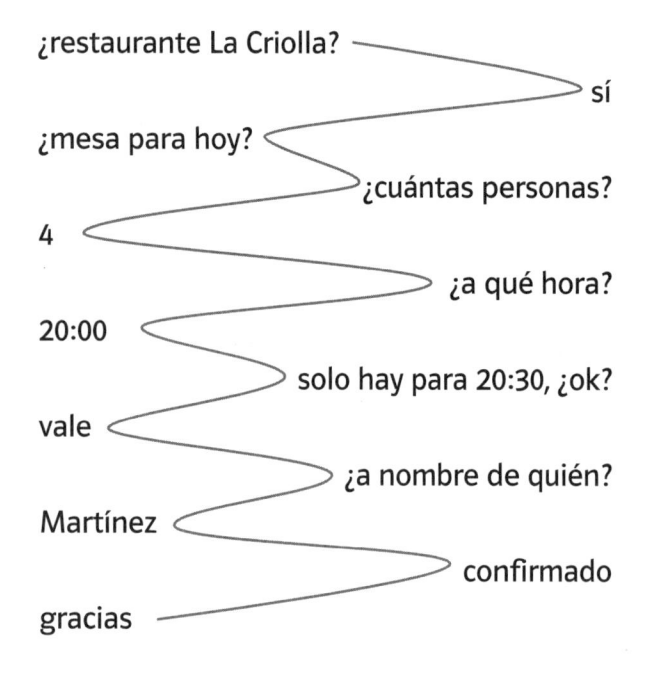

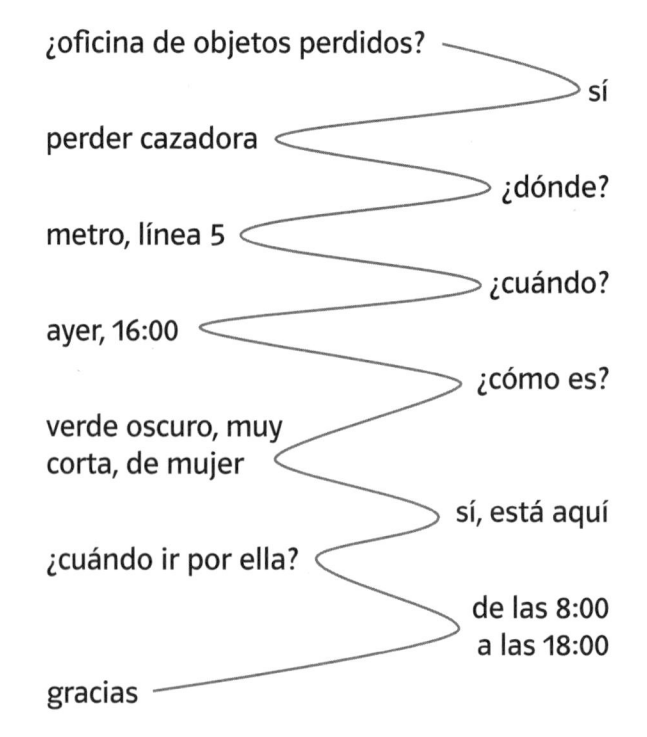

¿restaurante La Criolla?
sí
¿mesa para hoy?
¿cuántas personas?
4
¿a qué hora?
20:00
solo hay para 20:30, ¿ok?
vale
¿a nombre de quién?
Martínez
confirmado
gracias

¿oficina de objetos perdidos?
sí
perder cazadora
¿dónde?
metro, línea 5
¿cuándo?
ayer, 16:00
¿cómo es?
verde oscuro, muy corta, de mujer
sí, está aquí
¿cuándo ir por ella?
de las 8:00 a las 18:00
gracias

Unidad 3

1 Ser joven en la gran ciudad

a Formad grupos de tres. Recortad los tres fragmentos del texto. Cada uno se queda con un fragmento.
Leed vuestro fragmento. Después elegid una de las siguientes alternativas:
1. Contad en español de qué trata vuestro fragmento. Usad el discurso indirecto *(El entrevistador pregunta si…)*.
2. Resumid vuestro fragmento en alemán.

b Con base en lo que sabéis ahora de los tres fragmentos ordenadlos y formad un texto completo.

c ¿Dónde creéis que se encuentran los chicos del texto? Discutidlo y ponéos de acuerdo.
Después escribid una introducción a la entrevista para su publicación en una revista juvenil.

✂- -

Entrevistador: Hola, somos de la revista «España Joven», ¿lleváis mucho rato esperando aquí?
Ángel: Hola. Pues sí, más de dos horas, pero es normal aquí. ¡Me gustaría que abrieran ya!
Entrevistador: Tiene que ser fantástico vivir en una ciudad tan grande y con tanto programa cultural. ¿No?
Ángel: Pues, no sé, sí y no, quizás. Tiene sus ventajas y sus desventajas. Por un lado, hay muchos acontecimientos culturales, sin embargo, por otro, la gran actividad urbana causa mucho tráfico.
Entrevistador: ¿A qué te refieres?
Ángel: Mira, mi hermano menor tiene alergias y estoy seguro que es por la contaminación. Todas esas emisiones de las industrias y de miles de coches, ¡imagínate! Además, aquí el aire no circula bien. Te puedes imaginar la cantidad de gases que respiramos. Por eso, yo creo que si viviéramos en el campo, a mi hermanito le iría mejor. Bueno, Carmen, cuéntale tú lo de tus noches.

✂- -

Entrevistador: Eso parece interesante, cuenta …
Carmen: Sí, ríete. Pero no tiene mucha gracia. Lo que pasa es que vivo lejos de la preparatoria en la que estudio. Por eso tengo que cambiar dos veces de metro.
Entrevistador: Pero, ¿qué tiene que ver eso con tus noches?
Carmen: Pues que son muy cortas. Pero no me quejaría si los vecinos de arriba, no hicieran tanto ruido por la noche, y ni hablemos de los bares de la calle. Son muchos los factores que se juntan y, en consecuencia, duermo poquito y me levanto por las mañanas muy cansada.
Entrevistador: ¡Pobre! ¿Y si tú y tu familia os mudarais a otro lugar, podrías dormir mejor?
Carmen: Eso sí, pero tendríamos que cambiar toda nuestra vida. No sería fácil encontrar otra vivienda y la renta no la podríamos pagar. El que quiere ir a vivir fuera es mi hermano mayor, Luis. No para de hablar de los Estados Unidos.

✂- -

Entrevistador: Hola, Luis ¿Es verdad lo que dice tu hermana?
Luis: Hola. Bueno, no es nada del sueño americano, no creas eso, yo soy muy realista.
Entrevistador: Y entonces, ¿cómo es que preferirías vivir allí?
Luis: Pues, mira: tengo un primo allí. Apenas llegó a los Estados Unidos, encontró un buen trabajo. Si yo me hubiera ido con él a los Estados Unidos quizás viviría mejor.
Entrevistador: Y ¿por qué no te vas?
Luis: ¡Como si fuera tan fácil! Establecerse allí, es muy difícil. Hay que hacer mucho papeleo o ir de ilegal, lo cual causa muchos problemas.
Entrevistador: Y tu primo, ¿cómo lo hizo?
Luis: Encontró un puesto en una empresa que vende productos mexicanos. Y, ya sabes, con contrato de trabajo no hay problema. Me habría ido también si ya hubiera terminado la preparatoria. Pero, de momento, sigo estudiando …
Entrevistador: Bueno chicos, muchas gracias a los tres y ¡a pasarlo bien en el concierto!

Unidad 3

2 ¿Qué verbo es?: pretérito imperfecto de subjuntivo

Trabajad en parejas y elegid ser el alumno/-a A o el alumno/-a B. Cada uno recibe una lista con diferentes verbos conjugados. A comienza a preguntar a B sobre esa palabra. A sólo puede hacer 8 preguntas. El objetivo es adivinar de qué verbo se trata y en qué persona está conjugado. Si lo adivina recibe dos puntos. Si no lo consigue, B recibe un punto. Intercambiad turnos hasta que se acaben los verbos. Gana quien tenga más puntos.

Para tener en cuenta: la conjugación de primera y tercera persona singular son iguales. Muchos de estos verbos los podéis encontrar en la lección 3 del libro del alumno.

Ejemplo: La palabra a descubrir es «comieras».

A	1. ¿Cuántas sílabas tiene la palabra?	B	Tiene tres.
	2. ¿Tiene una vocal al principio?		No, no empieza por vocal.
	3. ¿La palabra está en plural?		No, no está en plural.
	4. ¿La palabra tiene «c»?		Sí
	5. ¿La palabra está en 2. singular?		Sí.
	Lo tengo, la palabra es «comieras».		¡Cierto!

A

3. sg	tuviera
1. pl	reflejáramos
1. sg	fuera
2. pl	aprovecharais
2. pl	entrevistarais
3. sg	refiriera
1. sg	reusara
1. pl	recicláramos
1. pl	ahorráramos
3. sg	separara
1. pl	acusáramos
2. sg	contaras
2. pl	contarais
1. pl	lográramos
3. pl	levantaran

B

2. sg	establecieras
3. pl	movieran
1. sg	pesara
1. pl	cubriéramos
3. pl	apoyaran
3. pl	separaran
2. sg	entrevistaras
2. sg	refirierais
2. pl	fuerais
1. sg	reciclara
1. pl	llegáramos
2. pl	prefirierais
3. sg	tuviera
2. sg	lograras
1. pl	reusáramos

Repaso 1

¿Quién tomará el coche?

Es sábado por la tarde y todos están en casa: Ricardo, Andrés, Silvina, la madre, el padre, la abuela. De repente quieren salir todos y usar el coche, pero no han preguntado a los demás si también lo necesitan. Cada uno tiene argumentos muy buenos para quedarse con el coche e intenta convencer a los demás que es quien más lo necesita.

Formad grupos de seis. Repartid las tarjetas y leed los argumentos. Después haced un juego de rol. Poneos de acuerdo sobre quién se queda con el coche.

Tú eres: Ricardo
Tienes 18 años y necesitas el coche porque

- piensas que vas a suspender matemáticas y quieres estudiar con tu compañero Javi en su casa.
- Javi no puede venir a tu casa porque no tiene coche y vive lejos.
- entre semana no tienes tiempo para estudiar porque tienes clases de guitarra, vas al fútbol…

Tú eres: Andrés
Tienes 20 años y necesitas el coche porque

- tu grupo de amigos saldrá de la ciudad para hacer una parrillada *(Grillfest)* en el campo.
- nadie te puede llevar en su coche porque todos ya están llenos.
- sólo lo hacen una vez por año.

Tú eres: Silvina
Eres la hermana mayor, tienes 25 años y necesitas el coche porque

- tienes que dar una clase particular *(Nachhilfestunde)* a un alumno de secundaria.
- tu alumno vive al otro lado de la ciudad y ya no te da tiempo para ir en bus.
- después quedaste con una amiga en el centro y tampoco te da tiempo para llegar en bus a la cita.

Tú eres: la madre
Necesitas el coche porque

- quieres ir de compras al centro.
- tienes que comprar un nuevo vestido para una reunión de trabajo la próxima semana.
- no te gustan los buses y el metro porque siempre están muy llenos.

Tú eres: el padre
Necesitas el coche porque

- eres jugador de fútbol y hoy hay un partido.
- tienes que llevar a otros dos jugadores de tu equipo.
- llevas los balones *(Bälle)* y los uniformes de todos.

Tú eres: la abuela
Necesitas el coche porque

- quieres ir a comprar flores, plantas y tierra para el jardín *(Garten)*.
- quieres plantar las cosas todavía este fin de semana porque hace sol y la próxima semana va a llover.
- no puedes traerlo todo en el bus.

Kopiervorlage

Unidad 4

1 Vocabulario

¿Te acuerdas del nuevo vocabulario de esta lección? Haz la prueba y llena los huecos de los textos. Pon los verbos en la forma adecuada (p. ej. voz pasiva a pasiva refleja). Si no sabes qué palabra va, fíjate en el libro del alumno en la lista de vocabulario. Ahí encontrarás todas las palabras nuevas de la lección. Al final compara tu solución con los textos del libro del alumno (pág. 50).

La conquista de Tenochtitlan

La ciudad de Tenochtitlan, capital del Imperio Azteca, (1)_____ en 1325. Al poco tiempo (2)_____ en una ciudad con mucho poder y una de las más grandes del mundo, con 500.000 habitantes. La ciudad (3)_____ por (4)_____ (en náhuatl tlatoanis) hasta el año 1521, cuando el (5)_____ español Hernán Cortés y sus hombres consiguieron tomarla.

En 1519 Cortés ya (6)_____ la región de Tabasco, donde le fueron regaladas algunas mujeres, entre ellas la Malinche (en náhuatl Malitzin). Ella (7)_____ la figura central de muchas (8)_____, que la presentan como a una (9)_____. Fue una mujer de gran (10)_____ que conocía varias lenguas indígenas. Ella y Jerónimo de Aguilar fueron (11)_____ y (12)_____ de Cortés. Cortés (13)_____ la ciudad de Veracruz y algunos meses después hizo contacto por vez primera con los (14)_____ de Moctezuma, tlatoani azteca, que creía que los españoles habían sido mandados por los (15)_____. Moctezuma les ofreció regalos para pedirle a Cortés que no continuara con la (16)_____. Sin embargo Cortés siguió con sus planes. El 8 de noviembre de 1519 los españoles entraron en Tenochtitlan y el tlatoani fue hecho (17)_____.

Debido a los (18)_____ de los hombres de Cortés, los indígenas se (19)_____.

Moctezuma (20)_____ por los (21)_____ aztecas, ya que, por no haber (22)_____ la ciudad, (23)_____ un traidor. A pesar de que los aztecas eran más que los españoles, muchos murieron no en la defensa de la ciudad, sino de enfermedades que trajeron los españoles. De este modo la ciudad (24)_____ con mayor facilidad.

LA REVOLUCIÓN MEXICANA

En México hubo una guerra (1)_____ de 1910 hasta 1917. Es conocida como la «Revolución Mexicana». Este (2)_____ comenzó a fin de que terminara la (3)_____ de Porfirio Díaz (llamada Porfiriato). Algunos (4)_____ tenían como (5)_____ construir un sistema (6)_____, pero otros querían además una mejor situación en el campo. Uno de ellos fue Emiliano Zapata, (7)_____ de los campesinos en el sur de México.

Zapata nació en un pueblo de Morelos en 1883 y (8)_____ en una familia de campesinos. Desde niño vio las (9)_____ del gobierno con los campesinos, ya que éste les quitó sus tierras. Por eso, Zapata deseaba que desapareciera la (10)_____ en el campo. De modo que tomó las armas para que los campesinos (11)_____ sus tierras.

A (12)_____ de otros revolucionarios Zapata (13)_____ que se respetaran los (14)_____ de los indígenas y se hicieran (15)_____ de igualdad.

Zapata comenzó su (16)_____ desde los 23 años hasta que fue asesinado en Chinameca (1919). Hoy en día es visto como un gran (17)_____ en México y otros países latinoamericanos. La vida de Zapata es además tema de leyendas, (18)_____ y canciones (19)_____.

Su (20)_____ ha sido (21)_____ por posteriores movimientos con objetivos parecidos. (22)_____ el Ejército Zapatista de Liberación Nacional (EZLN) (23)_____ en ella.

Unidad 4

2 Cosas que te pueden pasar en México

Jugad en parejas. Cada alumno recibe una tarjeta (A o B). Representad el papel de la tarjeta y haced un diálogo espontáneo.

A

Tú eres un alemán / una alemana que hace un intercambio con México. Un compañero / una compañera de clase quiere quedar contigo para preparar una comida mexicana y te dice: «Entonces nos vemos en tu casa para cocinar, el sábado a las dos de la tarde».
Te sorprende un poco porque vives con una familia y no tienes cocina propia. Prefieres quedar en la casa del otro.

B

Eres mexicano / mexicana y tienes un compañero alemán / una compañera alemana en clase. Quieres invitarlo/la a comer una comida mexicana en tu casa. Le dices: «Entonces nos vemos en *tu* casa para cocinar, el sábado a las dos de la tarde».

Explicación: dices «en *tu* casa» porque en México la gente dice muchas veces «mi casa es tu casa» para mostrar que eres bienvenido. En realidad te refieres a tu casa y no a la de él / ella.

A

Tú eres un alemán / una alemana que hace un intercambio con México. Quieres visitar el Museo Frida Kahlo pero te has perdido. Pero tienes tiempo y te gustaría conocer la ciudad a pie. Preguntas a un chico de la calle si puedes ir a pie.

B

Eres mexicano / mexicana, un/una turista te pregunta en la calle cómo llegar al Museo Frida Kahlo. Sabes que el museo queda a menos de dos kilómetros, más o menos 10 minutos a pie. Le dices que queda muy lejos y que puede llegar con el bus que va a «Coyoacán».

Explicación: muchos latinoamericanos prefieren tomar el autobús aunque puedan llegar a pie en poco tiempo. En las grandes ciudades ir a pie es perder tiempo para algunos y para otros es muy aburrido.

A

Tú eres un alemán / una alemana que hace un intercambio con México. Son las dos de la tarde y tienes mucha hambre. Quieres algo como un sándwich o un bocadillo. Preguntas a un chico mexicano dónde puedes comer algo rápido.

B

Eres mexicano / mexicana. Son las dos de la tarde. Un/una turista te pregunta en la calle dónde puede comer un bocadillo. Entonces le dices que en la esquina hay un puesto de **tortas** muy buenas.

Explicación: las tortas en México no son dulces, es decir, no son pasteles o tartas. Las tortas son bocadillos: pan de baguette con jamón, queso, carne, aguacate u otras cosas.

Unidad 4

Rigoberta Menchú y Nina Pacari

Locutora: Cuando en 1992, Rigoberta Menchú Tum, indígena maya-quiché, recibió el premio Nobel de la Paz, se levantó en Guatemala una gran polvareda ideológica y racial.

Hombre: No, no, no. ¡No puede ser! ¿Pero qué ha hecho esta india comunista para merecer este premio? ¡Esto es el colmo!

Mujer indígena: Así tenía que ser. La hermana Rigoberta ha sufrido duro por nuestro pueblo. Para que no nos sigan matando, para que no seamos tan pobres, para que haya justicia.

Locutora: Cuando en diciembre del 2002, la doctora Nina Pacari, indígena quichua, fue nombrada Ministra de Relaciones Exteriores del Ecuador, la población entera se dividió:

Hombre: Pero, pero… ¡Una india de Canciller! Pero fíjense en la ropa que usa, polleras, collares. ¿Pero pretenderá acudir así a la Casa Blanca? ¡Qué vergüenza para nuestro país!

Dirigenta: Ya era hora de que una mujer nos represente. ¿Es indígena? ¡Pero si la mitad del país es indígena o mestiza!

Locutor: La doctora Nina Pacari fue la primera Ministra de Relaciones Exteriores indígena en los 172 años de la historia republicana del Ecuador.

Locutor: Mayas, aztecas, kunas, chibchas, otavalos y saraguros, quechuas y aymaras, mapuches, tobas, son unas pocas de las cientos de culturas originarias que habitan América, la Abya Yala indígena, desde hace miles de años.

Hombre indígena: Los conquistadores blancos invadieron nuestras tierras. Mataron a nuestros abuelos y abuelas. Nos prohibieron hablar nuestras lenguas, cantar nuestros cantos.

Mujer indígena: A las mujeres nos violaron, nos humillaron, nos convirtieron en esclavas. Pero ahora estamos renaciendo, orgullosas de nuestra raza.

Rigoberta: Me llamo Rigoberta Menchú. Soy hija de la miseria, de la Marginación, por ser maya y mujer. Soy sobreviviente del genocidio de los blancos contra mi pueblo. Cuando murió mi padre no había tomado mucha conciencia, pero cuando asesinaron a mi mamá dije: «jamás me voy a callar frente a esto».

Nina: Nina Pacari es mi nombre, significa Fuego del Amanecer. En el Ecuador, hasta los años 60, para poder estudiar teníamos que vestirnos como mestizos. Nuestros padres pensaban que para combatir el racismo debíamos tener algo de dinero. Pero para los jóvenes el objetivo principal era la identidad y empezamos cambiándonos de nombre.

Locutor: Rigoberta Menchú y Nina Pacari, dos historias de lucha contra la discriminación que han mostrado al mundo el valor de su raza y de su género. Junto a ellas, millones de mujeres indígenas de América Latina exigen su reconocimiento como ciudadanas.

Mujer indígena: Todavía los blancos nos desprecian cuando nos ven indias. Todavía en nuestras propias comunidades nos discriminan por ser mujeres. Pero nuestras hermanas son diputadas, son ministras y maestras. Somos iguales, pues. Tenemos los mismos derechos.

Locutora: Ciudadanas con plenos derechos. Un mensaje por el Día Internacional de la Mujer con el apoyo de UNESCO.

http://www.radialistas.net/audios/AUDIO-1500156.mp3

3 ¿Qué es importante y qué no?

a Leed el texto y subrayad todas las palabras que no conocéis.

b Después leed el texto otra vez y preguntaos cuáles de estas palabras no son necesarias para comprender las ideas principales del texto, p. ej. porque hay suficiente información en el contexto o porque son ejemplos que no necesitáis entender en detalle. Tachad (*durchstreichen*) todas estas palabras.

c Ahora trabajad en parejas y contad lo que habéis entendido del texto. Discutid si os falta información importante.

d Ahora subrayad con otro color aquellas palabras que os gustaría entender porque creéis que os falta alguna información interesante. ¿Podéis adivinar el significado de algunas de ellas a través de otras palabras que conocéis en español o en otro idioma?

e Vuestro profesor / vuestra profesora ahora os va a dar la lista de palabras nuevas o difíciles del texto. Discutid en parejas si ya las habéis entendido y si eran realmente importantes para comprender el texto. Marcad vuestras respuestas en la tabla y evaluad (*bewerten*) vuestra capacidad de entender textos auténticos en español.

Kopiervorlage

		Ya lo sabíamos.	No lo sabíamos, pero no era importante.	No lo sabíamos y sí es importante.
un locutor, una locutora	persona que habla en la radio			
una polvareda	una nube de polvo, un tumulto, reacciones y emociones fuertes			
ideológico, -a	con orientación política, con ideas políticas			
racial, -a	que hace diferencias entre las razas, que prefiere por ejemplo los blancos a los morenos			
el colmo	el máximo			
sufrir	sentir dolor físico o moral, ↔ disfrutar			
matar a alguien	quitarle la vida a alguien, asesinar a alguien			
nombrar	dar un nombre o título			
la población entera	toda la población			
dividirse	separarse, pensar o sentir de manera diferente			
fijarse	mirar con atención			
una pollera	una falda			
un collar	adorno para el cuello (Halskette)			
pretender hacer algo	pensar o planear hacer algo			
acudir	ir a, participar en			
una vergüenza	lo que uno siente cuando se pone rojo en la cara			
representar	hablar por alguien o en el nombre de alguien			
mestizo	persona nacida de padre y madre de razas diferentes (indígena y blanca)			
originario, -a de	que trae su origen de algún lugar, persona o cosa			
habitar	vivir en			
invadir	aquí: entrar con fuerza militar, con el ejército			
prohibir algo	no dejar hacer algo, no permitir algo			
cantar	producir una canción con la voz			
un canto	acción y arte de cantar canciones			
violar a alguien	abusar de alguien sexualmente			
humillar a alguien	herir el amor propio o la dignidad de alguien			
renacer	nacer otra vez			
orgulloso, -a	que tiene mucho amor por sí mismo, que se alegra mucho por lo que es o ha hecho			
la marginación	acción de poner a alguien al margen, al lado o afuera de la sociedad			
un/una sobreviviente	persona que no ha muerto en una situación difícil, que sigue viva			
el genocidio	asesinato sistemático de un grupo social, religioso o racial			
callarse	no decir nada			
el amanecer	momento en la mañana cuando sale el sol / la luz del día			
combatir algo	luchar contra algo			
el género	el sexo masculino o femenino			
el reconocimiento	aceptar un nuevo estado de cosas			
un ciudadano, una ciudadana	persona que tiene la nacionalidad del país en el que vive			
un diputado, una diputada	persona nombrada por elección popular como representante de algo			
un maestro, una maestra	un profesor / una profesora de la escuela primaria			
el apoyo	la ayuda			

Repaso 2

Noticias de la selva

Resumid el siguiente texto. Recordad que un buen resumen tiene la información más importante del artículo. No necesitáis entender todas las palabras. Es suficiente entender las ideas principales. En la página 55 del libro del alumno podéis leer cómo se hace un buen resumen.

Tribus amazónicas del siglo XXI

Brasil muestra al mundo por vez primera fotografías de tribus amazónicas. Organizaciones defensoras piden respeto para estos grupos.

Lima, 30/05/2008.– Hace algunos días fueron tomadas fotografías de grupos indígenas en la zona amazónica de Perú y Brasil. Estas imágenes no sólo nos traen a la memoria los orígenes del ser humano, sino que también están ahí para recordarnos las distintas formas en las que la especie humana puede desarrollar su sociedad y cultura según el lugar donde esté.

Las imágenes fueron dadas a conocer por Brasil y fueron tomadas en el estado brasileño Acre, muy cerca de la frontera con Perú; zona en la que se han observado cuatro grupos aislados (aproximadamente cada grupo tiene 500 habitantes). En las fotografías aparecen hombres con el cuerpo pintado de rojo y apenas están cubiertos con un poco de ropa de fibras naturales. Llevan armas como lanzas, piedras, incluso arcos con los cuales atacan al avión que les está tomando las fotografías.

Debido a la explotación de madera[1], sobre todo en la región de Perú se ha puesto en peligro la sobrevivencia de tales grupos aborígenes. El gobierno brasileño quiso con las fotografías llamar la atención del mundo y así proteger no sólo a ésas sino a todas las tribus parecidas que todavía existen en la Amazonía.

Uno de los objetivos principales es conseguir un ambiente ideal para que las tribus vivan «vírgenes», es decir, sin contacto con el mundo moderno. Muchos de sus defensores argumentan que desde tiempos de la conquista, los grupos se han negado a relacionarse con la «civilización»: ni con los conquistadores portugueses o españoles ni con los actuales brasileños desean tener contacto.

Las tribus viven en un estado muy natural. Habitan en «malokas» (casas muy simples, típicas de pueblos de la Amazonía) y sobreviven de sus cultivos[2]. Debido a la explotación de madera en Perú han tenido que desplazarse de la Amazonía peruana a la brasileña, situación que no sólo afecta[3] a grupos humanos, sino también daña a los animales y plantas de la selva. Muchos defensores se han atrevido[4] a decir que los «incivilizados» no son ellos, esos grupos, sino nosotros, que ignoramos cuánto destruimos sólo por avanzar con la industria.

En la Amazonía se sabe de 68 tribus aisladas, la mayoría de ellas están protegidas por organizaciones brasileñas como los Frentes de Protección Etnoambiental, quienes se esfuerzan para que las tribus tengan un territorio y no entren en contacto con poblaciones o grupos modernos «civilizados». En Perú sin embargo, no están protegidos y cada vez su espacio en la selva es más pequeño.

Grizel Delgado

---

[1] **la explotación de madera** der Holzabbau
[2] **el cultivo** der Anbau (von Gemüse oder Getreide)
[3] **afectar** hacer daño
[4] **atreverse a algo** sich trauen

Unidad 5

1 Cuarteto

Formad grupos de tres o cuatro. Repartid todas las tarjetas y jugad:
Tenéis que juntar cuatro tarjetas del mismo tipo para poder formar un cuarteto. Preguntad a un compañero / una compañera si tiene la tarjeta que os falta. Para preguntar tenéis que transformar las frases de las tarjetas de la mitad de abajo del discurso directo al discurso indirecto.

ⓘ Para empezar la frase utilizad el tiempo verbal que está en vuestra tarjeta. Prestad atención al cambio de tiempo y a los posesivos en el discurso indirecto.

Ejemplo:
«Ana, ¿Martín te preguntó si ibas a salir?»
Si vuestro compañero / vuestra compañera tiene la tarjeta, tiene que contestar:
«Sí, Martín me preguntó eso».
Entonces os pasa la tarjeta.
Si tiene la tarjeta, pero el otro ha cometido un error en la pregunta, tiene que contestar:
«Sí, pero tu pregunta no es correcta».
Entonces tenéis que preguntar otra vez hasta que esté bien la pregunta.

Si conseguís una tarjeta podéis seguir jugando.
El que consiga juntar más cuartetos, gana.

Martín

te preguntó si querías ir al cine.

❋

- «¿Me ayudas?»
- «¿Vas a salir?»
- «¿Compraste pan?»

Martín

te preguntó si le ayudabas.

❋

- «¿Quieres ir al cine?»
- «¿Vas a salir?»
- «¿Compraste pan?»

Martín

te preguntó si ibas a salir.

❋

- «¿Me ayudas?»
- «¿Quieres ir al cine?»
- «¿Compraste pan?»

Martín

te preguntó si habías comprado pan.

❋

- «¿Me ayudas?»
- «¿Vas a salir?»
- «¿Quieres ir al cine?»

Sra. Gómez

te dijo que Julián no estaba en casa.

❋

- «Julián ha salido.»
- «Llama en una hora.»
- «Puedes dejar un mensaje.»

Sra. Gómez

te dijo que Julián había salido.

❋

- «Julián no está en casa.»
- «Llama en una hora.»
- «Puedes dejar un mensaje.»

Sra. Gómez

te dijo que llamaras en una hora.

❋

- «Julián no está en casa.»
- «Julián ha salido.»
- «Puedes dejar un mensaje.»

Sra. Gómez

te dijo que podías dejar un mensaje.

❋

- «Julián no está en casa.»
- «Julián ha salido.»
- «Llama en una hora.»

Kopiervorlage

Julieta

te pidió que
fueras al cine con ella.

❋

- «Espérame en la parada del bus.»
- «Lleva mis cedés.»
- «Mándame un mensaje.»

Julieta

te pidió que la esperaras en la parada del bus.

❋

- «Ve al cine conmigo.»
- «Lleva mis cedés.»
- «Mándame un mensaje.»

Julieta

te pidió que llevaras sus cedés.

❋

- «Ve al cine conmigo.»
- «Espérame en la parada del bus.»
- «Mándame un mensaje.»

Julieta

te pidió que le mandaras un mensaje.

❋

- «Ve al cine conmigo.»
- «Espérame en la parada del bus.»
- «Lleva mis cedés.»

Sr. Espinosa

te ha dicho que hoy no van a entrenar fútbol.

❋

- «El sábado hay un partido de fútbol en el pueblo.»
- «Ven a entrenar el viernes.»
- «Compraré nuevas camisetas para el equipo.»

Sr. Espinosa

te ha dicho que el sábado hay un partido de fútbol en el pueblo.

❋

- «Hoy no vamos a entrenar fútbol.»
- «Ven a entrenar el viernes.»
- «Compraré nuevas camisetas para el equipo.»

Sr. Espinosa

te ha dicho que vengas a entrenar el viernes.

❋

- Hoy no vamos a entrenar fútbol.»
- El sábado hay un partido de fútbol en el pueblo.»
- Compraré nuevas camisetas para el equipo.»

Sr. Espinosa

te ha dicho que comprará nuevas camisetas para el equipo.

❋

- Hoy no vamos a entrenar fútbol.»
- El sábado hay un partido de fútbol en el pueblo.»
- Ven a entrenar el viernes.»

Tu madre

te ha pedido que compres pan.

❋

- «Ayuda a tu hermana.»
- «Regresa a las diez.»
- «Llámame por teléfono.»

Tu madre

te ha pedido que ayudes a tu hermana.

❋

- «Compra pan.»
- «Regresa a las diez.»
- «Llámame por teléfono.»

Tu madre

te ha pedido que regreses a las diez.

❋

- «Compra pan.»
- «Ayuda a tu hermana.»
- «Llámame por teléfono.»

Tu madre

te ha pedido que la llames por teléfono.

❋

- «Compra pan.»
- «Ayuda a tu hermana.»
- «Regresa a las diez.»

El profe

te pidió que mandaras el ejercicio por e-mail.

❋

- «Repite esta lección.»
- «No hables con tu compañero.»
- «Trabaja en este grupo.»

El profe

te pidió que repitieras esta lección.

❋

- «Manda el ejercicio por e-mail.»
- «No hables con tu compañero.»
- «Trabaja en este grupo.»

El profe

te pidió que no hablaras con tu compañero.

❋

- «Manda el ejercicio por e-mail.»
- «Repite esta lección.»
- «Trabaja en este grupo.»

El profe

te pidió que trabajaras en este grupo.

❋

- «Manda el ejercicio por e-mail.»
- «Repite esta lección.»
- «No hables con tu compañero.»

Unidad 5

2 Trabajar con el diccionario bilingüe

Con ayuda del fragmento del diccionario traduce las siguientes frases.

1. Er fährt immer mit dem Fahrrad zur Arbeit.

2. Der Mann fuhr mit der Hand über das wertvolle Buch.

3. Sonntags fährt der Bus nur alle zwei Stunden.

4. Patrik hat seine Tochter zur Schule gefahren.

5. Hast du Lust am Wochenende Inlineskates zu fahren?

6. Um wieviel Uhr fährt dein Zug?

7. Darf ich mal dein neues Auto fahren?

---

fahren ['faːrən] <fährt, fuhr, gefahren> I. *vi sein* ❶ (*losfahren*) salir; **der Zug fährt in 5 Minuten** el tren sale dentro de 5 minutos ❷ (*sich fortbewegen*) ir (*mit* en); (*Fahrzeug*) estar en marcha; **mit dem Motorrad ~** ir en moto; **Rollschuh ~** patinar; **Ski ~** esquiar; **Karussell ~** montar(se) en el tiovivo; **geradeaus ~** seguir recto ❸ (*verkehren*) circular; **die Züge ~ nicht am Wochenende** los trenes no circulan los fines de semana ❹ (*reisen*) ir (*nach* a) ❺ (*berühren*): **sie fuhr ihm durch die Haare** le pasó la mano por el pelo ❻ (*fam: zurechtkommen*) llevarse bien; **er ist mit ihm immer gut ge~** siempre se ha llevado bien con él ❼ (*durchzucken*): **der Schreck fuhr ihm in die Glieder** el susto le atravesó de parte a parte II. *vt* ❶ *haben o sein* (*Straße, Umleitung*) ir (*por*) ❷ (*befördern*) transportar; (*Personen*) llevar; **ich fahre dich nach Hause** te llevo a casa ❸ (*steuern*) conducir, manejar *Am;* **lass mich ~** déjame conducir a mí ❹ (SPORT): **ein Rennen ~** participar en una carrera (de automóviles); **eine gute Zeit ~** conseguir buenos resultados en una carrera

PONS Schülerwörterbuch Spanisch.
Ernst Klett Sprachen GmbH, Stuttgart 2007.

3 Trabajar con el diccionario monolingüe

a Con ayuda del fragmento del diccionario traduce las siguientes frases al alemán.

1. No me llega el dinero para comprar el libro.

2. No llegué a contestar todas las preguntas del examen.

3. Pon las medicinas donde el niño no llegue.

4. El tren llegó a las siete.

5. La contaminación llegó a un nivel muy alto.

6. Mi abuelo llegó a los cien años.

llegar.
(Del lat. *plicāre*, plegar).
1. intr. Alcanzar el fin o término de un desplazamiento.
2. intr. Durar hasta época o tiempo determinados.
3. intr. Dicho de una cosa o de una acción: Venir por su orden o tocar por su turno a alguien.
4. intr. Alcanzar una situación, una categoría, un grado, etc. *Llegó a general a los cuarenta años.*
5. intr. Alcanzar o producir una determinada acción. *Llegó a reunir una gran biblioteca.*
6. intr. Tocar, alcanzar algo. *La capa llega a la rodilla.*
7. intr. Venir, verificarse, empezar a correr un cierto y determinado tiempo.
8. intr. Venir el tiempo de ser o hacerse algo.
9. intr. **ascender** (importar). *El gasto llegó a mil pesetas.*
10. intr. En las carreras deportivas, alcanzar la línea de meta.
11. intr. Dicho de una cantidad: Ser suficiente. *Con medio metro más de tela llegaría para dos cortinas.*

Real Academia Española © Todos los derechos reservados

b Explica cómo has encontrado la traducción correcta en los ejercicios 1 y 2.

Unidad 5

4 Personas, hechos, historia

Trabajad en grupos de 4. Cada grupo hace después tres parejas y elige ser A, B o C. Cada pareja recibe información sobre un personaje de la Ruta de Magallanes-Elcano y debe comunicarla al otro para presentarla al resto del grupo (la otra pareja). Entre todos haced un dibujo con la ruta de Magallanes y una redacción sobre la ruta.

Para compartiros la información podéis usar este modelo:
Alumno/-a A: Nuestro personaje se llama Diego.
Alumno/-a B: Ok, yo tengo el apellido. Nuestro personaje es Diego Rivera.

A

Su nombre (ser) Fernando.
(Lograr) la primera circunnavegación (*Weltumsegelung*) de la Tierra en 1522.
(Buscar) nuevos caminos por mar Carlos I lo (apoyar) con su proyecto El estrecho de Magallanes (quedar) al sur del continente americano.
En 1521 Magallanes y sus hombres (encontrar) una isla, allí (poder) descansar.
Magallanes (morir) en Mactán.
Antes de llegar a Filipinas no (encontrar) ningún punto de tierra durante 3 meses.

B

Su apellido (ser) Magallanes.
(Nacer) en Oporto, Portugal en el año de 1480.
(Ser) marinero (*Seemann*)
En 1519 (comenzar) un viaje muy largo.
(Pasar) por una parte muy difícil de navegar y le (poner) su nombre: Estrecho de Magallanes.
En 1522 Magallanes (llegar) a la isla filipina Mactán, él y sus hombres (tener) problemas con una tribu y (pelear) contra ellos.

C

Su nombre (ser) Juan Sebastián.
(Nacer) en 1486 en Guipúzcoa.
Al morir Magallanes, Elcano (dirigir) el viaje que dio la vuelta al mundo.
Después (ir) al Nuevo Mundo.
(Llegar) a Río de la Plata y (decidir) ir por la costa hasta la Patagonia.
En 1519, después de visitar la Patagonia, muchos marineros no (estar de acuerdo) con el viaje. (Estar) muy cansados y molestos.
(Rodear) África de regreso a Europa.
De los 265 hombres que (viajar) solo 18 (llegar) con vida.

D

Su apellido (ser) Elcano.
(Trabajar) para el reino de Castilla.
Primero (pasar) por las Islas Canarias.
Río de la Plata (estar) en Sudamérica.
Después de rodear la Patagonia (viajar) a Filipinas.
247 hombres (morir) de enfermedades o de peleas.
De todos los barcos, sólo (terminar) el viaje el barco «Victoria».

Unidad 6

1 Vocabulario

¿Te acuerdas del vocabulario de esta lección? Haz la prueba y llena los huecos de los textos. Pon las palabras en la forma adecuada (p. ej. verbos en gerundio, adjetivos en plural). Si no sabes qué palabra va, fíjate en el libro del alumno en la lista de vocabulario. Ahí encontrarás todas las palabras nuevas de la lección. Pero ojo, en algunos huecos van palabras que no son nuevas. Al final compara tu solución con los textos del libro del alumno (pág. 78).

Oleksander y Oksana

Oleksander y Oksana son una joven (1)_____ de Kotowsk, Ucrania. Hace tres años tomaron la (2)_____ de venir a España (3)_____ en tener una vida mejor. En su país, Oleksander trabajaba como (4)_____, pero los (5)_____ ahí apenas alcanzaban para comer. Ahora trabaja en la (6)_____. Establecerse en España no fue fácil para ellos al (7)_____. Se veían (8)_____ a una manera de vivir totalmente diferente a la suya. Y claro, (9)_____ de menos a su familia y a sus amigos de siempre… Además, tenían que llenar muchos (10)_____ y contestar muchas preguntas.

Pero no han perdido la (11)_____. Aun habiendo conseguido Oleksander un (12)_____ de trabajo sólo por un año, no se (13)_____ y piensa que, una vez (14)_____ los papeles su situación mejorará: «Paso días (15)_____ pensando que algún día (16)_____ mis sueños: ganar bastante dinero y formar una familia.»

Kopiervorlage

Pai Llang

Pai Llang, una joven mujer china, tuvo más suerte. Sus (1)_____, emigrantes en España desde hace diez años, la llamaron (2)_____ que viniera a ayudarlos en su restaurante. Así que consiguió (3)_____ de trabajo sin ningún problema. Y la vida (4)_____ mucho más fácil teniendo (5)_____. Ahora su marido, también chino, y ella tienen su propio (6)_____. «Nos sentimos muy a (7)_____ en España» nos dice con una (8)_____ en los (9)_____.

Su hija Pem Pu, 23 años, sin embargo, ve la otra cara de la (10)_____ y nos cuenta: «Tengo que reconocer que, al principio, me resultó muy difícil (11)_____ a una cultura tan diferente: el idioma, las (12)_____ … No tenía amigos, no entendía nada. El instituto fue la experiencia más (13)_____ de mi vida. Repasaba y repasaba las (14)_____, pero no pude sacar buenas (15)_____. Tuve que (16)_____ el año. Aunque me siento bien aquí, me gustaría regresar algún día a China.»

Ernesto

«Yo nací en México, en una familia relativamente (1)_____. Nunca me había gustado (2)_____ de mis padres, yo quería hacer algo por mí (3)_____. Así que un día decidí (4)_____ mi aventura.

Llegué a Alemania como turista y dos meses después fui a España. Cuando (5)_____ mi (6)_____ de turista, me convertí en un «sin papeles». Trabajé (7)_____ a niños, a personas mayores … Vivía temiendo que me (8)_____ y que me detuvieran en (9)_____ momento.

Llevaba cinco años en España cuando, con un contrato en la mano, (10)_____ el permiso de trabajo y (11)_____. Conseguí pagarme los (12)_____ de marketing trabajando los fines de semana. Fue un tiempo muy duro, pero yo sabía que (13)_____, podría encontrar un buen trabajo. Hoy soy jefe de (14)_____ en una importante tienda de (15)_____ en Madrid. Me siento muy (16)_____ de ello. Siempre me decía a mí mismo: Hay algo que quiero y lo voy a conseguir».

Unidad 6

2 **¿Cómo se dice?**

a Leed los diálogos. ¿Qué palabras buscan los chicos?

Andrea: Hola, Antonio. ¿Cómo estás?
Antonio: Hola, Andrea. Estoy bien, gracias. ¿Y tú?
Andrea: Bien, bien, pero quiero… ¿cómo se dice? Estoy buscando trabajo y quiero…
Antonio: ¿Quieres buscar anuncios en los periódicos?
Andrea: No, eso ya lo hice. Hay varios puestos que me interesan y ahora voy a…
Antonio: ¿Ir a una entrevista de trabajo?
Andrea: Bueno, sí, pero antes quiero mandar mis papeles para… se me olvidó la palabra.
Antonio: ¿Para solicitar el puesto?
Andrea: Sí, exacto.

Joaquín: ¡Mmmmhh! ¡Qué rico huele! ¿Qué es?
Thomas: Es una tarta. La acabo de hacer.
Joaquín: Huele riquísimo. ¿De qué es?
Thomas: Pues, lleva harina, azúcar, chocolate y … no sé cómo se llama … es un tipo de fruta.
Joaquín: ¿Manzana?
Thomas: No, es una fruta pequeña y roja.
Joaquín: ¿Fresa?
Thomas: No, es una frutita que crece en el árbol.
Joaquín: Ah, quieres decir cereza, ¿verdad?
Thomas: ¿Cereza? Creo que sí. En inglés se dice *cherry*.
Joaquín: Exacto.

---

b Trabajad en parejas. Analizad cómo los chicos alemanes consiguen hacerse entender. ¿Qué métodos usan? Analizad también cómo reaccionan los chicos españoles. Después preguntaos qué haríais vosotros en estas situaciones e intercambiad vuestras ideas.

c Ahora trabajad en parejas. Queréis comprar cosas, pero no conocéis sus nombres. Uno de vosotros piensa en una cosa que quiere comprar, pero que no sabe cómo se llama (p. ej. *eine Schere, ein Tesafilm, ein Locher, eine Salbe, Reisnägel*). Le explica al otro qué quiere. El otro tiene que adivinar la palabra y buscarla en el diccionario. Después cambiad los papeles.

Ejemplo:
Cliente: Hola, buenos días. ¿Tiene usted esta cosa que se usa para cortar papel? No sé, cómo se llama…
Vendedor: ¿Está buscando unas tijeras?

Repaso 3

1 Sustantivos

Busca la traducción de las siguientes palabras en la sopa de letras:

1. Verhalten
2. Vertreter
3. Drogenabhängigkeit
4. Verantwortung
5. Übergewicht
6. Pflicht
7. Gewohnheit
8. Nachteil
9. Folge
10. Verhandlung
11. Vergleich
12. Scham

R	E	P	R	E	S	E	N	T	A	N	T	E	L	Y	X	P	R
C	N	A	E	Q	C	U	Q	T	R	F	G	A	Y	A	C	N	E
C	R	E	R	U	A	O	S	G	F	D	J	K	X	S	Ó	O	D
O	E	B	G	E	S	Z	N	B	V	A	H	J	C	I	V	S	R
M	S	C	T	O	D	H	A	S	T	S	J	H	C	D	B	O	O
P	P	E	G	Z	C	N	Y	N	E	A	K	A	V	F	N	B	G
O	O	H	J	U	C	I	E	N	E	C	R	G	B	G	M	R	A
R	N	L	J	I	Y	V	A	H	D	A	U	F	N	H	L	E	D
T	S	I	H	K	S	T	D	C	P	M	L	E	M	J	K	P	I
A	A	Z	T	E	B	G	C	M	I	N	P	D	N	K	J	E	C
M	B	Y	D	N	I	B	O	Z	C	Ó	O	S	Q	C	H	S	C
I	I	E	J	V	H	C	P	M	S	B	N	A	W	L	I	O	I
E	L	O	X	A	Á	R	L	J	X	V	I	Q	E	P	G	A	Ó
N	I	M	B	O	B	L	I	G	A	C	I	Ó	N	O	F	U	N
T	D	Q	B	R	I	G	A	C	I	Ó	N	R	T	I	D	Z	Q
O	A	N	L	Z	T	E	V	E	R	G	Ü	E	N	Z	A	T	U
C	D	N	U	P	O	D	I	K	A	X	Z	T	Z	U	S	R	E

2 Verbos

Escribe los verbos que se buscan en las frases de abajo y completa el crucigrama.

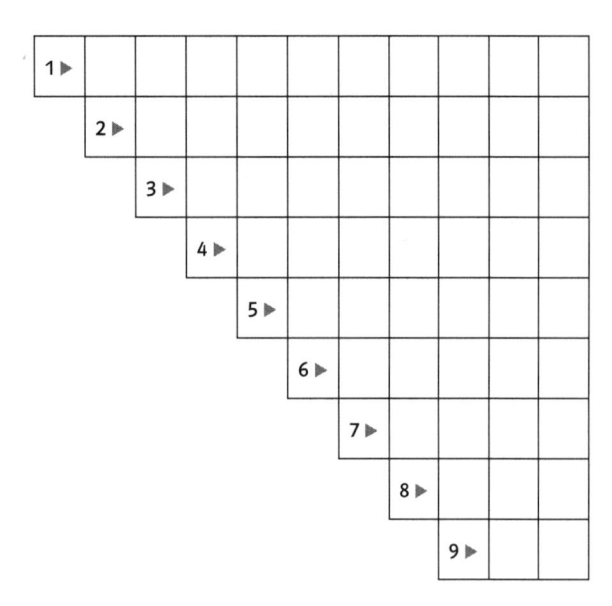

1. Lo que Cortés hizo con México.
2. Lo que los Zapatistas quieren conseguir respecto a sus tierras.
3. Lo que Moctezuma no consiguió hacer con Tenochtitlan.
4. Lo que hacemos si no gastamos nuestro dinero.
5. Lo que hacemos con un asesino por lo que hizo.
6. Lo que indica cuántos kilos tiene algo.
7. Lo que pasa cuando bajas una escalera y no prestas atención.
8. Lo que haces con los ojos.
9. Lo que haces con los pies.

3 Geografía

Con ayuda del mapa de España (contraportada anterior del libro del alumno) y del mapa de México (contraportada posterior del libro del alumno) resuelve el siguiente crucigrama.

Horizontal
3. Capital de la Comunidad Autónoma Aragón
5. Capital de la Comunidad Autónoma Castilla y León
6. El golfo entre el País Vasco y Francia se llama Golfo de …
8. Estado Federal en el norteoeste de México
9. Ciudad en Baja California, en la frontera con EE. UU.
10. Río en el Estado Federal Chihuahua
13. Ciudad turística en la costa del Caribe, en el Estado Federal Quintana Roo

Vertical
1. Comunidad Autónoma de España al este de Andalucía.
2. Mallorca, Ibiza y Menorca son las Islas…
4. La costa de Málaga se llama Costa del …
7. Provincia de la Comunidad Autónoma Extremadura.
11. Capital del Estado Federal Jalisco.
12. Estado Federal de México que dio nombre a una salsa muy picante.
14. Estado Federal cuya capital se llama Xalapa

Kopiervorlage

Unidad 7

Vocabulario

¿Te acuerdas del vocabulario de esta lección? Haz la prueba y llena los huecos de los textos. Pon las palabras en la forma adecuada. Si no sabes qué palabra va, fíjate en el libro del alumno en la lista de vocabulario. Ahí encontrarás todas las palabras nuevas de la lección. Pero ojo, en algunos huecos van palabras que no son nuevas. Al final compara tu solución con los textos del libro del alumno (pág. 94).

La película Machuca

Santiago de Chile, 1973. El director (1)_____ de un colegio religioso para la clase (2)_____, el padre McEnroe, (3)_____ un proyecto de (4)_____ social, poniendo en las clases a nuevos chicos de familias pobres que viven cerca. Es así como Pedro Machuca y Gonzalo Infante, de once años y (5)_____ de dos clases sociales muy diferentes, se hacen amigos. El proyecto se (6)_____ bien en el gobierno (7)_____ de Allende, pero tendrá que terminar después del (8)_____ de Pinochet. La historia está basada en (9)_____ reales que vivió el (10)_____ Andrés Wood y fue un éxito de crítica nada más la hubieron (11)_____.

Supernova: Hola, ayer fui a ver la película que nos (1)_____ AlexBarna hace dos días, «Machuca» porque, (2)_____, estaba en uno de los pequeños cines que todavía echan películas que no sean (3)_____. Supongo que habréis ya escuchado hablar de ella o que, incluso, ya la habréis visto. Lo raro es que aquí haya llegado tan tarde, aunque, por lo que he leído, fue un éxito de (4)_____ nada más la estrenaron. Se trata de una película chilena, un poco (5)_____, que cuenta la historia de (6)_____ de dos niños, de clases sociales muy distintas, uno acomodada y otro (7)_____, en los días (8)_____ al golpe de estado de Pinochet. Bueno, no voy a contar más por si la veis. La película sabe (9)_____ la historia (10)_____ con el (11)_____ histórico. Lo interesante es que (12)_____ muy bien el (13)_____ histórico del Chile de esos años evitando lo maniqueo. Eso me ha gustado mucho. También me ha gustado la (14)_____. Alucinante. No sé si los (15)_____ eran tan jóvenes como parecían. En todo caso, (16)_____ sus papeles a la (17)_____. Además, el director hace un uso óptimo de los primeros planos, la (18)_____ es preciosa y las (19)_____ y los (20)_____ resultan (21)_____ y, por eso, la película se pasa muy rápido. Lo peor, el final, pero no os lo cuento. En resumen, que os recomiendo que la veáis si tenéis (22)_____ porque es fantástica.

Bogartincasablanca: Hola Supernova. Te (1)_____ caso y me (2)_____ «Machuca» de Internet. La película es una porquería. Es un (3)_____ de escenas (4)_____ y (5)_____, como la (6)_____ de esas películas. Para nada estoy de acuerdo con tu comentario de que la película (7)_____ muy bien el momento histórico. No es una película (8)_____ y la escena de despedida del padre McEnroe me parece el mejor ejemplo. Es la típica historia de buenos y malos para gente (9)_____. La película me pareció un (10)_____ y se me hizo (11)_____. Por último, la escena de los besos con (12)_____ me pareció de lo más (13)_____.

Solferino: Hola Supernova, como vivo en un pueblo sin cine, he pedido el DVD en una página de (1)_____ de Internet. En mi caso ha sido difícil porque, como soy (2)_____, necesito DVD con (3)_____ para poder ver la película, pero al final he encontrado una versión de «Machuca» que los (4)_____. Supongo que la semana que viene ya habrá llegado y podré (5)_____ qué me ha parecido. Bogartincasablanca, me parece (6)_____ que bajes películas de Internet porque si todo el mundo hace como tú, dentro de poco ya nadie irá al cine o comprará DVD y entonces quizás a las (7)_____ ya no les interese hacer películas. (8)_____ que lo mejor que podemos hacer para (9)_____ el cine es ir a ver películas y comprar o (10)_____ DVD, aunque suponga pagar un poco de dinero, como (11)_____ otro pasatiempo.

Unidad 8

1 ¿Mexicano o español?

a Vas a leer un blog de adolescentes. Uno escribe como un chico mexicano, otro como un español. ¿Qué características puedes identificar? Haz una lista de las diferencias en el vocabulario y gramática. Aquellas palabras que se usan en México, ¿cómo se dicen en España?

b Compara y completa tus respuestas con un compañero / una compañera.

JUANS BLOG

Hola muchachos:

Les voy a platicar algo que me pasó hoy por la mañana. Tomé el bus para ir a la preparatoria y ¡encontré en el asiento un boleto para el próximo concierto de Maná! Alguien lo olvidó. Lo tomé y lo guardé en la mochila. Yo pensé: ¡Qué padre, por fin los voy a ver tocar en vivo! Pero... diez minutos después, se subió una muchacha y le preguntó al chofer si no había visto un boleto... Yo me puse todo rojo. Soy un fan de Maná, pero no son un ladrón. Así que se lo regresé a la muchacha. Ella estaba muy sorprendida: «¡órale, qué buena onda eres! No todos lo hubieran regresado». Ella estaba tan agradecida que me dejó su teléfono celular y me dijo que un día que yo tuviera tiempo que la llamara para comer una pizza juntos. Ni modo, los Maná tendrán que esperar. Por el momento sólo los disfruto en video.

Pues los dejo, tengo que hacer mi tarea,

~~~~~ Juan_Carlos_el_honesto ~~~~~

Comentario: Hola muchachos

¡Hola, Charlie!

Pero mira que vosotros los mexicanos sois de lo más honesto. ¡Qué bien que has devuelto la entrada! Yo una vez perdí mi billete de tren en la estación. ¡Jo, qué susto me llevé! Fue mi primera vez solo en Barcelona: no sabía qué hacer ni a dónde ir. ¡Qué desastre! Imagínate qué hubiera dicho mi madre: «te lo he dicho mil veces, cuida bien el billete». Es un rollo con ella... Siempre me dice lo mismo: Miguel, haz los deberes; Miguel, ve a por tu hermana; Miguel, limpia la cocina...Tío, tú sabes bien cómo son las madres... Bueno, al final alguien encontró mi billete de tren y lo dejó en la oficina de información. Por fortuna lo encontré a tiempo.

Lo que he dicho, estoy muy contento de que hayas devuelto la entrada. Yo no soy fan de Maná, una o dos canciones me parecen muy guays, pero las demás casi no me gustan. De cualquier forma también hubiera devuelto la entrada, chaval.

Miguel_Real_Madrid_campeón2007

---

un asiento el lugar donde uno se sienta – **un ladrón / una ladrona** alguien que roba – **honesto,-a** persona que siempre dice la verdad – **por fortuna** por suerte

Unidad 8

2 Romance del prisionero

a Recortad estos fragmentos del poema anónimo «Romance del prisionero» y pegad los papelitos en varias partes del aula, en las paredes, en el pizarrón, en la puerta… (3-4 copias de cada fragmento).
Ahora trabajad en parejas. Uno de los dos se sienta en la mesa con algo para escribir. El otro pasa por el aula, escoge un fragmento y lo memoriza. Después regresa a la mesa de su pareja y le dicta los versos. El otro los escribe en una hoja.
Cada uno dicta 4-5 fragmentos. Después cambiad los roles.

b Ahora ordenad los fragmentos y formad un poema completo. Comparad vuestra solución con otros compañeros / otras compañeras. ¿Cuál os convence más?

c Trabajad en grupos. ¿Quién consigue memorizar el poema? Repasad el poema durante 10 minutos y después recitadlo en voz alta a vuestro grupo. El que consiga recitarlo completo, gana.

Que por mayo era, por mayo cuando hace la calor,	y yo, triste, cuitado, que vivo en esta prisión,
cuando los trigos encañan y están los campos en flor,	que ni sé cuándo es de día ni cuándo las noches son,
cuando canta la calandria y responde el ruiseñor,	sino por esta avecilla que me cantaba el albor.
cuando los enamorados van a servir al amor,	Matómela un ballestero, dele dios mal galardón.

Kopiervorlage

Repaso 4

■ Gimnasia cerebral *(Gehirnjogging)* con formas verbales

Jugad en grupos de 5 a 6. Uno de vosotros es el «director del juego», toma la hoja y escribe los nombres de los jugadores en las columnas de la tabla. Luego lee las preguntas y los demás buscan la forma verbal correspondiente. El que la diga primero gana un punto. El director anota los puntos en la columna de cada uno. El que más puntos tenga al final, gana.
Podéis añadir más preguntas si queréis.

pregunta	solución	jugador	jugador	jugador	jugador	jugador
verbo: dormir 1ª persona singular presente de indicativo	duermo					
verbo: elegir 2ª persona singular presente de subjuntivo	elijas					
verbo: hacer 3ª persona plural condicional simple	harían					
verbo: ir 2ª persona plural imperfecto de subjuntivo	fuerais					
verbo: haber 1ª persona plural presente de subjuntivo	hayamos					
verbo: vivir 1ª persona singular futuro simple	viviré					
verbo: caer 3ª persona singular pretérito indefinido	cayó					
verbo: poner participio pasado	puesto					
verbo: conocer 1ª persona plural imperfecto de subjuntivo	conociéramos					
verbo: conducir 3ª persona singular presente de subjuntivo	conduzca					
verbo: pedir gerundio	pidiendo					
verbo: saber 2ª persona plural condicional simple	sabríais					
verbo: salir 2ª persona singular imperativo afirmativo	sal					

Kopiervorlage

verbo: sentarse 3ª persona plural presente de subjuntivo	se sienten						
verbo: sentirse 3ª persona plural presente de indicativo	se sienten						
verbo: ser 2ª persona singular pretérito imperfecto	eras						
verbo: tener 1ª persona singular imperfecto de subjuntivo	tuviera						
verbo: seguir 2ª persona plural imperativo afirmativo	seguid						
	Total:						

© Ernst Klett Verlag GmbH, Stuttgart 2008. Alle Rechte vorbehalten.
ISBN 978-3-12-535782-2, Línea verde 3 – Lehrerbuch

Soluciones

Unidad 1

1 ¿Indicativo, subjuntivo o infinitivo?

Schwerpunkt: Wiederholung *indicativo, subjuntivo, infinitivo*, Kartenspiel

Indikativ folgt nach:

Espero que…; Tenemos que…; Creo que…; Pienso que…; Os interesa que…; Dice que…; Me parece que…; Hay que…; Sé que…; Me ha contado que…; A lo mejor…

Subjuntivo folgt nach:

No creo que…; Me alegro de que…; No es verdad que…; No pienso que…; Te importa que…; No me parece que…; Le molesta que…; Puede ser que…; Os preocupa que…; Quiere que…; Es fácil que…; Es normal que…; Es genial que…; Es necesario que…; Es una lástima que…; Tiene miedo de que…

Infinitiv folgt nach:

Vamos a…; Te gusta…; Quieres…; Me fascina…; Nos interesa…

2 De viaje

Schwerpunkt: Sprachmittlung

Individuelle Lösungen

3 Hechos y más hechos

Schwerpunkt: pretérito perfecto de subjuntivo, Kartenspiel

1. Sí, creo que… **participó** (1 punto) / No, no creo que… **haya participado**…
2. Sí, creo que… **llegó** / No, no creo que… **haya llegado** (1 punto)…
3. Sí, creo que… **pintó** / No, no creo que… **haya pintado** (1 punto)…
4. Sí, creo que… **vivieron** (1 punto) / No, no creo que… **hayan vivido**…
5. Sí, creo que… **tomaban** / No, no creo que… **hayan tomado** (1 punto)…
6. Sí, creo que… **tenían** / No, no creo que… **hayan tenido** (1 punto)…
7. Sí, creo que… **cocinaban** / No, no creo que… **hayan cocinado** (1 punto)…
8. Sí, creo que… **tuvo** (1 punto) / No, no creo que… **haya tenido**…
9. Sí, creo que… **nació** / No, no creo que… **haya nacido** (1 punto)…
10. Sí. creo que… **fue** / No, no creo que… **haya sido** (1 punto)…
11. Sí, creo que… **fue** / No, no creo que… **haya sido** (1 punto)…
12. Sí, creo que… **compró** / No, no creo que… **haya comprado** (1 punto)…
13. Sí, creo que… **descubrió** / No, no creo que… **haya descubierto** (1 punto)…
14. Sí, creo que… **hicieron** / No, no creo que… **hayan hecho** (1 punto)…
15. Sí, creo que… **se quedaron** (1 punto) / No, no creo que… **se hayan quedado**…
16. Sí, creo que… **perdió** (1 punto) / No, no creo que… **haya perdido**…
17. Sí, creo que… **comenzó** (1 punto) / No, no creo que… **haya comenzado**…
18. Sí, creo que… **visitó** (1 punto) / No, no creo que… **haya visitado**…
19. Sí, creo que… **caminó** (1 punto) / No, no creo que… **haya caminado**…
20. Sí, creo que… **ganó** (1 punto) / No, no creo que… **haya ganado**…

Unidad 2

1 Quedar en las vacaciones

Schwerpunkt: Kommunikation: Füllwörter verwenden, sich verabreden

Lösungsvorschlag:
Siehe Tabelle 1.

2 Entradas para el teatro

Schwerpunkt: Kommunikation: Gesprächsnotizen anfertigen

- precio de 15 a 40 euros
- 15 euros de pie, 25 en segundo piso, 30 en primer piso, 40 abajo
- comprar: hoy por teléfono o mañana en la taquilla

3 Pedir información por teléfono

Schwerpunkt: Kommunikation: Per Telefon um eine Auskunft bitten

Lösungsvorschlag:

—¿Hablo al restaurante La Criolla?
—Sí, aquí es. / Sí, aquí es. ¿En qué le puedo ayudar?
—¿Tiene mesa para hoy? / Me gustaría saber si hay una mesa para hoy.
—¿Para cuántas personas? / ¿Para cuántas personas desea la mesa?
—Para cuatro. / Para cuatro personas, por favor.
—¿A qué hora? / ¿A qué hora llegará?
—A las 20:00. / Llegaremos a las 20 horas.
—Solo hay para 20:30, ¿ok? / Oh, lo siento. Sólo tenemos mesas libres a partir de las 20:30. ¿Desea que le reserve la mesa a las 20:30?

Tabelle 1

ganar tiempo	provocar la reacción / pedir la opinión del otro	mostrar atención y pedir que el otro siga hablando	expresar sorpresa
Bueno, …	¿Y qué tal si…?	Ajá	¡No puede ser!
Es que…	¿No crees?	Entiendo.	¡No lo puedo creer!
…, este, …	¿Qué te parece?	¿Y entonces?	¡No me digas!
Déjame ver, …	Oye, ¿y no te gustaría…?	¿Qué pasó?	¡No es verdad!
Hombre, …	¿Y por qué no …?	¿Y?	¡Hombre!
Espera, …		¿Y luego?	
…, o sea, …			
A ver, …			
Mira, …			
Oye, …			

—Vale / Está bien. Vale. Reserve la mesa por favor.
—¿A nombre de quién? / ¿A nombre de quién debo hacer la reservación?
—Martínez. / A nombre de la familia Martínez. / A nombre del Sr. Martínez por favor.
—Está confirmado. / Ok, perfecto. Está todo confirmado.
—Gracias. / Gracias, hasta luego.

—¿Es la oficina de objetos perdidos? / Hola. Buenos días. ¿Hablo a la oficina de objetos perdidos?
—Sí. / Sí, aquí es.
—Perdí una cazadora ayer. / Ah, mire. Espero que me pueda ayudar. Perdí una cazadora verde.
—¿Dónde? / Oh, ¿Dónde ha perdido la cazadora?
—En la línea 5 del metro. / La perdí en la línea 5 del metro.
—¿Cuándo la perdió? / ¿Me puede decir a qué hora la perdió?
—A las 16:00. / Creo que a las 16:00.
—¿Cómo es la cazadora? / Por favor, dígame cómo es la cazadora.
—Es verde oscuro, muy corta, es de mujer. / Pues mi cazadora es de color verde oscuro, es muy corta, y además es una cazadora de mujer.
—Sí, está aquí / ¡Qué suerte! Tenemos una cazadora aquí así. Creo que es su cazadora.
—¿Y cuándo puedo ir por ella? / Perfecto, es mi cazadora favorita. ¿Y cuándo puedo ir por ella?
—De las 8:00 a las 18:00. / Puede pasar por su cazadora de las 8:00 a las 18:00.
—Ok. Gracias / Pues paso por ella hoy mismo. Gracias.

Repaso 1

¿Quién tomará el coche?

Schwerpunkt: Rollenspiel (sich einigen)

Unidad 3

1 Ser joven en la gran ciudad

Schwerpunkt: Leseverstehen

Lösung wie im SB, S. 38.

2 ¿Qué verbo es?: pretérito imperfecto de subjuntivo

Schwerpunkt: *pretérito imperfecto* de subjuntivo, Spiel

Unidad 4

1 Vocabulario

Schwerpunkt: Wiederholung des Lektionswortschatzes

Lösung:

La conquista de Tenochtitlan
1. se fundó; 2. se convirtió; 3. fue gobernada; 4. emperadores; 5. conquistador; 6. había conquistado; 7. constituye; 8. leyendas; 9. traidora; 10. inteligencia; 11. intérpretes; 12. traductores; 13. fundó; 14. mensajeros; 15. dioses; 16. marcha; 17. prisionero; 18. abusos; 19. rebelaron; 20. fue asesinado; 21. propios; 22. defendido; 23. fue considerado; 24. fue tomada

La Revolución Mexicana
1. civil; 2. movimiento; 3. dictadura; 4. revolucionarios; 5. objetivo; 6. democrático; 7. líder; 8. fue educado; 9. injusticias; 10. desigualdad; 11. recuperaran; 12. diferencia; 13. exigía; 14. derechos; 15. leyes; 16. lucha; 17. héroe; 18. pinturas; 19. populares; 20. ideología; 21. rescatada; 22. Particularmente; 23. se basa

2 Cosas que te pueden pasar en México

Schwerpunkt: Interkulturelles Lernen im Rollenspiel

Lösungsvorschlag:
—Hola Jens. Voy a hacer una fiesta el sábado. Van a ir todos. Las chicas van a hacer guacamole y nachos. ¿Quieres venir?
—Oh, ¡qué guay! Sí, claro que sí voy. Además todos van. Tu fiesta va a ser fenomenal. A mí me gusta mucho el guacomole.
—Jens, es gua-ca-mo-le.
—Ah sí. Lo siento. gua-ca-mo-le.
—Exacto. Bueno, la fiesta empieza a las dos de la tarde. Nos vamos a divertir mucho. Entonces nos vemos en **tu** casa para cocinar a las dos de la tarde.
—Pero, no puede ser. Creo que voy a tener problemas con mi familia. Si van todos a mi casa, la familia de la casa donde vivo va a flipar.
—No entiendo Jens. Ellos no van a ir.
—No, no. No podemos vernos en mi casa. La familia no quiere fiestas. Mejor nos vemos en tu casa, Miguel.
—Jens, no me entendiste. Los mexicanos decimos: nos vemos en **tu** casa. Eso quiere decir «nos vemos en mi casa». Lo decimos porque queremos decir: eres bienvenido a mi casa.

—Hola disculpa. Tengo mucha hambre. No conozco la ciudad. ¿Me puedes ayudar?
—Claro, ¿qué quieres comer? Aquí hay muchos restaurantes, pero son un poco caros.
—Sólo quiero un bocadillo. Un sándwich. Algo barato.
—Bueno, aquí en la esquina hay un puesto de tortas muy bueno.
—No, yo quiero un sándwich. No quiero comer algo dulce.
—No, no. Aquí en México las tortas no son dulces. Las tortas son bocadillos.
—Ah, bueno. Está bien. Pues voy a comer una torta. ¿Cuál es la más rica?
—A mí me gustan las tortas de jamón y queso. También hay de carne, de aguacate…
—Oh, ¡qué rico! Yo quiero una de aguacate.
—Pues vamos, yo también ya tengo hambre.

3 ¿Qué es importante y qué no?

Schwerpunkt: Texterschließungstechniken

Hinweis: Der Text ist der transkribierte Hörtext von Aufgabe 4 auf S. 57 im

125

Soluciones

SB. Die Kopiervorlage kann als Vorentlastung oder Nachbearbeitung verwendet werden.

Lösungsvorschlag:
a palabras desconocidas posibles: quiché, polvareda, racial, merecer, colmo, quichua, dividir, nombrar, pollera, republicana, kunas, chibchas, otavalos y saraguros, quechuas y aymaras, mapuches, tobas, Abya Yala, invadir, violar, humillar, convertir, marginación, exigir, despreciar, plenos

b no necesarias: polvareda, pollera, republicana, kunas, chibchas, otavalos y saraguros, quechuas y aymaras, mapuches, tobas, Abya Yala, pleno

Repaso 2

■ Noticias de la selva

Schwerpunkt: Lerntechnik: Resumen

Lösungsvorschlag:
El artículo de Grizel Delgado (30/05/08) trata de fotografías tomadas a indígenas de la selva de la Amazonía (Perú y Brasil). Lleva el título «Tribus amazónicas del siglo XXI». Como hay mucha explotación de madera, muchas tribus indígenas están en peligro, porque tienen que dejar el lugar donde viven. Con las fotografías las organizaciones defensoras, como los Frentes de Protección Etnoambiental, quieren defender a estos grupos para que vivan sin tener contacto con la civilización; porque así lo han intentado desde la Conquista. En Brasil están protegidos, pero en Perú no.

Unidad 5

1 Cuarteto

Schwerpunkt: Quartettspiel zur indirekten Rede mit und ohne Tempusverschiebung

Lösung wie auf den jeweiligen Quartettkarten angegeben.

2 Trabajar con el diccionario bilingüe

Schwerpunkt: Arbeit mit dem zweisprachigen Wörterbuch

1. Siempre **va** en bicicleta al trabajo.
2. El hombre **pasó** la mano sobre el libro precioso.
3. Los domingos el bus sólo **circula** cada dos horas.
4. Patrik **llevó** a su hija al instituto.
5. ¿Tienes ganas de (ir a) **patinar** el fin de semana?
6. ¿A qué hora **sale** tu tren?
7. ¿Puedo **conducir** tu nuevo coche?

3 Trabajar con el diccionario monolingüe

Schwerpunkt: Arbeit mit dem einsprachigen Wörterbuch

1. Mir **reicht** das Geld nicht **aus**, um das Buch zu kaufen.
2. Ich habe es nicht **geschafft**, alle Fragen der Prüfung zu beantworten.
3. Leg die Arzneimittel wohin, wo das Kind sie nicht **erreicht**.
4. Der Zug **kam** um sieben Uhr **an**.
5. Die Verschmutzung hat ein sehr hohes Niveau **erreicht**.
6. Mein Großvater ist hundert Jahre alt **geworden**.

4 Personas, hechos, historia

Schwerpunkt: Landeskunde, einen Text schreiben, Informationen kommunizieren

El marinero Fernardo de Magallanes nació en Oporto, Portugal en 1480. Es muy famoso porque él logró la primera circunnavegación de la Tierra en 1522. Magallanes buscaba nuevos caminos por mar y el Rey Carlos I lo apoyó con su proyecto. Juan Sebastián Elcano acompañó a Magallanes en el viaje. Elcano nació en 1486 en Guipúzcoa y trabajó para el Reino de Castilla. En 1519 comenzaron los dos un viaje muy largo. Primero pasaron por las Islas Canarias. De las Islas Canarias se fueron al Nuevo Mundo. Llegaron a Río de la Plata que está en Sudamérica y decidieron ir por la costa hasta la Patagonia. Cuando llegaron al sur del continente americano tuvieron problemas para navegar. A esta región se le conoce como «El Estrecho de Magallanes», y es muy difícil de navegar. Después de rodear la Patagonia, Magallanes y Elcano siguieron el viaje (a Filipinas), pero no encontraban tierra para descansar. Por eso, muchos marineros no estaban de acuerdo con el viaje. Ya estaban cansados y molestos. Sólo tres meses después encontraron una pequeña isla (1521), allí pudieron descansar. En 1522 Magallanes llegó a la isla filipina Mactán. Él y los otros marineros tuvieron problemas con la tribu de ahí y pelearon contra ellos. En esa isla murió Magallanes. Al morir Magallanes, Elcano dirigió el viaje que dio la vuelta al mundo. Rodeó África al volver a Europa. Al llegar a Europa sólo quedaba un barco que se llamaba «Victoria» y 18 marineros. Los otros se murieron en el viaje de enfermedades o de peleas.

Unidad 6

1 Vocabulario

Schwerpunkt: Wiederholung des Lektionswortschatzes

Lösung:
Oleksander y Oksana
1. pareja
2. decisión
3. confiando
4. chófer
5. sueldos
6. construcción
7. principio
8. confrontados
9. echaban
10. formularios
11. esperanza
12. visado
13. desanima
14. arreglados
15. enteros
16. alcanzaré

Pai Llang
1. familiares
2. pidiéndole
3. permiso
4. resulta
5. papeles
6. negocio

Soluciones

7. gusto
8. sonrisa
9. labios
10. moneda
11. adaptarme
12. costumbres
13. negativa
14. lecciones
15. notas
16. repetir

Ernesto
1. acomodada
2. depender
3. mismo
4. iniciar
5. expiró
6. visado
7. cuidando
8. hallaran
9. cualquier
10. solicité
11. residencia
12. estudios
13. graduándome
14. ventas
15. moda
16. orgulloso

2 ¿Cómo se dice?

Schwerpunkt: Kommunikation: Umschreibungen verwenden

a solicitar un puesto, cereza.

b Dan características de la cosa. La dicen en otra lengua. Además dan ejemplos. Los chicos españoles dan algunas opciones. Lo importante es dar muchas características, tal vez alguna sea muy importante y la otra persona sabe qué cosa estamos describiendo.

c Individuelle Lösungen

Repaso 3

1 Sustantivos

Schwerpunkt: Wortschatz

1. comportamiento
2. representante
3. drogadicción
4. responsabilidad
5. sobrepeso
6. obligación

7. hábito
8. desventaja
9. consecuencia
10. negociación
11. comparación
12. vergüenza

Siehe Gitterrätsel unten.

2 Verbos

Schwerpunkt: Wortschatz

1	C	O	N	Q	U	I	S	T	A	R
2	R	E	C	U	P	E	R	A	R	
3	D	E	F	E	N	D	E	R		
4	A	H	O	R	R	A	R			
5	A	C	U	S	A	R				
6	P	E	S	A	R					
7	C	A	E	R						
8	V	E	R							
9	I	R								

3 Geografía

Schwerpunkt: Landeskunde

1. Murcia
2. Baleares
3. Zaragoza
4. Sol
5. Valladolid
6. Vizcaya
7. Cáceres
8. Sonora
9. Mexicali
10. Conchos
11. Guadalajara
12. Tabasco
13. Cancún
14. Veracruz

Unidad 7

Vocabulario

Schwerpunkt: Wiederholung des Lektionswortschatzes

La película Machuca (sinopsis):
1. anglosajón
2. alta
3. inicia
4. integración
5. provenientes
6. encaja
7. socialista
8. golpe de Estado
9. acontecimientos
10. director
11. estrenado

Supernova:
1. recomendó
2. casualmente
3. comerciales
4. crítica
5. agridulce
6. amistad
7. humilde
8. previos
9. combinar
10. particular
11. contexto
12. analiza
13. rompecabezas
14. interpretación
15. actores
16. interpretan
17. perfección
18. fotografía
19. escenas

Gitterrätsel

20. diálogos
21. dinámicos
22. oportunidad

Bogartincasablanca:
1. hice
2. bajé
3. sinfín
4. sentimentaloides
5. manipuladoras
6. mayoría
7. refleja
8. objetiva
9. llorona
10. rollo patatero
11. eterna
12. leche condensada
13. asqueroso

Solferino:
1. alquiler
2. sordomudo
3. subtítulos
4. lleva
5. comentar
6. fatal
7. productoras
8. Supongo
9. fomentar
10. alquilar
11. cualquier

Unidad 8

1 ¿Mexicano o español?

Schwerpunkt: Wichtige Unterschiede zwischen mexikanischem und iberischem Spanisch

Hinweis:
Nicht alle Einzelheiten und Unterschiede können von den Schülern identifiziert werden. Wichtig ist, die Schüler anderen Varietäten des Spanischen zu sensibilisieren. Die deutlichsten Unterschiede sind aber grammatischer Natur: (1) Verwendung des Perfekts ist in Lateinamerika und Spanien unterschiedlich; (2) Die Lateinamerikaner verwenden kein „vosotros". Ebenfalls muss erwähnt werden, dass einige Wörter in Lateinamerika bekannt sind, aber sie aktiv eher selten verwendet werden (entrada, devolver).

Español de México: Juan Carlos

Las diferencias en el léxico son éstas:
muchachos (*esp.* chicos),
platicar (contar),
tomar el bus (*esp.* coger el bus),
preparatoria (*esp.* instituto),
boleto (entrada, billete),
regresar (devolver),
¡órale, qué buena onda eres! (*esp.* ¡qué majo que eres!),
¡qué padre! (*esp.* ¡qué guay!),
muchacha (chica),
chofer (ch**ó**fer),
teléfono celular (*esp.* móvil),
ni modo (pues nada),
video (v**í**deo),
tarea (deberes).

Gramática:
Los latinoamericanos usan «ustedes» y no «vosotros» (les voy → os voy).
Los latinoamericanos casi no usan el perfecto, sólo el indefinido (me pasó → me ha pasado).

Español de España: Miguel

Las diferencias en el léxico son:
devolver (*mx.* regresar),
entrada (*mx.* boleto),
billete (*mx.* boleto).
¡Jo, qué susto! (*mx.* ¡ay, qué susto!),
madre (*mx.* mamá),
es un rollo (*mx.* no es fácil llevarse a veces con ella),
deberes (*mx.* tarea),
ve **a por** tu hermana (*mx.* ve por tu hermana / ve a recoger a tu hermana),
tío (*mx.* compadre),
guay (*mx.* súper, chido),
chaval (*mx.* muchacho, amigo).

Gramática:
los españoles usan «vosotros» (vosotros los mexicanos sois de lo más honesto).
Los españoles usan el perfecto (has devuelto la entrada).

2 Romance del prisionero

Schwerpunkt: Laufdiktat (Fertigkeitentraining: Sprechen, Schreiben)

Hinweis: die Reihenfolge ist folgende:

Que por mayo era, por mayo
cuando hace la calor,
cuando los trigos encañan
y están los campos en flor,
cuando canta la calandria
y responde el ruiseñor,
cuando los enamorados
van a servir al amor,
y yo, triste, cuitado,
que vivo en esta prisión,
que ni sé cuándo es de día
ni cuándo las noches son,
sino por esta avecilla
que me cantaba el albor.
Matómela un ballestero,
dele dios mal galardón.

Repaso 4

Gimnasia cerebral *(Gehirnjogging)* con formas verbales

Schwerpunkt: Wiederholung aller Verbformen (Tempora und Modi)

Lösung wie auf dem Blatt angegeben.